Pedagogía de la Resistencia

Cuadernos de Educación Popular

América Libre
Ediciones Madres de Plaza de Mayo

Año 2004

Pedagogía de la Resistencia

Cuadernos de Educación Popular

Equipo de Educación Popular

Universidad Popular Madres de Plaza de Mayo

América Libre - Ediciones Madres de Plaza de Mayo

Año 2004

> Korol, Claudia
> Pedagogía de la resistencia : cuadernos de educación popular. -
> 1ª. ed. - Buenos Aires : Asociación Madres de Plaza de Mayo, 2004.
> 256 p. ; 22x15 cm.
> ISBN 950-99969-2-0   1. Resistencia I. Título   CDD
> 323.04

Ediciones Madres de Plaza de Mayo - América Libre
Contactos: alibre@rcc.com.ar
            editorial@madres.org

Coordinación editorial: Claudia Korol
Arte de tapa: Beto

2ª edición - Diciembre de 2004
Impreso en Argentina

Sumario

9. A modo de presentación. *Claudia Korol*

De y sobre Paulo Freire
15. Continúa soñando. *Entrevista a Paulo Freire realizada por Claudia Korol*
27. Pedagogía y revolución. *Entrevista a Paulo Freire realizada por Esther Pérez y Fernando Martínez Heredia*
49. Paulo Freire: educación y proyecto ético político de transformación. *José Luis Rebellato.*
65. Ética y Pedagogía (o recreando a José Luis Rebellato). *Pilar Ubilla*
91. Brasil: el camino recorrido. *María Valeria Rezende.*
107. Consideraciones sobre la formación (esquema sin pretensión de texto). *Ranulfo Peloso.*
115. La educación: un arma para la lucha. *Esther Pérez*
121. Paulo Freire en el cruce de caminos. *Claudia Korol*

Sistematización de experiencias
137. El aporte de la sistematización a la renovación teórico-práctica de los movimientos sociales. *Oscar Jara H.*
153. Encuentro con el Movimiento Sin Tierra de Brasil. *Silvia Bignami, Pablo Zisman, Lucila D´Onofrio, Daniel Rodríguez, Diego Theis.*
163. Centro de formación para promotores en educación "Semillita del sol". (la experiencia en Chiapas)
205. Cuba es un aula abierta. Memoria y reflexiones de Armando Hart. *Entrevista realizada por Pedro de la Hoz*
211. El rol del coordinador, promotor y/o educador. *Carlos Núñez Hurtado*
221. Aportes desde el trabajo grupal. *Mariano Algava.*
237. Cuando el pueblo se juega. *Mariano Algava.*
247. Lo que aprendimos y lo que enseñamos. *Ernesto Che Guevara*
251. Comentarios finales

A MODO DE PRESENTACIÓN

Claudia Korol

Pasaron ya varios meses desde aquellas jornadas que sacudieron al país y conmovieron a muchos hombres y mujeres en distintas partes del mundo. El 19 y 20 de diciembre quedará para siempre en la historia como un grito de los excluidos y excluidas. Grito frente a la injusticia, frente al hambre y la miseria. Grito también de denuncia de la ausencia de alternativas de poder popular, con capacidad suficiente para transformar la rebelión en proyecto revolucionario. El 19 y 20 de diciembre marcó la frontera de un proyecto de país que se agotó, y de un nuevo país que aún no se levantó, sino que se va incubando en el corazón mismo del pueblo que protagoniza la resistencia. No estábamos en ese tiempo a la vuelta de la revolución proletaria, como creían algunos compañeros, ni estamos ahora ante el final de toda rebeldía. Atravesamos una etapa de resistencias, de acumulación de fuerzas, de construcción de organizaciones con capacidad de desafío y de creación de poder popular.

Los desafíos son mayores, cuando en el campo internacional, el imperialismo avanza en sus políticas de apropiación de los territorios y recursos necesarios para afirmar la hegemonía de la burguesía norteamericana en el mundo, recurriendo a las invasiones y a la guerra, a la burda manipulación de los medios de comunicación masiva, a los proyectos económicos como el ALCA, a la instalación de bases militares, al control por la vía de la diplomacia, al chantaje de los organismos internacionales, a la guerra cultural. Los procesos de liberación en América Latina tienden a avanzar, contradictoriamente, desafiando estas políticas. De diferentes maneras, los pueblos buscan caminos para levantar alternativas. En esta dinámica se inscribe el proceso político y social argentino, en el que la energía desatada el 19 y 20 de diciembre se fue canalizando en la gestación de múltiples organizaciones populares: movimientos piqueteros, organizaciones campesinas, empresas recuperadas por los trabajadores y las trabajadoras, movimientos estudiantiles, movimientos de mujeres, corrientes combativas en algunas franjas del movimiento obrero.

La rebelión del 19 y 20 de diciembre llamó la atención al bloque de poder sobre la imposibilidad de seguir gobernando del mismo modo, aplicando a rajatabla las políticas fondomonetaristas, convertidas en una sucesión de ajustes antipopulares. Esa lección fue comprendida por algunas franjas de la burguesía, y los sectores políticos que la expresan intentan modificaciones en los modos de gobernar que detengan la crisis de representatividad reflejada en el «que se vayan todos», asegurando la la confianza en un «capitalismo serio». El gobierno nacional busca diferenciarse de las mafias repudiadas por la sociedad, realizando algunas de las reivindicaciones en el terreno de los derechos humanos, con una retórica de defensa de la soberanía argentina que generó expectativas en una parte del movimiento popular. Sobre estas expectativas se despliega una intensa campaña de seducción de las organizaciones de resistencia, buscando transformar el consenso pasivo en fuerza de apoyo, y aislar a los sectores más combativos. Para esto se recurre a mecanismos de cooptación, de integración, que intentan acotar los espacios de autonomía y rebeldía forjados en los últimos años. La recomposición transitoria del bloque de poder, intenta establecer una nueva hegemonía sobre el movimiento popular y superar la crisis de representatividad. Un desafío de estos movimientos, es profundizar su capacidad para analizar el nuevo contexto, y encontrar estrategias que permitan sostener su construcción, en una perspectiva de rebeldía.

La educación popular puede constituir un aporte eficaz en esta dirección, como dimensión pedagógica de los procesos de resistencia y de creación de poder popular, como espacio para la teorización de las nuevas prácticas populares y de creación colectiva de conocimientos, como pedagogía de los oprimidos y oprimidas, pedagogía -como escribió Paulo Freire- de la indignación, de la rebeldía, de la rabia, y de la esperanza. Pensamos en una educación popular que se rehace en estas experiencias, que se revoluciona a sí misma, que se proyecta de manera diferente en este tiempo histórico, transformándose en un arma al servicio de la batalla cultural de los oprimidos y oprimidas contra los opresores de todos los tiempos: el imperialismo, las oligarquías, la burguesía, y sus instituciones: el FMI y el Banco Mundial, sus ejércitos, sus leyes y sus trampas. Educación popular que se reconoce en la experiencia histórica recorrida en nuestro país y en América Latina, como una herramienta de transformación social y de revolución, de aporte a la creación, en la praxis, de sujetos históricos con conciencia de sus intereses y de su estrategia de lucha por hacerlos realidad. Educación popular que hace del fortalecimiento de las organizaciones populares una de sus definiciones principales, porque reconoce en ellas el lugar donde se encuentran teoría y práctica, donde se ejercitan las nuevas ideas, donde se practica lo colectivo, donde se posibilita acumular fuerzas con capacidad de desafiar al poder. Porque reconoce que en el ancho campo del pueblo, han sido absolutamente funcionales a la dominación, las ideas que propusieron el divorcio entre lo político y lo social, la reproducción de la fragmentación en pos del culto a lo local o lo particular; así como también aquellas prácticas políticas que ignoraron la diversidad existente en el campo del pueblo, y pretendieron homogeneizar –subordinando desde un patrón cultural o ideológico hegemónico blanco, occidental, machista, heterosexual, y «pretendidamente» clasista- a esta diversidad de prácticas, de ideas, de géneros, de creencias y de culturas.

Desde esta concepción, conscientes de que existen otras con las cuales aspiramos a dialogar y a articularnos en redes, estamos buscando desarrollar la propuesta de educación popular que sostenemos en la Universidad Popular Madres de Plaza de Mayo. Vemos –desde nuestra experiencia concreta-, que se han diversificado los sujetos sociales que asumen este proyecto, en la medida en que se extiende el campo de los excluidos y excluidas, de los oprimidos y oprimidas, así como la conciencia en otras clases sobre las diversas maneras en que se ejerce la dominación, y un sentimiento de indignación ante la prepotencia guerrerista del imperialismo. En la multiplicación de los sujetos, encontramos también la justificación de acentuar, dentro de los programas de educación popular, la dimensión de la formación política, que atiende a la necesidad de forjar militantes y organizaciones con capacidad de comprender y de transformar activamente la realidad en la que vivimos y luchamos, evitando tanto el doctrinarismo, como la despolitización. La pedagogía de los oprimidos y oprimidas va siendo construida por los movimientos populares, desatando una dinámica de enorme creatividad y riqueza, que tendremos oportunidades distintas para ir poniendo en común, socializando, compartiendo, como manera de re-conocernos en la lucha. Planteando al mismo tiempo nuevos desafíos, entre los que subrayamos los siguientes:

1. Es necesario que desarrollemos colectivamente una propuesta de formación de militantes de carácter integral en todos los niveles de las organizaciones populares, desde la base hasta sus direcciones, abarcando en estas propuestas el campo de la reflexión crítica sobre las propias prácticas, la interlocución de estas experiencias con las distintas corrientes del pensamiento social y político argentino, latinoamericano y mundial, en la búsqueda de creación de nuevos conocimientos que permitan desarrollar las teorías revolucionarias y el pensamiento social. Forjar en los hombres y mujeres, niños y niñas, que son protagonistas de estas experiencias educativas, así como en las organizaciones que las desarrollan, aptitudes múltiples que les permitan desplegar las capacidades de resistencia y de construcción, en los diferentes terrenos que asume la lucha emancipatoria. En este campo, abarcar como parte de una misma práctica pedagógica, las reflexiones políticas, el estudio de las teorías sociales y políticas, la capacitación técnica, la alfabetización, la formación de capacidades concretas para la autodefensa de masas, y el desarrollo de una perspectiva de género que cuestiona las relaciones sociales de dominación en la vida cotidiana y en las organizaciones po-pulares. La disociación de estos planos, tiende a reproducir la fragmentación de los saberes, de la teoría y la práctica, con consecuencias también negativas en cada una de las organizaciones.

2. Priorizar la educación popular en la base social de los movimientos, en donde se desarrollan sus proyectos productivos, de salud, de comunicación; en los piquetes, en las empresas recuperadas, en la organización en la cual se integran por primera vez miles de hombres y mujeres a la lucha popular. Esto supone multiplicar la formación de educadores y educadoras populares, con capacidad para llevar adelante procesos de organización social; integrar la educación popular como estrategia de construcción de las organizaciones populares; asumir en los procesos de educación popular los debates de la vida

cotidiana, que es el ámbito en el que se forjan los valores, las relaciones sociales básicas, las ideas y el sentido común popular y trabajar en la educación de los capacitadores técnicos de los movimientos, para que estén integrados en las estrategias colectivas de los mismos.

3. Promover, en estos procesos pedagógicos, la creación de autonomía de los movimientos populares respecto del Estado, las Iglesias, los partidos políticos, las ONGs, apuntando a que vayan rompiendo la dependencia política, ideológica, y financiera que condiciona la posibilidad de crear sujetos colectivos que definan con conciencia crítica y autonomía sus estrategias de lucha y criterios de organización.

4. Superar los proyectos meramente asistencialistas, para aportar a estrategias de creación de poder popular, combatiendo, como parte de la batalla cultural, algunos rasgos que surgen de la cultura de sobrevivencia como son el inmediatismo, el pragmatismo, el cortoplacismo y la vulnerabilidad. Estos factores favorecen los procesos de cooptación, así como la identificación de los oprimidos con los opresores. Los procesos de educación popular atienden de manera especial a romper con las políticas que degradan a los seres humanos, propiciando la dignidad, la autoestima, la forja de valores nacidos de la resistencia, antagónicos a aquellos que sostienen y reproducen la dominación.

5. Avanzar en la sistematización de las experiencias, como camino para la creación colectiva de conocimientos, para la constitución de las organizaciones populares como intelectuales colectivos, para la formación de intelectuales orgánicos de los movimientos, y para la articulación de redes de educación popular que actúen como aportes a la circulación del pensamiento crítico, al diálogo de las experiencias, y de éstas con el saber académico, en la perspectiva de apuntalar, procesos políticos más amplios de unidad popular.

6. Desarrollar en los proyectos de educación popular una perspectiva de género, que enriquezca la reflexión y organización de los movimientos populares, combatiendo todas las discriminaciones que se reproducen al interior de estos movimientos, por la introyección de la cultura de dominación en nuestras propias concepciones. La batalla al machismo, a la discriminación por opciones sexuales diferentes del patrón heterosexual, la actividad sistemática contra la violencia de género, no sólo aportará a la creación de hombres y mujeres más

libres y plenos, sino que anticipará en nuestras organizaciones el tipo de relaciones que aspiramos a crear en el conjunto de la sociedad.

7. Rescatar en nuestras experiencias el concepto de hombre nuevo del Che, enriqueciéndolo con la posibilidad de crear en la lucha hombres nuevos y mujeres nuevas, que sostengan, como parte sustancial de la batalla cultural, la pedagogía del ejemplo, de la solidaridad, de la resistencia, de la rebeldía, de la memoria, de la imaginación, de la creatividad. Hombres nuevos y nuevas mujeres, plenos de sueños libertarios, con vocación y voluntad de creación de una nueva sociedad, en la que no seamos esclavos y esclavas de los dueños del poder, una sociedad en la que predomine la propiedad social y colectiva sobre la propiedad privada, una sociedad en la que se extienda una conciencia emancipatoria de todas las opresiones. Hombres nuevos y mujeres nuevas, haciendo en las resistencias actuales, el socialismo que honrará la memoria de todos los caídos y las caídas en las batallas de nuestro pueblo por la Independencia, la Soberanía, la Justicia, y la Felicidad.

Aspiramos a que este libro, producido por el equipo de Educación Popular de la Universidad Popular Madres de Plaza de Mayo, sea un compañero en ese camino, para el encuentro con otra experiencias, con el pensamiento crítico que nace de las mismas, con las nuevas prácticas que podamos desarrollar colectivamente, resonando con los dolores, las urgencias, las necesidades, pero sobre todo con los deseos y las esperanzas, los sueños y las ansias de libertad de los hombres y mujeres, niñas y niños de nuestro país, de nuestro continente y el mundo, que merecemos una vida que se conjugue en clave de dignidad, de belleza y de alegría.

CONTINUA SOÑANDO

Entrevista a Paulo Freire
realizada por Claudia Korol [1]

Cuando fue publicado en el Brasil el libro de Paulo Freire: **«Pedagogía de la Esperanza. Un reencuentro con la Pedagogía del Oprimido»** pude charlar con Paulo una mañana de marzo de 1993. Habló con entusiasmo sobre los orígenes y contenidos de su nueva obra. Me encontré con un compañero de lucha que mantiene juntos el pensamiento polémico y el optimismo intacto, fruto no sólo de su compromiso con la época y de su opción por los oprimidos, sino también de su reflexión sobre la esperanza, a la que define como una «necesidad ontológica».

Tanto **Pedagogía del Oprimido,** *como su nuevo libro* **Pedagogía de la Esperanza,** *expresan importantes polémicas con los tiempos en que fueron realizados. ¿Es así?*
Sí, yo creo que ésta es una hipótesis de comprensión de ambos libros. En la tentativa de explicarlos, la estructura misma de la **Pedagogía de la Esperanza** a mí me convence. Es exactamente la siguiente: busca demostrar que en el fondo, todo lo que usted crea, un libro, un arma o una obra de arte, todo siempre emerge de un proceso producido en ciertas tramas, que algunas veces no dejan clara la hipótesis de gestación de la obra. Por eso trato en la primera parte del libro algunos casos, que yo llamaría historias, que experimenté cuando era joven y cuando niño; y que al menos para mí hoy, tomando distancia, eran tramas que anunciaban la **Pedagogía del Oprimido.** Que podrían no haber ocurrido, pero que al llegar crearon marcas. Por ejemplo un caso que cuento de un malestar que sufrí durante años sin saber sus causas; que me sorprendía de repente y me dejaba abatido, desanimado.

---

[1]. Publicado en la Revista América Libre Nº 2. 1993

Al llegar a San Pablo pude analizar las causas y entender lo que sucedía; en un proceso de concientización individual, que yo explico y distingo de la hipótesis de concientización del otro. En ese caso, mi concientización funcionó y me liberó. Pero lo que nosotros no podemos esperar es que la concientización sola pueda resolver esa liberación, cuando se da en torno a las tramas estructurales de la sociedad. Allí ella continúa siendo importante, pero no es suficiente. Es preciso que al concientizarme sobre la realidad expoliadora, me movilice y organice con otros y luchemos juntos por la transformación radical de las estructuras que generan la explotación. Esto tiene que ver indiscutiblemente con la **Pedagogía del Oprimido**. La forma en que yo trabajé este libro sobre el otro, la forma en que yo intenté comprenderlo, generó a éste. Cuanto más analicé y analicé el proceso en el que escribí **Pedagogía del Oprimido,** tanto más pude escribir este libro.

El segundo momento de **Pedagogía de la Esperanza** es el análisis que hago del libro **Pedagogía del Oprimido** haciéndose, o sea, el libro siendo trabajado, siendo escrito. Allí yo hablo un poco de la fase de la oralidad: antes que nosotros escribamos, hablamos de lo que vamos a escribir o de lo que estamos escribiendo. Éste para mí es un momento importante, sobre todo para la gente joven que no tiene experiencia en el esfuerzo de redactar. Yo creo que es interesante que los más viejos cuenten su historia, por ejemplo que digan como tienen también dificultades para escribir.

Hay otro momento en **Pedagogía de la Esperanza** que yo considero importante, que es aquel en que intento, sin rabias pero con derecho, conversar con los lectores de este libro sobre las críticas que se hicieron en los años 70 a la **Pedagogía del Oprimido**. Es interesante, porque por ejemplo, las críticas marxistas eran casi todas mecanicistas. La mayoría de ellas, con excepciones, claro, se fundamentaban en una comprensión mecanicista de la historia. Eran críticas marxistas y por lo tanto proclamativas de la concepción dialéctica; pero eran profundamente no dialécticas. Y algunas de ellas eran críticas muy formales. Yo recuerdo una de ellas que decía: «*Freire es un intelectual indiscutiblemente vivo, interesante, pero no dice que la lucha de clases es el motor de la historia*». Yo no lo decía porque no lo era; porque la lucha de clases es uno de los motores de la historia; pero uno no puede esclavizarse a una sola cosa. Ahora, desde el punto de vista del tiempo de Marx, eso era correcto, era lo que él estaba observando del rumbo histórico. Para mí lo que faltó agregar es que hay otros motores de la historia y no solamente la lucha de clases. La lucha de clases continúa siendo un motor importante, claro, pero lo que yo digo en este libro, y creo interesante es que muchos de mis críticos de los años 70, que decían que yo no mencionaba la lucha de clases en **Pedagogía del Oprimido** (aunque yo cité treinta y tantas veces, no el concepto de lucha de clases sino el concepto de clases sociales) hoy son pragmáticos y neoliberales.

Son los que se hicieron eco de las proclamas sobre el fin de la historia...
Exacto. Hay un montón de gente de izquierda que nos da la impresión que, asustados, hoy casi gritan que se han equivocado de dirección. Se arrepienten de haber sido de izquierda, y se vuelven felices con la idea del fin de la historia y que la lucha de clases terminó. Se dicen posmodernos. Yo creo incluso que son posmodernos, pero posmodernos reaccionarios. Porque hay una posmodernidad progresista. La posmodernidad progresista es la que expresa que ya no estamos demasiado seguros de nuestras certezas. Porque la modernidad estuvo muy segura de sus certezas, pues surgió con el desarrollo de la ciencia y la tecnología. Marx era un moderno y tenía que serlo. No había forma que no lo fuera. Pero para mí la modernidad va más allá de Marx. Es eso lo que se precisa decir y no decir que Marx murió, que Marx no existe. De ninguna manera, pues Marx está más vivo que muchos de nosotros.

Usted habla en su último libro de la esperanza como una necesidad ontológica...
Exacto, esa necesidad ontológica que yo veo en la esperanza es la que los mecanicistas no entendieron en la **Pedagogía del Oprimido**. Los mecanicistas no podían entenderlo. En primer lugar, esa ontología no es un «a priori» de la historia. Esto quiere decir que la na-turaleza del hombre y de la mujer, la naturaleza de ser humano, no fue donada al ser humano antes de la historia. Es gracioso, yo soy cristiano y afirmo eso, pero con eso no tengo nada en contra de la trascendentalidad. Al revés, yo me afirmo en esta trascendentalidad en cuya

relación dialéctica con la mundanidad me encuentro. Pero digo lo siguiente: la naturaleza humana se va constituyendo históricamente. La esperanza corno necesidad ontológica se constituye aquí, en el quehacer histórico. Y para mí no es posible, siendo el ser que estamos siendo, históricos, por lo tanto, inacabados y envueltos constantemente por una necesaria idea del mañana; no es posible experimentar la necesidad del mañana sin superar la comprensión del mañana como algo inexorable, que es lo que hacía y decía el mecanicismo de los marxistas que me criticaban en el 70 y que hoy se han vuelto pragmáticos y dicen que hay que acabar con esta historia del sueño, de la utopía, que sólo ¡ha creado dificultades!

Quiero decir: en el momento en que tú admites que el mañana es un dato ya dado, que tú marchas hacia él inexorablemente, entonces no hay por que hablar de esperanza. La esperanza se instala en ti en el momento en que el mañana no es inexorable; puede venir y puede no venir. En otras palabras, el mañana tiene que ser hecho por nosotros. Eso es lo que para mí fundamenta la esperanza como una necesidad ontológica. Yo estoy esperanzado no porque sea impertinente, estoy esperanzado porque estoy en el mundo y con el mundo. No puedo dejar de estarlo. **Pedagogía de la Esperanza**, es necesariamente un libro escrito con amor y con rabia. Es el resultado de un gran aprendizaje, parte del cual yo relato, entre ellos los viajes por el mundo para discutir **Pedagogía del Oprimido**. Porque **Pedagogía del Oprimido** en cierto momento se independizó de mí. Era ella la que me presentaba al mundo, no yo a ella.

Usted se refiere en su libro, también, a la existencia de una esperanza ingenua...

Claro, una esperanza ingenua es decir que el mañana que queremos viene de cualquier manera. En el fondo la comprensión mecanicista de los marxistas distorsionados, implica una esperanza ingenua. Cuando tú piensas que el mañana es inexorable, que tiene que venir, tú eres ingenuo. Porque el mañana sólo viene si yo lo hago, junto con los otros.

Esta posición frente a la esperanza, choca con quienes pregonan el escepticismo.

Exacto, la crítica a la esperanza viene de quienes necesariamente no entienden a la historia corno posibilidad. De quienes no aceptan que la historia no es algo predeterminado, que la historia es posible. No solamente es posible sino que es posibilidad; y que si ella es posibilidad hay que realizarla. Ésa es la tarea de los sujetos históricos, de los individuos. Es otra cosa que el marxismo mecanicista negaba y distorsionaba: al enfatizar lo social terminaba negando absolutamente la presencia del individuo en lo social. Es claro que nosotros reconocemos que lo que hay de individual en mí y en ustedes, no es suficiente para explicar lo que estamos haciendo, pero es indispensable.

Cuando usted se refiere a la dialéctica y al valor de lo subjetivo en la transformación histórica, se acerca al pensamiento de marxistas dialécticos y revolucionarios como el Che.
Yo tengo una admiración muy profunda por algunos revolucionarios de este siglo, que no conocí personalmente. Que afloran constantemente en mí, aunque a veces no necesito ni nombrar. Che es uno de ellos. Gramsci es otro, más lejano. Che Guevara me tocó y continúa tocándome por una serie de cualidades humanas e intelectuales. Como un hombre que peleó, un hombre que luchó, un hombre que se expuso como yo nunca me expuse. Un hombre que continúa testimoniando un coraje manso, un coraje dignificante. Y como un hombre que también pensó, y puso en el papel de una manera muy convincente y bonita las reflexiones que hizo sobre la práctica. El Gramsci con quien yo intimé es exactamente el Gramsci de la prisión, el Gramsci que no podía estar haciendo la práctica que el Che hizo, pero que hizo una práctica antes de ir para la prisión y que allí dentro piensa y habla de lo que hizo y de lo que podía haber hecho. Otro hombre que me impactó mucho y que me continúa impactando es exactamente, yo diría casi, el Guevara del Africa, que es Amílcar Cabral. Incluso yo supe cuando estuve en Africa, por Guinea Bissau, del momento en que los dos se encontraron, Guevara y Amílcar Cabral. No sé si usted sabe eso. Amílcar era bajito, y eso no le gustaba. Él se encontró con el Che, que delante suyo era un gigante. Aunque yo creo que en el fondo eran dos gigantes del siglo, enamorados del mundo. Ellos tuvieron las rabias necesarias, las rabias que no pueden ser evitadas. Tú no haces historia sin rabia. Tú no haces ni un libro sin rabia. Pero tampoco los haces sólo con rabia y eso es lo que ellos vivieron

muy bien. Ellos hicieron la historia de ellos y la historia nuestra de este mundo, con la rabia y el equilibrio necesario entre la rabia y el amor... Lo que a mí me contaron es que los dos se encontraron, conversaron, discutieron, debatieron, y se volvieron grandes amigos. Incluso me contaron que en un momento quedaron parados uno delante del otro como si estuvieran enamorados. En el fondo era un enamoramiento mediado por la praxis, mediado por la historia. Che Guevara, Gramsci antes, Amílcar. Yo no quiero con eso reducir la historia de estos años sólo a estos hombres. Porque después encontré a otro hombre que fue malvadamente asesinado por la izquierda de su país que fue Maurice Bishop, en Grenada. Yo me acuerdo de la reacción de Fidel entonces que fue muy fuerte frente a una izquierda incompetente y malvada.

Usted se ha referido a estos hombres como pedagogos de la revolución.

Sí. Yo creo que Fidel, Guevara, Amílcar, no son sólo *pedagogos revolucionarios*, sino *pedagogos de la revolución*. Hay mucha diferencia, porque creo que pedagogo revolucionario yo soy, a pesar de que se decía que no tenía nada que ver con eso. Pero otra cosa es ser pedagogo de la revolución.

¿Cuáles son los debates actuales y su opinión sobre la experiencia de la educación popular en el Tercer Mundo?

Yo he leído a latinoamericanos y he oído a dirigentes africanos progresistas que dicen, como expresión del trauma del momento que estamos viviendo, que al final de cuentas lo que hoy se necesita es una educación popular en el Tercer Mundo que no sería más de concientización. Por el contrario, debería dislocarse para experiencias puramente económicas. Eso surge primero en las experiencias de sobrevivencia después del golpe de Pinochet. Lo que interesaba en la época era conseguir medios de sobrevivencia de los grupos populares, progresistas, que aplastados por el golpe de estado precisaban ayuda. Y la ayuda mejor, no sería más la discusión alrededor de la realidad sino la sobrevivencia. Financiar talleres, fabriquitas de juguetes, grupos de costureras, etc. Yo no estoy en contra de eso, pero mucha gente de los llamados *pragmáticos* plantean que el problema de la educación popular en América Latina y en África no podría ser desarrollado por una pedagogía del «develamiento», de la concientización, sino por una pedagogía práctica que trate la formación técnica de los grupos populares. Para mí ésta es una dicotomía que nos lleva de nuevo al fracaso. No es posible separar la formación técnica de la comprensión crítica del mundo. Marx inclusive definió la cuestión de la educación de la clase trabajadora, y decía claramente que la burguesía no puede formar a la clase trabajadora, a no ser para reproducir a la clase trabajadora como tal. Eso es obvio, porque la clase trabajadora se tiene que formar en una perspectiva contradictoria y antagónica con la visión de la clase burguesa. Entonces, mientras que para la clase burguesa, la clase dominante, la formación de la clase trabajadora debe ser técnica y terminar en la técnica, la formación progresista de la clase trabajadora abarca la formación técnica indiscutiblemente; pero al tocar lo técnico sabe que no está tocando nada neutro. La tecnología no es neutra. Entonces, al enseñar, al capacitar, el buen obrero no es el que sabe hacer funcionar las máquinas. Es aquel que funcionando con las máquinas, reconoce la razón de ser histórica y social de la propia máquina. Y reconoce a favor de quien trabaja la máquina en sus manos.

Yo hoy insisto en que la educación popular en este pedazo de historia nuestra, debe continuar develadora de lo real; en la búsqueda de la razón de ser de los hechos que se producen, no ocultando ni haciendo una pura formación de sobrevivencia. Algunos dicen que estos ya no son temas de los 90. Pero: ¿cuál es el tema de los 90? Lo que continúa profunda y dramáticamente como tema de los 90, es el sueño de cambiar radicalmente este mundo. La educación entra allí como uno de los elementos de viabilización de los sueños. Entonces en el momento en que tú dices que *«la educación popular ya fue»*, es porque tú no crees más en la educación. Claro que las tácticas que se precisan en la lucha de la gente son históricas. El testimonio es universal, se da siempre en la historia. Pero la forma como se da, cambia de generación en generación. Estratégicamente uno testimonia en favor de nuestra liberación. Ahora, la forma en que yo testimonio ese deseo, esa necesidad de transformación del mundo es diferente. Yo creo que hoy las tácticas, los métodos, pueden variar. Pero lo que para mí no puede variar, lo que no puede dejar de existir es la comprensión crítica de la historia. Y eso significa develar los hechos.

La crítica de los pragmáticos se refiere a la politicidad de la educación popular.

Exacto. Eso también es así. Me sucedió en París, donde yo estaba en una reunión de la Unesco, cuando uno de los presentes me dijo: «*Es interesante, profesor Freire, hace un mes o dos, yo estaba aquí en una reunión patrocinada por la Unesco con gente de América Latina y quedé sorprendido porque unos educadores latinoamericanos decían que usted no es un educador, que usted es más un ideólogo. Por la exigencia con que usted trata políticamente las cosas*». Posiblemente en los años 70 esa gente me criticaba por no ser marxista. Gente de izquierda que hoy se ha vuelto indecisa por lo menos. Yo hoy soy, con los cambios que la historia realiza, casi el mismo que el que escribió **Pedagogía del Oprimido**. Yo reconozco solamente que cuando escribí **Pedagogía del Oprimido** di saltos grandes de cuando escribí **La educación como práctica de la libertad**. En **La educación como práctica de la libertad** yo era algo ingenuo en mi defensa de la subjetividad y de la conciencia. Pero creo que fue óptimo que lo haya sido, porque me preparó para adquirir una mayor profundidad dialéctica entre objetividad y subjetividad. Yo analizo ese desvío subjetivista que cometí en **La educación como práctica de la libertad**. Pero en **Pedagogía del Oprimido** yo creo que no; soy el mismo que ahora, no cambié.

¿Cómo fundamenta su esperanza ante un capitalismo que se presenta como vencedor?

Yo creo que el capitalismo no dio nada a los pueblos. Puede ser que en esto yo sea sectario. Pero como digo en un texto que escribí sobre los 500 años de la conquista de América, yo no puedo festejar la llegada colonial al continente, porque yo festejo la lucha de liberación de los pueblos y no puedo festejar la conquista de los pueblos. Yo no festejo al capitalismo y creo que lo que el capitalismo ha hecho en América Latina son cosas trágicas. Usted toma los índices de asesinatos de niños en este país, Brasil; usted toma los índices de niños y niñas fuera de la escuela, que no tienen el derecho de entrar en la escuela; usted toma los índices de los niños de sectores populares que por la presión de los sindicatos de sus padres consiguieron un lugar en la escuela pero que son expulsados enseguida. Los técnicos y especialistas hablan de este fenómeno diciendo que los chicos «se evaden» de la escuela. Como si los niños hiciesen un Congreso y decidiesen que no quieren seguir más en la escuela. ¡No! ¡Ellos son expulsados de la escuela!. Usted toma los índices de los hombres y mujeres que en esta hora del día de hoy murieron de hambre, y de los que van a morir de hambre desde ahora hasta las tres de la tarde, de los que están enterrados en las periferias de las grandes ciudades. Usted toma los índices de maltrato, de desesperanza de los hombres y mujeres de este país. Mujeres de 30 años que parecen que tienen 120, deterioradas, maltratadas, desdentadas, decepcionadas. Y usted pregunta: ¿quién hizo eso? Obviamente que en el Brasil ahora se discute esto. Yo creo que el presidencialismo tuvo mucho que ver con eso. Yo soy parlamentarista, porque no creo que el presidencialismo ayude en nada a la democracia en este país. Creo que se corresponde con la historia de este país, es una respuesta a la tradición autoritaria de la sociedad brasileña. Pero el gran responsable por todas esas maldades es el capitalismo. El capitalismo desenfrenado, es de una perversidad ontológica de la cual ya no se libera. Es más, yo creo que como nunca en la historia, Marx pagaría para vivir en el mundo de hoy. Yo creo que nunca hubo un tiempo más propicio para la utopía socialista. Pero cuando digo hoy, no es 1993. Mi hoy supera los primeros años del milenio que llega. Para mi historia individual, 30 años son una cosa terrible, porque yo ya no tengo chance de vivir 30 años. Hay gente que vive 110, 120 años, yo creo que no voy a vivir eso. Pero 30 años para el país, para América Latina, 30 años para el mundo no son nada. Yo creo que en estos 30 años la chance del sueño socialista, democrático, está ahí. El capitalismo no puede inventar otro chivo expiatorio como hizo durante todos estos años, que era el comunismo. Realmente era una ventaja para ellos trabajar con el espantapájaros del stalinismo, era muy fácil. Pero hoy no pueden seguir con la guerra fría.

¿Qué posibilidades tienen de modificar esta situación las administraciones de estados gobernados en Brasil por la izquierda?
Es necesario tener una visión avanzada y realista de este tema. Por ejemplo, yo fui secretario de educación de San Pablo. Algunos compañeros nos criticaban porque decían que nosotros éramos apenas administradores de la crisis capitalista. Es un absurdo. El gobierno de Erundinha no fue administrador de la crisis capitalista. Fue un

gobierno progresista, de un tiempo capitalista y de un espacio capitalista. Pero es una experiencia democrática. Es preciso comprender la experiencia democrática, lo que significa el juego democrático en la búsqueda de una mejor constitución de un nuevo poder y de un nuevo gobierno. El testimonio que dio el gobierno de respeto a la cosa pública, de enfrentar una problemática desfavorable a las clases populares, la reorientación de los gastos, dejar de maquillar y embellecer lo que ya está bonito e invertir en las áreas proletarias, en las áreas populares, yo creo que todo eso es una experiencia que testimonia cómo es posible hacer algunos cambios en el sentido de los intereses de las clases populares, aún sin alcanzar la radicalidad del cambio.

¿Qué significa su participación en el Consejo de Redacción de América Libre?

Cuando Betto me dio el primer número de la revista, y me habló de la utopía de esa revista, yo adherí inmediatamente. Está claro que esta revista, es una de las posibilidades históricas que tenemos hoy. Es la posibilidad de trabajar en favor de la posibilidad. Yo creo que ningún hombre, ninguna mujer progresista de este continente, puede negar como mínimo, la contribución que cada uno y cada una de nosotros tenga la posibilidad de dar. Porque no es sólo un sueño de los que hacen la revista, es una necesidad histórica de los que vivimos en este continente.

¿Cuáles son hoy sus sueños más importantes en esta difícil situación de la lucha por la libertad de América Latina?

Yo diría uno solo que creo que es vital para la gente, y que no es un descubrimiento mío. Es un imperativo de la historia, que ha sido el sueño de Guevara, que fue el sueño de Bolívar: un gran esfuerzo en favor de la unidad en la diversidad. Porque nosotros no podemos hablar de América Latina como una cosa sola, no tiene sentido. Somos diferentes. Estamos llenos de diferencias. Brasil es una cosa, México es otra, Argentina es otra, Paraguay es otra, Uruguay es otra. Lo que se precisa es que cada una de esas otras cosas, tenga en primer lug-ar, esperanza en sí, confianza en sí, y gusto por la lucha. Segundo, que cada una de esas cosas, reconociéndose diferente de la otra, descubra los lazos que las unen. Con esta unidad en la diferencia, es que seríamos capaces de enfrentar a los que nos dividen para poder mandar. Es la única respuesta que los dominados tienen para enfrentar a los dominantes: unirse en la diversidad para enfrentar a los unificados que nos desunen. Ahora usted sabe que ésa es una cosa difícil de ser hecha, pero yo creo que la revista es un intento en favor de eso. Yo sé que ha habido otros, pero éste hoy es el intento de unificar en la diferencia.

¿Qué le preguntaría usted a Paulo Freire?
Yo en lugar de preguntarle, si tuviese que decirle alguna cosa a Paulo Freire sería lo siguiente: *continúa soñando. Pero siempre que continúes pensando el sueño como de él hablaste en la «Pedagogía de la Esperanza».*

PEDAGOGÍA Y REVOLUCIÒN

Entrevista a Paulo Freire
realizada por Esther Pérez y Fernando Martínez Heredia [1]

Paulo Freire nació en 1921. O como él mismo dice, «*poco después del triunfo de la Revolución de Octubre*». Joven aún, pero casado ya con Elza, su compañera a lo largo de cuarenta años, comenzó a dirigir el Sector de Educación del Servicio Social de la Industria en Recife. De su experiencia en esta situación ha dicho Freire: «*Me fui espantado, y tratando de comprender la razón de ser del espanto... aprendiendo de un lado a dialogar con la clase trabajadora, y de otro, a comprender su estructura de pensamiento, su lenguaje, a entender lo que yo llamaría la terrible maldad del sistema capitalista*». Allí, sin llamarla aún así, comenzó a hacer y a pensar la educación popular.

A principios de la década del 60, en Río Grande do Norte, Freire concibió y comenzó a aplicar su método de alfabetización, basado en la comprensión del lenguaje popular y en el descubrimiento y la discusión de temas políticos, económicos, sociales e históricos relevantes para los que se alfabetizan. Una gran cantidad de educadores comprometidos con la causa popular acogió y comenzó a profundizar en la práctica esta propuesta pedagógica. En junio de 1964, poco después del golpe militar en Brasil, Paulo Freire fue apresado por el Ejército. De ahí saldría para el exilio en Chile y Europa, compartiría sus experiencias de educador trabajando en diversos países (Guinea Bissau, Angola, Cabo Verde, Sao Tomé y Príncipe, Granada, Nicaragua). Poco después de concluir este doloroso y fecundo exilio, Paulo Freire nos visitó como invitado al Congreso de Sociología celebrado en Cuba. En esta primera estancia en nuestro país, nos concedió esta entrevista que fue más aún: un diálogo fraterno en que se abordaron algunos de los puntos fundamentales de su pensamiento y sus reflexiones más actuales.

1. Publicada en la revista Casa de las Américas de Cuba

Hacer una entrevista a quien ha dicho que no hay pregunta

tonta ni respuesta definitiva resulta tranquilizador.
¿Dónde fue que dije eso? ¿Lo recuerdas?

En una intervención durante un Congreso de Educación Popular celebrado en Buenos Aires, donde exigió que lo llevaran a oír tangos.
Exacto, exacto.

Me pregunté qué exigiría usted cuando llegara a La Habana.
He venido con tan poco tiempo, que no me ha alcanzado ni para plantear exigencias. Solamente he querido conocer personas y crear amistades. Creo que pueden darse cuenta de lo que significa para mí, un brasileño, un hombre de ideas -aunque conserve ciertas ingenuidades de interpretación- que hizo una opción a favor de las clases populares, llegar a Cuba por primera vez. Creo que entienden la emoción que siento al pisar un suelo donde no hay un niño sin escuela, donde no hay nadie que no haya comido hoy. Como ustedes dos son de la generación que casi nació con la Revolución, quizás no comprendan la emoción que siento yo, que nací hace muchísimo tiempo, un poquito después de la Revolución de Octubre. Comparar, por ejemplo, esta realidad con la gente en mi país que no comió hoy, que no comió ayer, que no comió antes de ayer y que no va a comer mañana; la cantidad de niños que están muriendo ahora, y saber que estoy en una tierra donde nadie muere de hambre, donde hay una solidaridad en la posibilidad histórica, donde no hay una riqueza que te hiera ni una pobreza y una miseria que te humillen. Para mí es una emoción inmensa. Yo les confieso que lo único que me hace sufrir hoy es no estar aquí con Elza, que fue mi mujer, mi amante, la profesora de mis hijos, la abuela de mis nietos. Fue mi educadora y amaba a Cuba. Pero no hay que llorar, hay que cantar la alegría de estar en Cuba. La amabilidad de los cubanos es increíble. Es la amabilidad que nace de la alegría, de la felicidad. Sentí una gran emoción ayer al oír a Fidel, que hablaba como político y como pedagogo. Su discurso estaba lleno de pedagogía, de esperanza, de realidad. Yo creo que vine en un buen momento, aunque me pregunto cuál es el momento malo para venir a Cuba. Ese momento no existe.

Creo, sin embargo, que éste es un momento especialmente

bueno, por más de una razón. Primero por el interés que están despertando en Cuba las posiciones de los cristianos, las comunidades eclesiales de base y su creciente importancia en diversos puntos de América Latina, y las experiencias de educación popular. Pero, además, porque estamos viviendo un proceso autocrítico del conjunto de la sociedad que, por supuesto, pasa por la educación. No sé si sabe que durante el último Congreso del PCC y el último de la UJC, la educación fue un tema muy debatido. Después de la Campaña de Alfabetización, que fue el hecho cultural más grande de la Revolución...

¡Exacto! Y para mí, la Campaña de Alfabetización de Cuba, seguida después por la de Nicaragua, constituye uno de los más importantes hechos de la historia de la educación en este siglo.

Después de la Campaña Cuba consiguió hacer masiva su educación que, como usted decía, no haya niños sin escuelas, que ningún adulto que quiera estudiar no pueda hacerlo. Hemos estimulado fuertemente la educación de los adultos. Y sin embargo, la educación cubana atraviesa en estos momentos un período autocrítico.

En otra palabra, está siendo reestudiada. Mira, yo percibía ayer en el discurso de Fidel toda la cuestión de la rectificación. Creo que es extraordinariamente importante la cuestión de la dimensión de humildad que creo que tiene que tener una revolución. En el momento en que una revolución no reconoce probables errores cometidos, esa revolución se pierde, porque se piensa a sí misma hecha por santos. Precisamente porque son hechas por hombres y mujeres, y no por ángeles, las revoluciones cometen errores. En mi opinión, lo fundamental es reconocer probables errores y rectificarlos. Para mí, el empuje hacia la rectificación es la prueba de la vitalidad. Es la humildad necesaria que una revolución tiene que tener. Y creo que esto es aplicable a la educación: es necesario revisar la práctica educativa para encontrar aquella que se corresponda más adecuadamente con el proceso revolucionario.

Uno de los grandes problemas que una revolución tiene en su transición, en sus primeros momentos de vida, consisten en que la historia no se hace mecánicamente, la historia se hace históricamen-

te. Esto significa que el cambio, las transformaciones introducidas por la revolución en su primer momento -en la medida en que se empieza a salir del modo de producción capitalista-, las relaciones sociales adecuadas al nuevo modo de producción, no se construyeron de la noche a la mañana. Se cambia el modo de producción, y lo que hay de superestructural en el dominio de la cultura, incluso del derecho, y sobre todo de la mentalidad, de la comprensión del mundo, -de la comprensión del racismo, por ejemplo, del sexo-; la ideología, en fin, queda veinte años por detrás del modo de producción cambiado, porque está forjado por el viejo modo de producción, que tiene más tiempo histórico que el nuevo modo de producción socialista.

Si la cuestión histórica fuera mecánica, yo ya habría hecho la revolución en Brasil. Yo no, claro, ayudaría a los Lula a hacer la revolución. Pero no es un proceso mecánico, sino histórico.

Uno de los grandes problemas que tiene una revolución en su transición, que a veces es muy prolongada, es el siguiente: la vieja educación, de naturaleza burguesa, llena de ideología burguesa, obviamente no responde a las necesidades nuevas; a la nueva sociedad aún no creada; la nueva sociedad comienza a crearse, por supuesto, durante el proceso de movilización popular, de organización popular para la revolución. Ahí empieza la creación de la nueva sociedad, pero ésta todavía no tiene un perfil definido a no ser teóricamente. Lo que sucede es que, llegada al poder, la revolución se enfrenta a la permanencia de residuos de la vieja ideología, a veces hasta dentro de nosotros los revolucionarios, que estamos marcados, invadidos, por la ideología dominante; que se aloja en nosotros mañosamente. Lo que pasa entonces es que en el momento de la transición, la educación tiene poco que ver -no quiero decir «no tiene nada que ver», para no parecer demasiado exigente- con el proceso de construcción de la nueva sociedad, del nuevo hombre y la nueva mujer.

Hay que hacer una nueva escuela. Y el problema reside en que la nueva educación necesita de la nueva sociedad, y esa sociedad no está todavía parida. Hay un momento de perplejidad. El educador dialéctico, dinámico, revolucionario, tiene que enfrentar los obstáculos que su propio proyecto pedagógico, más que revolucionario que es lo que la media piensa que debería ser, le crea. En esta fase de transición, la he estudiado, no en los libros, sino a nivel de experiencia personal....

En Guinea Bissau, por ejemplo....
En Guinea Bissau, en Granada. Allí conversé durante seis horas con Maurice Bishop y leí posteriormente la reflexión de Fidel acerca de los errores cometidos. Y también en Angola, Sao Tomé, antes en Chile, en un proceso diferente. Y en Nicaragua. He andado por todas esas tierras, y afortunadamente invitado por las revoluciones, grandes y medias, no importan los tamaños de las revoluciones, lo que importa son lo ímpetus revolucionarios. Por eso me dediqué a pensar un poco sobre estos problemas. Y lo que pasa es que siempre ocurre esto. No es casual que las universidades sean las últimas fortalezas en convertirse a la revolución. Están cargadas de la ideología anterior. Hay contradicciones fantásticas, por ejemplo, entre la escuela y la revolución en una transición revolucionaria. La escuela, al mismo tiempo que sueña con un empuje hacia una formación más profunda del alumnado, repite procedimientos característicos y adaptados a la pedagogía de la clase dominante. Es que en el fondo guardamos en nosotros, contradictoriamente, las marcas ideológicas, la posición de clase con que nacemos. Pero hay que ser un buen marxista para entender estas cosas. Y no se trata de ser muy estudioso, muy lector, sino de tener buena sensibilidad de la importancia de la carga, de la fuerza, del peso de la ideología. La ideología es material, no es solamente ideal. Tiene peso, tiene fuerza. Entonces, yo creo que uno de los grandes desafíos de los educadores revolucionarios es lograr la transición entre la escuela que sirvió bien a la clase dominante antes de la revolución, y la escuela que ha de servir bien a las clases populares, a la sociedad ahora; y esa transición se hace revolucionándose, superando las marcas más fuertes de la tradición anterior. Para mí, una escuela revolucionaria tiene que ser una escuela de alegría, pero no de irresponsabilidad. Es como el trabajo y la vida en el hogar. Yo tengo que despertar contento, porque voy al trabajo, y regresar feliz, porque vuelvo a la casa. Si no construyo esto con mi compañera, si no construyo esto en el trabajo, es que hay algo errado. La escuela igualmente, tiene que ser un espacio y un tiempo de satisfacción. El acto de conocer que la escuela debe hacer, debe crear, debe estimular, no puede ser un acto de tristeza ni de dolor solamente.

Y es obvio que conocer demanda sufrimiento, pero hay en la intimidad, en el movimiento interno del acto de conocer, una alegría, que es la alegría de quien conoce. La escuela tiene que crear esto; crear una disciplina seria, rigurosa, pero que no olvide la satisfacción. Y estas cosas no pueden ocurrir en la transición revolucionaria «*de frentón*», como dicen los chilenos. Esas cosas son rehechas. Por eso es que me siento muy contento cuando me dices que uno de los temas centrales del congreso del PCC (Partido Comunista de Cuba. N.R.) fue exactamente la pedagogía, es decir, la práctica educativa en Cuba, y hasta qué punto es posible revolucionariamente hacerla más dinámica, más creativa. Yo no tengo duda alguna de que la escuela es importante, es fundamental. No hay que superar, no hay que suprimir la escuela. Pero hay que hacerla un espacio-tiempo de alegría, de satisfacción y de saber, y por tanto, de disciplina. No puede ser un espacio de irresponsabilidad. Pero tampoco debe ser, sobre todo en una revolución, un espacio de autoritarismo. Hay que encontrar exactamente los caminos de la creatividad de los alumnos, de los niños y las niñas, un camino de libertad. La revolución se hace, precisamente, porque no hay libertad.

Para mí las experiencias de ustedes en Brasil, consisten precisamente en crear espacios de libertad, en un contexto en el que no está dada. Esto indudablemente, requiere por parte de ustedes de una creatividad enorme. Leía, por ejemplo, de las experiencias de Betto para, según sus palabras, «dotar de la palabra» a las personas que no cuentan con ella....
Exacto. Extraordinario.

Comienza por demostrarles a las personas que tienen boca.
Yo quedé absolutamente emocionado al oír a Betto en el libro en el que «*hablamos*» juntos. Y admirado de la creatividad de Betto, que es extraordinaria. Un educador sin capacidad de creación no puede trabajar. Por otra parte, quedé espantado de la necesidad de hacer aquello. A ciertos niveles de dominación, los hombres y las mujeres se ven a tal punto disminuidos que casi se objetivan, como señalara Marx, casi se transforman en cosas.

Me resulta muy interesante tratar de vincular estas experiencias de ustedes con nuestra realidad, que es radicalmente diferente. Me hacía pues la siguiente pregunta: ¿Qué es la educación popular? Confundirla con educación de adultos, resulta una reducción enorme ¿no es cierto? Se trata de una concepción completamente diferente de la escuela, de la enseñanza, del aprendizaje. ¿Se trata de dotar al pueblo de aquello con lo que contó y cuenta la burguesía, es decir, una pedagogía, una universidad, una escuela? ¿Cómo vincular estas cosas, entonces, con la realidad de una revolución en el poder, con su necesidad de extender la educación con los medios a su alcance al total de la población? Me parece que su experiencia de vida lo hace una persona especialmente capaz para responder esta pregunta, porque comenzó usted en Brasil con la experiencia de alfabetización, pero se dio cuenta que la alfabetización era un momento. Y después, tras la desgracia del exilio, tuvo la suerte de participar en proyectos educativos en varias partes del mundo en disímiles condiciones. Su experiencia en Guinea Bissau, en Granada, en Angola, en Nicaragua, tiene que haberle dado una idea de los problemas que enfrenta la revolución en el campo educativo, tras el advenimiento de las clases populares al poder.

Es un momento que demanda de los educadores una enorme capacidad creadora; y demanda una virtud que yo vi en Amílcar Cabral. A mí, en este siglo, hay tres revolucionarios que me han impresionado. Voy a citarlos a lo tres, aunque esté siendo injusto con otros, y sé que hay montones de otros revolucionarios. Pero yo me quedaría con dos muertos y uno vivo que a mí me llenan de esperanza, de fe, de humanismo, en el sentido no burgués de la palabra. Los dos muertos son Amílcar y Che. Y el vivo es Fidel. A estos tres símbolos acostumbro llamarlos «*pedagogos de la revolución*», y establezco una diferencia entre el pedagogo de la revolución y el pedagogo revolucionario. Yo hago un esfuerzo fantástico para ser un pedagogo revolucionario, y no sé si lo soy todavía, pero lucho para serlo. El pedagogo de la revolución es esto que ustedes tienen aquí, es Fidel. Amílcar lo fue también. Yo estoy escribiendo un ensayo sobre él con este título: «*Amílcar Cabral, pedagogo de la revolución*». Che Guevara fue también un pedagogo de la revolución. Yo considero que los pedagogos revolucionarios, que tienen tanta responsabilidad como los pedagogos de la revolución, que no pueden traicionar a la revolución, como decía Fidel anoche, en una dimensión menor tienen que asumir con absoluta responsabilidad su tarea, que no es nada fácil. Esta tarea se desarrolla en los primeros años de la transición. Y no me refiero a los primeros diez años o veinte años; creo que el tiempo de una revolución no se mide en décadas. El hecho de que la Revolución Cubana tenga casi treinta años, no significa que está hecha: nunca estará hecha. Eso es lo que pido: que nunca esté hecha, porque una revolución que está hecha yerra; cuando no está siendo, ya no es. La revolución tiene que ser como decía ayer Fidel. Esta comprensión de la revolución es sustantivamente pedagógica. Pero tiene que ser encarnada pedagógicamente en métodos coherentes. Ahí está la revisión –no en el sentido peyorativo que esta palabra tiene–, la recreación que la práctica educativa tiene que estar sufriendo siempre. Porque la práctica educativa tampoco puede ser: para ser, tiene que estar siendo. Yo tengo que cambiar, yo tengo que marchar como educador y como político. Entonces, los métodos, las técnicas, tienen que estar al servicio de los contenidos. Primero, en relación con los contenidos, segundo, en relación con los objetivos. Y en estos momentos de transición revolucionaria, que son los más difíciles, precisamente por la carga que arrastramos del período anterior, de las experiencias en que fuimos formados y deformados, hay que desarrollar, incentivar, estimular una curiosidad incesante. La pregunta es fundamental. Yo tengo un libro reciente, realizado en colaboración con un chileno exiliado, que se llama: **«Hacia una pedagogía de la pregunta»**. Una de mis preocupaciones actuales es que la educación nuestra está siendo una educación de la contestación, de la respuesta, y no de la pregunta. Entramos en la clase, sean los alumnos niños o jóvenes, y empezamos a responder a preguntas que ellos no han hecho. Y lo peor es que a veces ni siquiera sabemos quiénes hicieron las primeras preguntas fundamentales, que las que resultaron las respuestas que estamos dando. Estamos dando respuestas a preguntas antiguas, y no sabemos quiénes las hicieron. Y es como si estuviéramos empezando un discurso, y de hecho estamos dando respuestas. Yo propongo lo contrario: una pedagogía de la pregunta. No tengo duda alguna de que la mujer y el hombre, al empezar a ser no so-lamente animales, al transformarse en este tipo de animal que somos, lo hicieron preguntando. Cuando no se hablaba todavía el lenguaje que hoy tenemos, el cuerpo ya preguntaba. En el momento en el que se hicieron humanos, el hombre y la mujer prolongaron sus brazos en un instrumento que les sirvió para seguir conquistando al mundo, y con el cual consiguieron su estabilidad y su alimento. En ese momento, independientemente de que si hablaban o no, ya se preguntaban y preguntaban. Entonces, desarrollar una pedagogía que no pregunte, sino que sólo conteste preguntas que no han sido hechas, parece herir una naturaleza histórica, no metafísica del hombre y de la mujer. Por eso defiendo tanto una pedagogía que, siendo conceptual, sea también una pedagogía dialógica, entendiendo que el diálogo se da entre diferentes e iguales.

Me parece que se trata de una pedagogía profundamente respetuosa, que tiene un respeto profundo por los considerados tradicionalmente ignorantes, no posee-dores de conocimientos «que no valen la pena», poseedores de conocimientos «que no hay que aprender».

Exacto, exacto. Te acuerdas ahora de las conversaciones mías con Betto, cuando él se refiere a una mujer que sentía inseguridad porque pensaba que no sabía nada. Él le preguntó quién resolvería mejor su vida perdido en un bosque: un médico que ha pasado por la universidad y no sabe cocinar, o ella, que sabe matar una gallina.

Esta afirmación tuya me lleva a una cuestión fundamental de la educación popular y a una reflexión fundamental de carácter político-filosófico. Se trata de una cuestión del sentido común y del saber riguroso, en otras palabras, de la relación entre sabiduría popular, y conocimiento científico o académico.

Hablabas de mi respeto a este saber de experiencia que tiene el pueblo, y yo insisto en ese respeto. Incluso insisto en que la educación popular tiene ahí su punto de partida, pero nunca su punto de llegada. Jamás dije que los educadores populares progresistas (y en Cuba diría los educadores populares revolucionarios, porque progresista es la forma que tiene de ser un educador revolucionario en un país todavía burgués; yo me considero en Brasil un educador popular progresista, y tengo la osadía de decir que si viviera en Cuba, yo sería un educador revolucionario; si fuera cubano, y aún siendo brasileño, porque soy también cubano, por el amor que le tengo a esta revolución, a este pueblo, a esta valentía, que históricamente fue posible y ustedes hicieron posible). Pero volviendo a la cuestión, estoy absolutamente convencido de que si bien el educador progresista y revolucionario no puede alojarse en el sentido común y quedar satisfecho con eso en nombre del respeto a las masas populares; tampoco puede olvidarse de que ese sentido común existe. No se puede negar su nivel de saber. Hay que saber incluso que el conocimiento científico un día fue ingenuo también y hoy día sigue siendo ingenuo. La sabiduría científica, la ciencia, no es un «*a priori*», sino que se hace históricamente, tiene historicidad. Eso significa que el saber científico, riguroso, exacto, de hoy, no será necesariamente el de mañana. Lo que sabíamos hace veinte años de la luna fue superado por lo que se sabe hoy. Cuando yo afirmo que es a partir de la sabiduría popular, de la comprensión del mundo que tienen los niños populares, su familia, su pueblo que debe comenzar la educación popular, no estoy diciendo que es para quedarse ahí, sino para partir de ahí y así superar las ingenuidades y las debilidades de la percepción ingenua.

A esto llamaba usted en sus primeros escritos «concientización».
Exacto. Pero probablemente en mis primeros escritos, al llamarla concientización, cometía un error de idealismo, que se encuentra fácilmente en mi primer libro. Consiste en lo siguiente: le daba tanto énfasis al proceso de concientización que era como si concientizando acerca de la realidad inmoral, de la realidad expropiadora, ya se estuviera realizando la transformación de esta realidad. Eso era idealismo.

Es eso lo que se encuentra en «La educación como práctica de la libertad».
Exacto. Es ahí donde está la gran fuente de los momentos idealistas que marcaron el comienzo de mi madurez. Yo soy un escritor tardío. He hablado mucho, soy un hombre de mi cultura. La cultura brasileña es todavía de memoria oral. Por eso hablé mucho antes de escribir. Y sigo hablando mucho. Soy más un productor oral que un escritor. Pero me gusta lo que escribo, también me gusta. Cuando escribo, lo hago como si estuviera hablando. Mi leer es mi escuchar. Pero la cuestión que se plantea –y esto es muy importante en la teoría del

currículum por ejemplo- es que hay que conocer cómo el pueblo conoce, hay que saber cómo el pueblo sabe. Hay que saber cómo siente el pueblo, cómo el pueblo piensa, cómo el pueblo habla. El lenguaje popular tiene una sintaxis, una estructura de pensamiento, una semántica, una significación de los significados que no puede ser, que no es igual a la nuestra, de universitarios. Y hay que conocer esto. Hay que vivir todas estas diferencias en las escuelas de niños populares. Imagínate que un niño popular brasileño, por ejemplo, que escribe un trabajito en su es-cuela en el primer grado y usa una sintaxis de concordancia estrictamente popular, escriba: «*A gente chegamos*», y la profesora lo tacha con un lápiz rojo y le dice: «*Equivocado*». Para mí esto es un absurdo. Es como si mañana tuviéramos una revolución popular en Brasil y mi nieta llegara a mi casa y me dijera: «Mira, abuelo, yo no entiendo nada. Escribí «*a gente chegou*» y la profesora me lo tachó y escribió «*A gente chegamos*». Y ella me diría: «Mira, abuelo, tú dices «*a gente chegou*». Y mi madre, mis hermanos, mis vecinos -los vecinos son de «*clase*»- mis amigos dicen «*a gente chegou*». Yo no comprendo nada». Hace cuatrocientos ochenta años que hacemos esto contra el pueblo en Brasil. Esto crea problemas que no son estrictamente lingüísticos, sino de personalidad, de estructura de pensamiento. Si tú me preguntas: «*Paulo, ¿y te parece entonces justo, legítimo, que las masas populares no aprendan, no aprehendan la sintaxis llamada erudita?*» yo te respondería: «No, es necesario que la aprendan, pero como un instrumento de lucha». Las masas populares brasileñas, los niños populares, tienen que aprender la sintaxis dominante para poder luchar mejor contra la clase dominante. No porque sea más bella la sintaxis dominante, no porque sea mejor y más correcta, porque yo te diría un poco enfáticamente que para mí el lenguaje popular, tanto allá como acá, es muy rico, precisamente por el uso de las metáforas, de la simbología. El lenguaje popular es mucho más poético, porque necesita ampliar el vocabulario y lo hace a través de la metáfora. Yo no quiero parecer populista, lo que quiero es defender el derecho que el pueblo tiene a ser respetado en su sintaxis y en su estructura de pensamiento. Y en segundo lugar, defender el derecho que el pueblo tiene a aprender y aprehender la sintaxis dominante para poder trabajar mejor políticamente contra los dominantes. Ésta es una de mis luchas. Y yo encuentro que esto tiene que ver con la escuela revolucionaria, con la escuela en Cuba. Una pedagogía revolucionaria en Cuba -y no me estoy refiriendo a lo que se hace en Cuba, sino a lo que creo que se debe hacer en cualquier sociedad que hace una revolución- tiene que ser una pedagogía que siendo viva, dinámica, provoque, desafíe a los niños, a los adolescentes, a los jóvenes en la universidad, para lograr la creatividad, el riesgo. ¿Cómo hacer una pedagogía revolucionaria que no se fundamente en el riesgo? Sin correr riesgos es imposible crear, es imposible innovar, renovar, vivir, revivir. Y por ello el diálogo es arriesgado, porque la posición dialógica que se asume frente a los alumnos descubre los flancos, abre el espacio del profesor. Puede que el profesor resulte investigado por el alumno y puede que no sepa. Y hay que tener la valentía de decir simplemente: «*Aunque yo sea diferente a ti como profesor, yo no sé esto*». Y es reconociendo que no se sabe que se puede empezar a saber.

Volviendo atrás. Al inicio, entonces, concebía usted la concientización como el paso de la conciencia ingenua a la conciencia crítica. Después introdujo usted el concepto de -no conozco si existe la palabra en español- la «politicidad de la educación».

Así es. Y si no existe la palabra, habría que crearla. La politicidad de la educación reforzaría la comprensión de la concientización.

¿Qué cosa es la politicidad de la educación?

Hoy hablé mucho de eso con los psicólogos. Mira, en términos simples: si los que estamos sentados alrededor de esta mesa salimos de aquí con ayuda de la imaginación, nos situamos frente a una clase y em-pezamos a analizar la práctica docente que se realiza -imaginemos que se trata de una profesora de primero, segundo o tercer grado- y comenzamos a preguntarnos sobre lo que pasa en el aula. Inmediatamente captamos determinados elementos constituyentes de la práctica con respecto a la cual estamos tomando una distancia para poder conocerla. Descubrimos que no hay práctica educativa sin profesor; descubrimos que no hay práctica educativa sin enseñanza; que no hay práctica educativa sin alumnos; que no hay práctica educativa sin objeto de conocimiento o contenido. Hacen falta muchísimas otras cosas, pero vamos a quedarnos con éstas. En el momento en que se comprueba que toda práctica educativa es un modo de enseñanza;

que el profesor enseña alguna cosa que debe saber, y por tanto que debe haber conocido antes de enseñar y que debe reconocer al enseñar, uno comprende que toda práctica educativa es cognoscitiva, que supone un acto de conocimiento, que no hay práctica educativa que no sea una cierta teoría del conocimiento en práctica. Pero uno se pregunta: ¿qué conocer en la práctica educativa? Y esta pregunta lleva directamente a la cuestión del currículum, a la cuestión de la organización programática de los contenidos en la educación, en el campo de la biología, de la sociología, de la lengua, de los estudios sociales. Hay un conjunto de contenidos, de programas, que se relacionan, y lo ideal es conseguir cierta interdisciplinariedad. Pero en el momento en que uno se pregunta sobre qué conocer, cuando uno se sitúa frente a los contenidos, a los programas, uno de inmediato se plantea: ¿a favor de quién se conoce esto? ¿a favor de qué? Y cuando uno se pregunta: ¿qué hago yo como profesor? ¿a favor de quiénes trabajo? ¿a favor de qué trabajo? hay que preguntarse de inmediato: ¿contra quiénes trabajo? ¿contra qué trabajo? Y la contestación de esa pregunta pasa por la calidad política del que se la plantea, por el compromiso político del que la hace. En ese momento, se descubre eso que yo llamo la *politicidad de la educación*, la cualidad que la educación tiene de ser política. Esto es: ni hubo nunca ni habrá una educación neutra. La educación es una práctica que responde a una clase, sea en el poder o contra el poder. Esto es la politicidad. Si lees nuevamente el primer libro mío tú no descubres esto. Y ahí estaba una de mis de-bilidades, una de mis ingenuidades. Mi alegría es que soy capaz de reconocer mis debilidades. Por eso es que no me parece correcto que me hagan críticas basadas en un libro, cuando he escrito más de catorce. O si no, hay que decir que se está criticando sólo el primer libro, pero eso no quiere decir que se está criticando el pensamiento de Paulo Freire. Para eso, hay que leer toda mi obra, todas mis entrevistas, todo lo que he hecho, porque si no, no es correcto. Recientemente, una muchacha que vivió largo tiempo en la revolución de Nicaragua y que pasó cuatro horas conmigo en Brasil, publicó una entrevista con una introducción en la que hacía una crítica a las críticas de Paulo Freire. Y publicó un libro muy lindo donde muestra el error de mucha gente.

¿Es Rosa María?

Sí, Rosa María Torres. ¿Tienen el libro? Les voy a mandar la colección de mis obras y de críticas sobre mi obra, buenas y las malas.
Excelente. Tengo dos cosas más que quería precisar. La primera: ¿diría usted que la educación popular en su práctica y en su teoría es el intento de hacer una pedagogía de las clases populares en contra de una pedagogía de la burguesía?
Exacto, exacto. Tu pregunta contiene mi respuesta. A Rosa María, cuando me preguntó esto con otra formulación, le dije que para mí la educación popular es algo que se desarrolla en la interioridad del esfuerzo de movilización y de organización de las clases populares, para la toma del poder; su propósito es la sistematización de una educación nueva e incluso de metodologías de trabajo diferentes a las burguesas. Pero ahora podrías hacerme otra pregunta que me adelanto a formular: «Paulo ¿piensas que todo lo que la burguesía ha hecho está equivocado?». La respuesta es «no». Otra cosa sería erróneo, estrecho. Yo nunca olvido las afirmaciones de Amílcar Cabral sobre la cultura. Él les decía a sus compañeros de lucha en Guinea Bissau –no lo estoy citando literalmente–: «*la cuestión no es la negación absoluta de las culturas extranjeras, sino la aceptación de las cosas adecuables a nuestra sociedad*».

Eso lo dijo Martí de una manera muy bella. Dijo: «injértese en nuestras repúblicas el mundo; pero el tronco ha de ser el de nuestras repúblicas».
¡Exacto! Entonces, mira, no se puede negar la importancia de los movimientos de la «escuela nueva» que han surgido paso a paso con el desarrollo de la revolución industrial y que no pueden ser reducidos a una sola experiencia de escuela nueva. Hay varias expresiones de escuelas nuevas en el movimiento general grande, en el que se encuentran, desde la locura maravillosa de un Ferrer, español, anarquista, que influyó extraordinariamente sobre la educación en Nueva York, y en Brasil también a comienzos de este siglo. Ferrer fue asesinado por el Estado español en 1910. Estas experiencias, repito, van desde Ferrer hasta posiciones más intermedias como la de Montessori, basada en la idea de la libertad. O la exageración de la escuela de Hamburgo, con sus maestros camaradas, que eran todos iguales a los alumnos, con lo cual se llegaba casi a la irresponsabilidad, pero que era, al mismo

tiempo, una cosa muy linda. Yo no estoy a favor de esto, entiendes, yo no estoy a favor de esto, pero lo que quiero decir es que no se puede hacer una crítica general y estrecha. Para mí, eso no sería científico, no lo acepto, creo que es ideológico. Y no se trata de que crea que la ciencia no tiene ideología, porque la tiene, pero quiero más ciencia que ideología, respetando el valor y la fuerza de la ideología cuando se trata de la ideología proletaria. Pero volviendo a tu pregunta, te digo más. Creo que si uno parte hacia la educación popular sin la intención de construir una pedagogía de las clases populares, tarde o temprano va a descubrir que ella aparece en su práctica. A partir de ahí, o desiste, o sigue adelante. Esto no significa, sin embargo, que la creación de una pedagogía popular niegue los avances logrados por la pedagogía burguesa.

Pero por otra parte, no pienso que incluso la pedagogía que pudiéramos llamar burguesa, porque ha sido creada dentro de la dominación burguesa, pueda ser en su totalidad catalogada de burguesa. O sea, la pedagogía popular no puede remitirse al conocimiento popular del que hablábamos, como su única fuente, sino que tiene que remitirse también a la protesta contra las sociedades burguesas que dentro de las mismas se ha generado.

Exacto. Si no hace esto, no es dialéctica, y corre el riesgo de perderse; yo estoy totalmente de acuerdo con lo que hay de afirmación en tu pregunta. Las preguntas casi siempre traen una afirmación, y yo estoy de acuerdo contigo. Ahora, en una sociedad como la nuestra, la sociedad brasileña, la educación popular hoy en día tiene que orientarse en el sentido de cómo movilizar; orientar. La educación popular tiene que colocarse en el centro, en la interioridad de los movimientos populares, de los movimientos sociales. De ahí, para mí, la necesidad de que los partidos revolucionarios olviden su tradicionalismo. Los partidos de izquierda en este fin de siglo, o se hacen nuevos, revitalizándose cerca de los movimientos populares sociales, o se burocratizan. Uno de mis esfuerzos en el Partido de los Trabajadores, en el que milito, es mi trabajo en una semilla de universidad popular. Dirijo este centro de formación, del cual tuve el honor de haber sido nombrado presidente. Porque en el fondo fui nombrado. Un día llegó una comisión de líderes sindicales y me dijeron que yo era presidente. Y yo les

dije: «*ustedes me están nombrando, nadie me ha elegido*». Pero acepté. Lo que ha hecho este instituto en sus seis meses de vida, a nivel latinoamericano incluso, en términos de formación de la clase trabajadora, es una cosa que da alegría.
¿*Cómo se llama el instituto, Paulo?*
Instituto de Cajamar, que es la municipalidad en que está ubicado. Yo soy el presidente del Consejo. Lula es miembro del Consejo. Y el lu-nes hemos pasado el día completo todos juntos discutiendo los programas del centro, y yo me responsabilicé con él; porque el instituto comenzó muy poco después de la muerte de Elza, que era mi amor, fue y es mi vida, mi amante, la madre de mis hijos, la abuela de mis nietos, la infraestructura de la familia. Yo soy superestructura solamente. Te imaginas lo que pasa a una superestructura cuando le falta la infraestructura. Yo estoy un tanto perdido, pero vivo y lucho por seguir vivo. Ésta es la opción que hice. Pero, como te decía, el Instituto se creó muy poco después de la muerte de Elza, y en aquel momento me resultaba difícil. Ahora asumí el compromiso de hablar por lo menos una vez en todos los cursos que se organicen para la formación de cuadros de la clase trabajadora. Es emocionante conversar con un líder obrero, que pasó muchas experiencias y te dice después: «*Yo antes tenía la intuición de que éste era el camino, ahora lo sé*». Hay un grupo de intelectuales, académicos, en Brasil, que han optado por las clases trabajadores, y que no se sienten propietarios de la sabiduría de la revolución. Porque ésta es una cosa que los intelectuales han tenido que aprender: la humildad de no ser los propietarios del saber revolucionario. Hay que aprender también con la clase trabajadora, con los obreros, con los campesinos. Una dosis de humildad no le hace daño a nadie.

Yo estoy viendo cómo esta politicidad de la educación, y en general como la educación popular hoy significa un avance de las masas populares en la América Latina capitalista, diferente a la expansión de la matrícula de los 60, frente a los mecanismos de la tecnificación de las décadas pasadas, que eran todos propiedad de la burguesía. Veo como está surgiendo también de ahí una comprensión muy fuerte de que es en el terreno de la política que se van a decidir los dilemas fundamentales, en definitiva. Pero esta compren-

sión no consiste meramente en «saludar» a los políticos, sino en formar parte del movimiento político. Ya usted mencionaba antes que esto le exige transformaciones al partido político.

Exacto. Ésta es una de mis preocupaciones. En un libro que salió recientemente en Brasil y también en Argentina, hecho con un filósofo chileno, en un cierto momento discutimos esta cuestión. Yo tengo la convicción de que estos últimos años del siglo serán decisivos en lo que respecta a la preservación de los partidos de izquierda. Sin pretender hacer vaticinios, la impresión que tengo es que los partidos de izquierda tienen que renovarse apartándose de su tradicionalismo. Si me pides que elabore más estas ideas, quizás no puedo hacerlo. Pero presiento, casi adivino por el olfato, que nosotros, nosotras, los que compartimos las posiciones de izquierda, tendríamos que hacernos una serie de preguntas. No digo ya en Cuba, pero también en Cuba. En los países como Brasil hay que citar menos a Marx y vivirlo más. Hay que cambiar el lenguaje. Hay que aprender la sintaxis popular. Hay que perder el miedo a la sensibilidad. Hay que rehacer y revivir a Guevara, cuando hablaba de los sentimientos de amor que animan al revolucionario. Es decir, hay que ser menos dogmáticos y más radicales. Hay que superar los sectarismos que no crean, que castran. Hay que aprender la virtud de la tolerancia. Y la tolerancia es una virtud no solamente espiritual, sino también revolucionaria, que significa la capacidad de convivir con el diferente para luchar contra el antagónico. Esto es la tolerancia. En América Latina vivimos peleando contra los diferentes y dejando al antagónico dormir en paz. Y los partidos de izquierda que no aprendan esto, están destinados a morir históricamente. Hay que abrirse. Yo creo que en lo que queda del siglo, los partidos revolucionarios tienen que aprender a confiar un poco más en el papel de la educación popular. Esto, independientemente de que no pueden jamás, de manera idealista, pensar que la educación es la palanca de la revolución. Pero tienen que reconocer que aún no siendo la palanca, la educación es importante. Yo no olvido nunca una conversación que tuve hace tres años en Canadá con el Secretario General del Partido Comunista y con el responsable del sector de educación del partido en ese país. Conversamos mucho sobre esto. Sobre cómo los partidos revolucionarios se vuelven tímidos por no creer en última instancia en las masas populares. Mira, la Revolución Cubana resulta de una creencia casi mística en las masas populares, una creencia no ingenua, pero sí inmensa. Una creencia que se fundaba incluso en una desconfianza. Se trata de una desconfianza que no es una desconfianza en las masas, sino en los dominadores introyectados en las masas. Yo recuerdo, yo recuerdo -hablé de esto en la **Pedagogía del Oprimido**, al citar a Guevara, a Fidel- que repetía una advertencia que Guevara le hacía a un muchacho de un país centroamericano, al que le decía: *«Mira, tienes que desconfiar del campesino que te busca. Desconfiar de la sombra del campesino»*. Cuando Guevara decía esto no se contradecía. Yo recuerdo una crítica muy dura contra mí publicada en los Estados Unidos, en la que decían que yo era el contradictorio. Y no, no lo era: como tampoco lo era Guevara cuando decía: *«Muchacho, tienes que desconfiar del campesino que llega corriendo para adherirse a tu proyecto»*. Lo que Guevara estaba diciendo es que hay que desconfiar del opresor introyectado en el oprimido. Porque si la revolución no advierte estos riesgos, no llega a hacerse. El discurso de Fidel fue todo un discurso político y pedagógico; un discurso de esperanza y crítica, de valentía y de sufrimiento. Es una cosa extraordinaria. Yo te diría que fue una de las cosas más importantes de estos últimos años. Llamaba la atención sobre todas estas cosas y decía cómo fue que él aprendió. Y cuando decía *«yo»*, estaba diciendo *«nosotros»*. Habló de cómo aprendió a lidiar con la traición; cómo aprendió a trabajar mejor. Y decía que nada nos podrá detener, porque una traición nos enseña a defendernos de la traición siguiente. Yo creo que esta capacidad es extraordinaria. Es la capacidad que tuvo Guevara, que habla desde sus memorias y sus diarios, de llegar a la Sierra Maestra como médico y conversar con los campesinos sencillos y aprender con ellos. Y él dijo una cosa linda: dijo que fue conversando con los campesinos cuando estaba en la Sierra Maestra que se formó radicalmente en él la convicción del acierto de la revolución, de la necesidad de la transformación agraria del país. Y mira, Guevara no subió a la Sierra inocentemente. Sin embargo, tuvo la valentía, el coraje, la humildad de decir cuánto le enseñó el sentido común campesino. Es esto lo que creo que se impone: esta humildad, esta cientificidad, nunca cientificismo; esta radicalidad, nunca sectarismo; esta valentía, nunca bravata. Es esto lo que tienen que aprender los partidos revolucionarios. Ya no resulta posible seguirse apropiando de la verdad y dictarla a las clases populares en nombre de Marx o de Lenin. Es imposible leer **«Qué hacer»** sin comprender el tiempo de Lenin. El mismo Lenin lo dijo. Pretender entender a Lenin sin su contexto es dicotomizar el texto del contexto. Y esto no es dialéctico. Para finalizar, tengo una gran esperanza en que todos nosotros estemos aprendiendo. No es que esté pretendiendo darles clases a los líderes de los partidos. A los partidos de derecha yo no me dirijo. Obviamente, no tengo nada que decirles. Me dirijo a los compañeros de izquierda, que están en diferentes posiciones -y todos son mis compañeros; diferentes, pero compañeros- para decirles que es preciso ser tolerantes. Éste es un discurso que hago mucho más en el resto de América Latina que en Cuba. No es a Cuba a quien me dirijo enfáticamente, sino a nosotros, los otros.

Tengo todavía otra pregunta. Hace ya un buen rato, usted hablaba de que la transición no se puede medir ni por decenios. Volviendo a aquel tema, recuerdo un problema importante. El poder revolucionario en nuestros países, no puede estar ajeno a una idea peligrosa, que es la idea civilizadora.

Exacto, exacto.

Esa idea civilizadora supone que nuestros países son, pues, atrasados. Debemos, ahora que tenemos el poder, civilizarnos. Esto está lleno de necesidad real y de peligros reales.

Exacto.

Falta otro problema. La revolución en nuestros países, que son relativamente débiles, necesita unidad: ser todos uno para poder sobrevivir y avanzar. La unidad está llena de beneficios y de bondades. Y también tiene peligros: el autoritarismo, la unidad que se vuelve unanimidad, donde la necesidad se convierte en virtud. ¿Usted cree que la educación popular puede ayudar a esto?

Lo que dijiste es macanudo. ¿Conoces la palabra? Es chilena.

Y argentina, y nuestra también.

La aprendí en Chile, y cuando hablo portuñol me viene siempre a la mente. Mira, creo que estas preguntas que me planteas no son preguntas sino afirmaciones. Son de una importancia tremenda para los partidos, para los revolucionarios, para los educadores revolucionarios. En primer lugar, yo tengo miedo también del consenso. Yo defiendo una unidad en la diversidad; una diversidad de diferentes, no de antagónicos. Probablemente el antagónico dirá que no soy demócrata, y desde el punto de vista de él, obviamente no lo soy. Volviendo atrás, yo temo el consenso, aunque lo acepto en momentos críticos. No se trata ni siquiera de que lo acepte, sino de que es necesario en un momento de crisis. Pero pasada la fase crítica, yo creo que la discusión debe continuar. Y hay una ilusión a veces de un aparente consenso, que es la ilusión del autoritario, que piensa que no hay divergencias, aunque sí las hay. Y las divergencias son legítimas, son necesarias para el desarrollo del proceso revolucionario. Repito que no quiero dar clases de revolución a quienes han hecho la revolución. Esto sería falta de humildad de mi parte, y yo soy humilde. Es a nivel teórico que estoy convencido de que la divergencia no sustantiva es importante para el propio desarrollo del proceso de crecimiento. Y yo no tengo duda alguna de que la educación tiene que ver con eso. Tiene que ver en tanto sea una educación estimulante de la interrogación y no de la paz, en tanto desarrolle una postura crítica, curiosa, que no se satisfaga con facilidad, que indague, que provoque la interrogación, la procure constantemente y que cree incluso situaciones difíciles, porque esto provoca curiosidad y creo que eso es fundamental.

Volviendo al inicio: que recuerde, ésta es la primer entrevista a Paulo Freire que va a salir en una publicación cubana. ¿Qué querría usted que apareciera especialmente en ella?

Me gustaría ahora enfatizar una cuestión que me es muy cara, y que tiene que ver con no tener miedo a mis sentimientos y no esconderlos. Me gustaría expresarle mi agradecimiento a ustedes, los cubanos, por el testimonio histórico que ustedes dan, por la posibilidad y todo lo que ustedes representan en tanto revolución; lo que ustedes representan de esperanza. No hay en esto ningún discurso falso; yo sé que no veré la misma cosa en mi país, pero la estoy viendo acá. Es una contradicción dialéctica: no voy a ver pero ya estoy viendo. El hecho de que, por ejemplo, un brasileño pueda venir a Cuba sin tener que enfrentarse a la policía; el hecho de poder hablar de Cuba en Brasil; el hecho de que un profesor como yo pueda escribir en mi país las cosas que te he dicho aquí; todo esto no significa que mi país ya haya hecho la revolución. No, es un país lleno de vergüenzas, lleno de cosas horribles, de violaciones de derechos, de explotación de las clases populares. Pero hay por lo menos hoy en día la posibilidad de hablar, de decir. Y hay que llenar los espacios políticos que hay en Brasil hoy. Yo no soy un hombre de la llamada república nueva. Yo soy un hombre del Partido de los Trabajadores; que tiene otro sueño. Pero yo decía que no puedo esconder mis sentimientos de alegría, porque, mira, es un absurdo, un absurdo, que un hombre como yo esté ahora por primera vez en Cuba. Pero es un absurdo que tiene explicación. No se trata de que nunca, nunca, Cuba me haya cerrado las puertas; no fue tampoco que yo tuviera dudas sobre el momento en que debería venir a Cuba. Hubo «n» motivos, «n» razones, para que en las diversas oportunidades en que fui invitado, no pudiera venir. Yo decía que no espero ver en Brasil esta transformación que he visto y que vi también en Nicaragua, que ahora empieza allí. ¿Se imaginan lo que es para un brasileño poner el televisor y ver que el pueblo de tu país puede elegir ver el ballet dos días a la semana, y que otros días puede elegir ver y escuchar la ópera? Esto también es cultura, esto es universalidad, esto es pedagogía, esto es la satisfacción de un derecho que la clase trabajadora tiene a disfrutar de todo. Yo sabía de todo esto, pero aquí vi, aquí escuché. Saber que el pueblo, todo el pueblo de tu país comió hoy. Saber que todos los niños de tu país van a la escuela, aunque haya cosas que decir a favor y en contra de la pedagogía que se hace. No dudo de que diverja en algunas cosas, pero concuerdo con la totalidad, que es la revolución. Y mi crítica se hace desde dentro de la revolución, y nunca desde afuera. Y yo soy muy radical en esto. Estoy en un país en el que hay un horizonte de libertad, de creatividad, en que la Revolución tiene la valentía de decir que también se equivoca, en que la Revolución tiene la valentía de decir que hay compañeros de la dirección revolucionaria que se equivocan. Esto para mí -y parece un absurdo casi mágico lo que les voy a decir- es como si yo no pudiera partir del mundo sin conocer materialmente, palpablemente, sensiblemente a Cuba. He depositado mi cuerpo en tu país, porque ya antes había depositado en él mi alma -sin dicotomizar una cosa de la otra, ¿eh?

PAULO FREIRE: EDUCACIÓN Y PROYECTO ÉTICO-POLITICO DE TRANSFORMACIÓN

José Luis Rebellato [1]

«*El sistema vacía el lenguaje de contenido, no por el placer de una pirueta técnica, sino porque necesita aislar a los hombres para dominarlos mejor. El lenguaje implica comunicación y resulta, por tanto, peligroso en un sistema que reduce las relaciones humanas al miedo, la desconfianza, la competencia y el consumo*». (Eduardo Galeano) [2].

Me he decidido a comenzar el artículo con este texto de Eduardo Galeano, porque creo que el lenguaje, entendido como comunicación, es un eje central del pensamiento de Paulo Freire. Estoy pensando en el lenguaje en su sentido más profundo: apertura a los otros, diálogo, encuentro y compromiso. El lenguaje verbal –al cual Freire dio tanta importancia, pues era un apasionado de las conversaciones–, pero también el lenguaje no verbal, gestual, corporal, escénico. Un lenguaje cargado de deseo, capaz de despertar energías y potencialidades y de comprometerlas en los procesos de transformación. El lenguaje como resonancia. Sin lenguaje, sin comunicación y sin deseo (sin pasión, como diría Gramsci) no hay una transformación que involucre las estructuras y las subjetividades. El lenguaje entendido como performance, como ejecución de actos, como actuación. Pienso en las reflexiones sugerentes de la educadora y crítica teatral cubana Magaly Muguercia, quien nos habla de la educación popular y de la comunicación como dimensiones del escándalo de la actuación[3].

La comunicación es insoportable para un sistema que ha hecho de la fragmentación su piedra de toque. El neoliberalismo realmente existente se afianza con una coherencia ideológica que parece inamovible. Se impone como pensamiento único, con una fuerza dogmática. Volviendo a la era de la sacralización, sostiene enérgicamente: «fuera del mercado no hay salvación». Y lo que ha logrado es que el mercado y sus valores de competencia, destrucción y victimización, nos penetren, se instalen en nuestras vidas y conformen nuestros deseos. Ha hecho de la vida cotidiana un campo de batalla fundamental, lo que para muchos pasa inadvertido. Nos ha inducido a la ceguera frente a la exclusión, al olvido y a la desmemoria. No podía ser de otra manera, cuando el neoliberalismo realmente existente, para nosotros, latinoamericanos, se impuso autoritariamente con las dictaduras militares, destructoras de la vida, negadoras de la pregunta, expresiones del miedo. Y prosiguió consolidándose con la primavera de las democracias, muy pronto recordadas, negociadas y amenazadas [4].

En este contexto, Paulo Freire es para nosotros un mensajero de la esperanza. Un educador y luchador de la esperanza que apostó a la vida, a la liberación, a las potencialidades y al protagonismo de los sectores populares. Su vida y su pensamiento son una llamada permanente para que nos comprometamos a ser educadores de la esperanza y no educadores de la resignación. Nos lo recuerda Carlos Nuñez en su hermosa introducción a la **Pedagogía de la esperanza**: *«Así es la verdad del Pablo que conozco, así lo leo -con pasión y entusiasmo-, cuando en medio de la debacle, de flaquezas y traiciones, nos hace recorrer su propia vida, dando cuenta en ello del constante aprendizaje que su propia práctica comprometida le ha dado y que él tan impactantemente ofreció y ofrece al mundo»* [5].

De algo de esa práctica y teoría tan impactantes deseo dar cuenta en estas breves reflexiones. Me ha parecido oportuno partir primero de un testimonio de vida cercano a los educadores uruguayos; luego señalaré algunos temas de la reflexión de Paulo que son particularmente importantes y vigentes para el momento actual; por fin - y sobre la base del paradigma del diálogo y de la comunicación- trazaré algunas líneas de relación con el pensamiento de Jürgen Habermas.

Hablando con educadores y educadoras de oprimidos, en la calle ...

Los educadores populares del Uruguay, de América Latina y de todo el mundo, no podemos separar nuestros procesos de aprendizaje de la figura, de la vida y el pensamiento de un hombre íntegro como lo fue Paulo. Alguien que supo vivir intensamente la vida. En lo que me es personal, no puedo olvidar mis primeros pasos en el trabajo de los barrios del interior de mi país, junto a un grupo de jóvenes cristianos, cuando terminábamos la jornada y nos reuníamos a leer algunas páginas de **Pedagogía del Oprimido**. Aprendíamos confrontando lo que Paulo escribía, con nuestras vivencias aún primarias, pero muy ricas. Aprendimos juntos lo que significa el respeto por el otro, la im-portancia de escuchar, la necesidad de valorar las potencialidades de cada uno y de todos. Aprendimos vivencialmente que la esperanza es inseparable de la lucha. Lo aprendimos en una etapa que para nosotros, en Uruguay, fue muy difícil. Lo hicimos durante la dictadura, cuando la lucha política también suponía -como lo debe suponer siempre- fortalecer un proyecto social construido con la gente. El golpe de Estado en Uruguay fue dado -por los militares en alianza con civiles- el 27 de junio de 1973. La dictadura militar duró hasta el año 1985. Durante ese período se intensificó el trabajo en los barrios y surgieron numerosos centros de promoción social y de educación popular. El trabajo social y político de dichos centros fue un importante espacio de resistencia, junto con muchos otros espacios que revalorizaron la sociedad civil.

Leyendo desde nuestras prácticas a Paulo Freire, descubrimos vivencialmente la centralidad de la cultura, que en el fondo no es más -pero tampoco menos- que el modo de vivir, relacionarse y resignificar nuestras posturas ante el mundo. Un mundo para leer y transformar. Aprendimos que no es posible leer un texto sin aprender a leer el mundo, siendo ésta, quizá, una de las lecturas más difíciles, porque más profunda. Paulo Freire nos recuerda que el oprimido reproduce dentro de sí la imagen y los valores del opresor; alguien que sufre las consecuencias de la colonización de la mente. Alguien que no sólo tiene cadenas para perder, sino que también tiene para perder la conformidad y el fatalismo que acompañan a la dependencia: «*El dominante necesita inculcar al dominado una actitud negativa hacia su propia cultura. Los primeros favorecen en los últimos el rechazo de la propia cultura, generándoles la falsa comprensión de la misma como algo desagradable e inferior (...). Han sido explotados, violados y se les ha negado violentamente el derecho a existir y a expresarse*»[6].

En junio de 1989 tuvimos la alegría de contar con Paulo Freire entre nosotros, en Uruguay. Muchos recordamos aquellas hermosas jornadas con las organizaciones populares, con los trabajadores sociales, con los estudiantes, con los educadores populares, con los docentes, con los maestros. Fueron jornadas de encuentros intensos y de presencias multitudinarias. Lo vimos presente en los medios de comunicación. Su estancia en Uruguay nos significó un fortalecimiento en nuestras prácticas de promoción social y educación popular. Cierta-mente nos emocionó su calidez humana y su capacidad de escuchar, pero también de hablar, partiendo de la pregunta del otro. En la confe-rencia de prensa nos recordó con firmeza la urgencia de una pedagogía de la indignación: «*Es la propia realidad la que, en muchos momentos, puede llevarnos a una situación de desesperación, de apatía, en la cual perdemos la visión de un mañana en el que ya no creemos. Es exactamente esta realidad la que me lleva a plantear la necesidad de la indignación. Es decir, en lugar de una posición fatalista frente a un mundo de dominación, en lugar de volverme fatalista -y por lo tanto cínico- yo planteo la necesidad de una pedagogía indignada. Yo planteo una existencia indignada. Para que sea eficaz esta indignación, tiene que ser planteada, también, en forma eficaz*»[7].

Quizá el acontecimiento más emotivo lo constituyó el encuentro de Paulo Freire con las maestras y maestros uruguayos. El encuentro estaba previsto para realizarse en la sede del sindicato de docentes, en la llamada Casa del Maestro. Sin embargo, fue tan impresionante la concurrencia, que debió realizarse en la calle. Paulo habló desde un balcón a una multitud de educadores que le hacían preguntas y aplaudían desde la calle. Con palabras cargadas de emoción comenzó diciendo: «*Mis queridos amigos y amigas de Uruguay: ésta es una experiencia inédita para mí. No, nunca había experimentado una tarde como ésta, ni siquiera en mi país... Hablar a los educadores y educadoras de oprimidos en la calle*». Respondiendo al afectuoso recibimiento de las maestras y maestros uruguayos, Paulo reflexionaba: *«No hay que esperar a que la sociedad cambie, para luego hacer una escuela diferente. Cuando uno espera que la sociedad cambie, la sociedad no va a cambiar; es la mejor manera de no hacer nada».*

En la entrevista en la radio, un periodista conocido de nuestro medio lo presentó preguntando: *«¿Este hombre es un pedagogo o un ideólogo? ¿Es un educador o un político? Vamos a comenzar por estos extremos».* La clásica disyuntiva fue una oportunidad más para que Paulo se alegrara por estar frente a una entrevista crítica y aprovechara para desarrollar su análisis siempre dialéctico: *«Cuando tú planteas eso, retomas una de las principales críticas que me realiza la derecha de mi país y me das la oportunidad de clarificar esto en pocas palabras. ¿Qué es un pedagogo? Un pedagogo es un hombre o una mujer que piensa la política educativa desde el punto de vista teórico, filosófico, crítico. El pedagogo es, entonces, un técnico-práctico de lo que significa la educación, pero toda práctica educativa es -por naturaleza- un acto político (...) Sería totalmente ingenuo si dijera que la educación es el instrumento, si te dijera que es la palanca de la transformación social... No lo es... Pero sí es algo dialéctico, contradictorio. La educación no es la palanca de la transformación, pero la transformación social necesita de la educación»* [8].

Nos prometió volver, porque también, para Paulo Freire, la acogida que le dio Uruguay lo llenó de emoción y cariño; no pudo hacerlo.

Educación y política: Una educación liberadora para las aulas y para las calles

Paulo fue un hombre de pensamiento profundamente dialéctico, alguien que no quedaba aferrado intransigentemente a una postura, sin percibir los desafíos novedosos de cada contexto; tampoco fue alguien que diluyó su indignación en una cómoda adaptación a supuestas promesas de modernización. Para él, pensar los nuevos problemas significaba pensarlos en forma radical, porque el sufrimiento de los pueblos es cada vez más acuciante, porque el autoritarismo se afianza cada vez más. Rechazaba las falsas contraposiciones: ser educador popular no significa caer en el espontaneísmo y el activismo; por el contrario, requiere una dosis profunda de rigurosidad, de cuestionamiento, de pensamiento desafiante. Cuando muchos contraponían la educación popular a la educación del aula, Paulo nos recordaba que, frente al miedo de contradecirnos trabajando en el ámbito educativo institucional, era necesario tener la osadía de hacerlo, aprovechando las brechas, construyendo mapas ideológicos y estableciendo alianzas con quienes compartían valores y posturas similares[9]. Con ironía recuerda las críticas que se le hicieron por no insistir supuestamente en los antagonismos entre las clases sociales, señalando que ahora muchos de aquellos críticos se suman apresuradamente a la avalancha del neoliberalismo, afirmando que ya las clases sociales no existen. Supo integrar dialécticamente, en su pensamiento y en sus prácticas, la existencia y la lucha de las clases, con la emergencia de una pluralidad de sujetos dominados y organizados en los movimientos sociales. Paulo recuerda que en la década de los 70 ciertos representantes de la izquierda mostraban muy poco respeto por los movimientos sociales (específicamente se refiere a los movimientos de liberación femenina, pacifistas y ecologistas). Se los tildaba de inoperantes, escapistas y renuentes a la política. Freire -sin desconocer que muchos de dichos rasgos eran reales- muestra confianza en los mismos y en sus posibilidades de una resignificación política: «*Tarde o temprano superarán el letargo político que les es inherente. Los movimientos sociales nacieron ya siendo políticos, aun cuando su naturaleza política no siempre fuera comprendida por los mismos interesados*».

En la actualidad, un desafío central de todo proyecto emancipador radica en la articulación entre antagonismos de clases y luchas de los movimientos sociales. La explotación es una categoría que sigue vigente, junto con la categoría de dominación; a ambas se agrega la categoría de exclusión. Destrucción de la vida, destrucción de la Naturaleza, destrucción de las culturas. Un proyecto emancipador encuentra una fuente de prácticas y teorías en las luchas de los movimientos indígenas; del movimiento ecologista; de los sin tierra; en los movimientos por los derechos humanos y por los desaparecidos; en los movimientos feministas; en el movimiento de la filosofía y teología de la liberación; en la educación popular liberadora; en los movimientos juveniles; en el movimiento de los trabajadores, hoy enfrentados a la pérdida de sus lugares de trabajo y al trabajo informal; en el movimiento de los sin techo, y en los movimientos de todos los que luchan porque el sistema les niega la posibilidad de ser. Lo vemos en el movimiento de Chiapas, que conjuga la resistencia con la necesidad de una democracia radical, luchando por una sociedad libre, justa, democrática. En palabras de Paulo Freire, reinventa el poder, creando las condiciones para que el pueblo, la sociedad civil, los movimientos populares, lo conquisten y ejerzan efectivamente. Un poder que es necesario aprender a ejercer democráticamente desde ya [10].

Bajo la influencia del pensamiento de Gramsci, Freire descubre la importancia de reinventar el poder. La reinvención del poder tiene contenidos muy precisos en sus análisis: el desarrollo del poder en los múltiples espacios y canales de comunicación; el reconocimiento de que ya no es posible continuar hablando tan sólo en nombre de, sino que es preciso aprender a hablar con; la superación de la distancia hoy existente entre la organización y los sectores en nombre de los cuales la organización supone hablar; la construcción de un estilo diferente de hacer política; la vigencia de la pregunta, como condición de la existencia humana; el poder entendido como participación; la articulación de poderes populares [11]. Paulo supo ser un educador en el sentido integral de la palabra; gustaba decir que si un educador sólo calla para escuchar la voz del pueblo, o no tiene nada para enseñar o es un incompetente o es un demagogo. Pero enseguida completaba su pensamiento afirmando que nadie puede educar si, a la vez, no aprende de sus educandos. El educador educa y se educa. Los años de su exilio le aportaron muchas enseñanzas. Paulo trabajó con ahínco en Chile, en toda América Latina, en Estados Unidos, en Guinea-Bissau, en Cabo Verde, en São Tomé, en Príncipe, en Angola. De esas experiencias nacen sus Cartas Pedagógicas. De la práctica de esos pueblos en la construcción de sus proyectos políticos aprendió que el acto educativo, en cuanto acto de conocimiento, no es nunca neutral. La acción cultural -como él la denominaba- va unida a una teoría del conocimiento. Comprender el acto de conocer significa que nos preguntemos: conocer para qué; conocer con quién; conocer en favor de qué; conocer contra qué, conocer en favor de quién, conocer contra quién

[12]. Esas experiencias, los cambios operados en el mundo, la emergencia de los movimientos sociales, los nuevos desafíos, pero sobre todo su pensamiento profundamente dialéctico, le permitieron ver los cambios operados en su propia manera de pensar. Hablaba de dos Paulo Freire. El Paulo Freire de antes (años 50 y comienzos de los 60) creía ingenuamente que la transformación política era tarea casi exclusiva de la educación. El Paulo Freire de los años 60 y 70 vio con más claridad los conflictos de las clases sociales, la necesidad de crear poder junto con la gente, percibiendo los espacios sociales y políticos que en toda sociedad hay para actuar. Comprendió la tarea imperiosa de reinventar el poder, dándole un sentido democrático, antiautoritario y de servicio [13].

De una profunda formación religiosa –su padre era espiritista y su madre católica–, Paulo recuerda que fue en su hogar donde aprendió el diálogo y la tolerancia. Rescató siempre la virtud de la tolerancia como una virtud radicalmente revolucionaria. Ser tolerantes hacia las posturas de los demás, para unirse con fuerza ante el antagónico. Así como también la virtud de la coherencia, entre el discurso y nuestras prácticas. La capacidad de preguntar y de escuchar con humildad la pregunta, teniendo firmeza en nuestras convicciones, pero viviendo a fondo la búsqueda en medio de incertidumbres. Fue un educador cristiano, convencido del compromiso de un cristianismo profético; lo veía concretado en las comunidades cristianas de base y en la teología de la liberación. Se trata de un cristianismo que rechaza todo pensamiento estático: «*Para ser, acepta devenir. Dado que piensa críticamente, esta Iglesia profética no se puede pensar a sí misma neutral. Tampoco trata de ocultar su elección. No se-para el mundo de la trascendencia, la salvación de la liberación*». Esto también explica el entusiasmo con el que prologó una obra norteamericana de teología de la liberación: la obra de James Cone. Ambas teologías –dice Freire refiriéndose a la latinoamericana y a la sostenida por Cone– no sólo hablan en nombre de aquellos a quienes se prohíbe hablar, sino que, sobre todo, luchan junto a quienes han sido silenciados. «*Poder hablar es construir una historia que pueda reformularse una y otra vez (...). Toda reconciliación entre opresores y oprimidos presupone la liberación de los oprimidos*» [14].

Concluyendo esta breve síntesis de ideas centrales en Paulo Freire, quiero señalar tres tareas que me parecen fundamentales para el momento actual.

Seguir construyendo una teoría crítico-emancipatoria, frente al proyecto neoliberal. Aún cuando pueda parecer paradoja, creo que es preciso afirmar, no sólo la actualidad de una teoría y de un pensamiento crítico-emancipatorio, sino la necesidad de radicalizar sus postulados. La tarea de una teoría crítica hoy es más radical que antes en virtud de que más radical es el peligro inminente de destrucción de la vida, de la Naturaleza y la creciente dificultad de superar la actual crisis de civilización. Nos enfrentamos a la expansión de una cultura y una ética que pretenden ahogar definitivamente los potenciales emancipatorios. Sin embargo, esta tarea teórico-práctica debe ser, a la vez, profundamente innovadora; requiere elaborar propositivamente nuevos temas, nuevos desafíos y caminos alternativos, con resultados eficaces, pero en horizontes utópicos. Supone investigar con rigurosidad y sistematizar la riqueza enorme de experiencias de educación popular, con intencionalidad ético-política [15].

Articular poderes populares hacia una democracia radical. Frente a la consolidación de una ética del mercado y del orden espontáneo y ante esta profunda crisis de civilización, es urgente la apuesta a una democracia integral construida desde la sociedad civil, y a la constitución de nuevas subjetividades colectivas. El proceso de maduración de una teoría crítica-emancipatoria le ha permitido integrar, entre otros aspectos, el componente de incertidumbre, el reconocimiento y la defensa de la diversidad -específicamente la diversidad cultural o interculturalidad-, la importancia estratégica del espacio público y de la sociedad civil, la dimensión simbólico-cultural de toda acción colectiva. A la vez se le plantea también la necesidad de un pensamiento holístico; la elaboración de categorías teóricas y de estrategias prácticas que conjuguen la diversidad con la construcción de una unidad, que supere la desagregación producida por la ideología neoliberal; el compromiso con una democracia, de fuerte base social y popular que, a mi entender, resulta insostenible en el marco de un capitalismo destructor; el empeño en la construcción de redes y bloques sociales de los movimientos que luchan por la vida y contra la dominación. Es decir, una estrategia de articulación de los poderes de los oprimidos.

Transformación de la educación y recuperación de su dimensión ético-política. El proyecto hegemónico de reestructura del capitalismo mundial bajo la égida neoliberal, no ha dudado transponer el límite de la educación, pasando a operar dentro de la escuela, el liceo, la Universidad. Siempre las sociedades de dominación lo han hecho, en tanto penetran con sus valores, pautas culturales, imponiendo un currículum oculto. Sin embargo, la elaboración específica de políticas educativas, es característica de esta reestructuración mundial. No se trata de políticas democráticas y críticas. Se trata de políticas educativas orientadas al mercado, focalizadas en los sectores de pobreza crítica, pero sin una perspectiva de transformación estructural y buscando privatizar la enseñanza universitaria a través de una drástica reducción del presupuesto estatal destinado a la misma. Además, el autoritarismo y la tecnocracia constituyen un rasgo distintivo de la implantación de estas políticas. Una ética y una política del mercado requieren de una educación para el mercado; una educación, no centrada en los derechos humanos, sino en la fuerza: la fuerza de la competencia, de la eficacia sin deliberación y de la instrumentalidad gerencial. Asistimos a supuestas reformas educativas que pretenden que el acto educativo sea un calco de la racionalidad económica y el docente un eficiente técnico gerencial de los procesos de aprendizaje. Como acertadamente lo señala Coraggio, las políticas sociales, económicas y educativas están *«cristalizando un contexto urbano amistoso para el mercado mundial, antes que un mercado amistoso para la gente»*. Decididamente, el Banco Mundial se ha metido a educador [16]. En tal sentido, me parece importante retomar la idea –desarrollada ampliamente por Giroux– del educador como intelectual transformador. Los educadores debemos desempeñar el papel de portadores de una memoria peligrosa. Debemos relacionar la comprensión histórica con elementos de crítica y esperanza. Necesitamos aprender a construir interlocucionariamente saberes con nuestros alumnos, a crear espacios públicos alternativos y democráticos en el ámbito educativo [17].

Habermas y Paulo Freire: ¿diálogos desencontrados?

Partiendo de las reflexiones anteriores, creo que una comparación entre Habermas y Paulo Freire -referida a los procesos de aprendizaje- puede constituir un fecundo programa de investigación. A los efectos del presente trabajo, me limitaré a señalar tan sólo algunos ítems que podrían dar lugar a desarrollos posteriores más cuidadosos [18].

1. Para ambos autores, la comunicación ocupa un lugar privilegiado. Y para ambos el lenguaje es constitutivo de la comunicación. Si bien Paulo Freire no utiliza el término paradigma, al visualizar todo su enfoque educativo en términos de comunicación, coincide con Habermas en cuanto a una interpretación globalizadora del aprendizaje. Ambos comparten la crítica e indispensable superación de la categoría de pensador solitario. Para Paulo Freire se trata de codescubrir la realidad para transformarla juntos. En esta tarea nadie puede ser sustituido y, sobre todo, esta tarea no puede ser realizada en forma solitaria. Paulo lo expresa con su clásica frase: «*Nadie se libera solo; nadie libera a otros; nos liberamos juntos*». Sin embargo, el mismo Paulo Freire operó en este terreno un cambio emblemático. Como lo ilustra Mario Osorio Marqués, las fuentes teóricas del pensamiento de Paulo Freire (en especial el sistema de Hegel), lo condujeron a una filosofía de la intencionalidad y de la conciencia esclarecida. Dicho paradigma no pudo sostenerse en virtud de las prácticas dialógicas de Paulo Freire comprometidas con la liberación de los oprimidos. Esto explica -en parte- su abandono de la categoría de la concientización, sustituyéndola por la de diálogo, en una pedagogía de la emancipación. Es así que el propio Paulo Freire hace un proceso de pasaje del paradigma de la filosofía de la conciencia al paradigma de la comunicación [19].

2. A mi entender, ambos no comprenden la comunicación en los mismos términos. Mientras que para Paulo Freire la comunicación es integral, en tanto abarca todas la dimensiones de la vida, para Habermas la comunicación es un discurso de tipo argumentativo. Quizá, en parte esto se explique porque Habermas es un fiel seguidor del pro-

yecto de la Ilustración, al que considera aún inconcluso. Para Paulo Freire, de lo que se trata es de la liberación y de un aprendizaje coherente con todas las dimensiones que dicho proceso supone. De allí su insistencia en entender la educación como un acto político: *«Un acto educativo tiene naturaleza política y un acto político tiene naturaleza educativa»*.

Existe una tensión dentro del pensamiento de Habermas entre las acciones comunicativas y las acciones estratégicas. Si bien Habermas se preocupa por reafirmar constantemente la pertinencia de ambas y su entrecruzamiento, esto queda más bien reducido al plano de los propósitos. Ahora bien, en una sociedad de dominación y de crecientes niveles de exclusión, se necesitan de acciones estratégicas que permitan transformar el espacio educativo en espacio comunicativo y, a su vez, que permitan a este espacio comunicativo generar estrategias orientadas a un cambio de la sociedad. Educar para el cambio es educar estratégicamente para construir una sociedad de la comunicación. Pero esto requiere un enorme potencial de compromiso en nuestras sociedades, donde el capitalismo se consolida sobre la base de la violencia y la exclusión.

3. Lo anterior me lleva a considerar que nos encontramos frente a puntos de partida distintos. Paulo Freire parte de la situación de dominación y descubre cómo la estrategia del dominador consiste en que el dominado rechace su cultura; por ello, el diálogo surge como exigencia para romper con la dominación normalizada. Para Habermas, la dominación, la exclusión y el empobrecimiento no son percibidos en forma generalizada, sino como situaciones graves, pero excepcionales. La racionalidad dialógica se hace necesaria por otro motivo: porque existen visiones éticas distintas y contradictorias. Si Habermas parte de la ausencia de una certeza ética, Paulo Freire parte de la certeza ética de que el oprimido debe dejar de ser tal. Son dos puntos de partida, dos racionalidades y dos concepciones del aprendizaje distintos. Quizá sea en este punto donde se da la mayor divergencia entre ambos.

4. Es pertinente señalar que el propio proceso de Habermas y la superación del primer proyecto investigativo se encuentran en la raíz de este distanciamiento frente a las posibilidades de una emancipa-

ción. Así como Paulo Freire pasa de un paradigma de la conciencia esclarecida a un paradigma comunicativo y de una visión idealista de la conciencia a un análisis político con marcada incidencia del marxismo, Habermas, a la inversa, pasa de una teoría acerca de la emancipación -con fuerte incidencia de la hermenéutica, del psicoanálisis y del marxismo- a una teoría de la comunicación, acompañando este proceso con una crítica y un alejamiento del marxismo y una aproximación a las teorías sistémicas. Como lo señala Axel Honneth, Habermas corre el peligro de *«sucumbir a las tentaciones de la teoría de sistemas, perdiendo las potencialidades actuales de su teoría de la comunicación»*. Su aproximación a la teoría de los sistemas, lo lleva a entender el poder como medio de control exclusivamente sistémico, sin percibir las tramas y redes de poderes a nivel de la multiplicidad de espacios sociales. Por el contrario, la influencia del marxismo en Paulo Freire -expresamente identificada por él en la figura de Gramsci- lo conduce a una pedagogía de la reinvención del poder desde todos los espacios, superando así una concepción puramente centralizada del mismo. El poder debe comenzar en las luchas cotidianas y en cada uno de los espacios sociales y educativo. Participar es *«ejercicio de la voz»*, posibilidad de decidir, necesidad de indagar y dudar.

Este esbozo de comparación, acercamiento y distancia entre Habermas y Paulo Freire me parece que nos lleva de la mano a un desafío vital en los procesos de aprendizaje. No hay aprendizajes sin desaprender las estructuras heredadas desde un paradigma de conciencia en solitario. El lenguaje y la comunicación requieren de procesos interlocucionarios en la construcción del aprendizaje. Pero, a la vez, dichos procesos no son posibles si no están configurados por la transversalidad, la reinvención del poder, una comunicación integral y la creación de condiciones estructurales que permitan todo esto. La emancipación y la comunicación se necesitan y se enriquecen mutuamente. En palabras de Paulo Freire: *«No hay utopía verdadera fuera de la tensión entre la denuncia de un presente que se hace cada vez más intolerable y el anuncio de un futuro por crear, por construir política, estética y éticamente entre todos, mujeres y hombres. La nueva experiencia de los sueños se instaura en la misma medida en que la Historia no se inmoviliza, no muere. Por el contrario, continúa»* [20].

Notas

1. Educador popular y filósofo. Docente e investigador en el Departamento de Filosofía de la Práctica (Instituto de Filosofía) de la Facultad de Humanidades y Ciencias de la Educación. Universidad de la República, Montevideo, Uruguay. Algunas de estas reflexiones han sido publicadas en dos revistas: «Habermas y Paulo Freire: ¿Diálogos desencontrados?» en revista *Educación y Derechos Humanos*, Montevideo, Servicio Paz y Justicia, 31 (jul. 1997); «Un hombre llamado Paulo...» en Multiversidad, Montevideo, *revista de la Multiversidad Franciscana de América Latina*, 7 (diciembre 1997), 5-7. Esta revista ha dedicado dicho número a un homenaje a Paulo Freire sobre la base de entrevistas y testimonios.

2. Eduardo Galeano: *Diez errores o mentiras sobre literatura y cultura en América Latina*, págs. 43-44.

3. Ver Magaly Muguercia: *El escándalo de la actuación*, La Habana, Ed. Caminos, Centro Memorial Martin Luther King, 1996. El título del libro tiene que ver con las experiencias y talleres de educación popular desarrollados en Cuba. «Cuando se escriba la historia de cómo resistió la cultura cubana en tiempos que habrían justificado la desesperanza, es posible que se recuerde a estos espacios híbridos, inclasificables. Y quizá se dirá entonces, siguiendo una idea de Fernando Martínez Heredia: fueron revolucionarios, porque se permitieron a sí mismos el escándalo de la actuación frente a lo posible».

4. He desarrollado un análisis del neoliberalismo y de los desafíos éticos, políticos y educativos que se nos plantean, en los libros *La encrucijada de la ética. Neoliberalismo, conflicto Norte-Sur. Liberación*, Montevideo, Ed. Nordan, 1995; y en *Ética de la Autonomía. Desde la práctica de la Psicología con las comunidades*, Montevideo, Ed. Roca Viva, 1997 (este último en coautoría con el psicólogo Luis Giménez).

5. Carlos Nuñez Hurtado en el Prólogo al libro de Paulo Freire *Pedagogía de la esperanza. Un encuentro con la Pedagogía del Oprimido*, México, Ed. Siglo XXI, 1996 (a).

6. Paulo Freire: *The Politics of Education. Culture, Power and Liberation*, Massachusetts, Bergin-Garvey Pub., 1985 (trad. de Silvia

Hervath). *La naturaleza política de la educación*, Barcelona, Ed. Planeta, 1994 (188).

7. Paulo Freire fue invitado al Uruguay con motivo de que el Centro de Investigaciones y Desarrollo Cultural (CIDC) -nacido desde prácticas concretas inspiradas en el pensamiento de Paulo- cumplía 15 años. Ver sus diversas intervenciones en el libro *Paulo Freire conversando con educadores*, Montevideo, Ed. Roca Viva, 1990.

8. El reportaje fue realizado por los periodistas Néber Araujo y Graziano Pascale en el programa «En vivo y en directo», de Radio Sarandí (Montevideo), el día 22 de junio de 1989.

9. Ira Shor- Paulo Freire: *Medo e ousadia. O cotidiano de Professor*, Río de Janeiro, Ed. Paz e Terra, 1987. Es interesante -una vez más- cómo Paulo articula dialécticamente las categorías de rigurosidad y de creatividad, distanciándose de las categorías de rigidez y de espontaneísmo: *«Tenho certeza, Ira, que temos que lutar com amor, com paxiao, para demosnstrar que o que estamos propondo é absolutamente rigoroso. Ao fazer isso, temos que demonstrar que rigor nao ó sinónimo de autoritarismo, e que rigor nao que dizer rigidez. O rigor vive com a libertade, precisa de libertade. Nao posso entender como é posível ser rigoroso sem ser criativo. Para mim, é muito dificil ser criativo se nao existe libertade. Sem libertade, só posso repetir o que me é dito».*

10. Sobre el movimiento de Chiapas, Raúl Zibechi: *Los arroyos bajan. Los desafíos del zapatismo*, Montevideo, Ed. Nordan, 1995; Michael Löwy: «La dialéctica marxista del progreso y el actual desafío de los movimientos sociales» en *¿Hay alternativa al capitalismo?* Congreso Marx Internacional. Cien años de marxismo, Buenos Aires, Kohen & Ai Ed., 1996, 110-9; Giulio Girardi: *Los excluidos, ¿construirán la nueva historia? El movimiento indígena, negro y popular*, Quito-Managua, Ed. Nicarao, 1994. En torno a la ecología, véase la obra de Leonardo Boff: *Ecología: grito de la Tierra, grito de los pobres*, Buenos Aires, Ed. Lumen, 1996.

11. Paulo Freire: *Hacia una pedagogía de la pregunta. Conversaciones con Antonio Fagúndez*, Buenos Aires, Ed. La Aurora, 1986.

12. Paulo Freire: *Cartas a Guinea-Bissau. Registros de uma experianza em processo*, Río de Janeiro, Ed. Paz e Terra. 1997

13. Ver Paulo Freire, 1994, 154, 180-1.163, 167-170. Raúl Aramendi - Alicia González: "Los dos Freire. Notas desde un punto de vista epistemológico", en *Alternativa Latinoamericana*, 5 (1987), 25-30; Rosa María Torres: *Educacao Popular: Um encontro com Paulo Freire*, San Pablo, Ed. Loyola, 1987.

14. Prólogo a la obra de James Cone: *Teología negra de la liberación*, Buenos Aires, De. Carlos Lohlé. 1973.

15. Ver la importante contribución de Oscar Jara en su obra *Para sistematizar experiencias: una propuesta teórica y práctica*, México, Imdec, 1997.

16. José Luis Coraggio: "Desarrollo humano y política educativa en la ciudad latinoamericana" en *La Piragua*, Revista Latinoamericana de Educación y Política, 9 (1994), 92-98. Miguel Soler: *El Banco Mundial metido a educador*, Montevideo, Facultad de Humanidades y Ciencias de la Educación, Revista de la Educación del Pueblo, 1997. Michael W. Apple: *El conocimiento oficial. La educación democrática en una era conservadora*, Barcelona, De. Paidós, 1996.

17. Henry Giroux: *Los profesores como intelectuales. Hacia una pedagogía crítica del aprendizaje. Introducción de Paulo Freire*, Barcelona, Ed. Paidós, 1990.

18. Se puede consultar la bibliografía siguiente: Jürgen Habermas: *Teoría de la acción comunicativa*, Buenos Aires, Ed. Taurus, vol. Y: 1989, vol II: 1990; Axel Honneth: "Teoría Crítica" en Giddens-Turner-otros (comp.), *La Teoría Social, hoy*, Madrid, De. Alianza, 1990, págs. 445-486; Paulo Freire: «*Educación y participación comunitaria*», en VV.AA. *Nuevas Perspectivas críticas en educación*, Barcelona, Ed. Paidós, 1994b, págs. 83-96; Peter Mclaren: *Pedagogía crítica, resistencia cultural y la producción del deseo*, Buenos Aires, Ed. Aique, 1994.

19. Mario Osorio Marques: «*Um outro paradigma de educacao*» en *Contexto & Educacao*, Revista de Educación en América Latina y el Caribe, Unjijui, 42 (abr-jun, 1996), 24-25.

20. Paulo Freire: 1996, 87

ÉTICA Y PEDAGOGÍA
(o recreando a José Luis Rebellato) [1]

Pilar Ubilla [2]

Atreverse con el tema «educación en valores» en estos tiempos, requiere coraje. Tengo que recurrir a esos referentes éticos que nos permiten sostener la esperanza. Y me refiero fundamentalmente a dos: Paulo Freire y el entrañable José Luis Rebellato. Cuando hemos asumido que no existe el destino inexorable de la historia, que sólo depende de nosotras mismas lo que sucede y también lo que va a suceder, es necesario que la incertidumbre asumida no nos conduzca al cinismo ético o intelectual.

La crisis que vivimos no es sólo regional, es mundial y en mi opinión, es una crisis de civilización porque es fundamentalmente una crisis ética más que económica y social. Quiero decir que durante la era del neoliberalismo hemos asistido casi sin indignación al enriquecimiento y despilfarro de unos pocos, sobre el hambre y la miseria de la mayoría. Desde noviembre del año pasado hemos asistido impávidos a la declaración de guerra de Bush a todo lo que considera peligroso para el imperio y sus intereses. Ya no nos asombra que en el nombre de la vida se mate, que en el nombre de la paz se haga la guerra. Hemos construido una sociedad que destruye a la mayoría de la humanidad y al propio planeta, sobre la racionalidad se construyó la irracionalidad absoluta. Es ésta una crisis de la humanidad, ética y global. Algunas dicen que siempre ha sido así, sin embargo nunca fue tan grande la brecha entre ricos y pobres, nunca tan mortal la capacidad de destrucción de la industria de la guerra, nunca el mundo fue tan unipolar, nunca un grupo tan reducido de personas tuvo tanto poder sobre la vida y la muerte de la humanidad.

A pesar de la primer impresión apocalíptica de esta lectura, la propia profundidad y gravedad de la crisis contiene la llama de la esperanza. La educación supone procesos, aprendizajes y desaprendizajes (es decir, procesos de des-estructuración); relaciones (el ámbito educativo no es el de sujetos, sino el de sujetos relacionados; es el ámbito por excelencia de lo relacional); instituciones, currícula, un marco ético y una educación en valores.

Al hablar del currículum diferenciamos: el currículum visible o manifiesto (es decir, aquél que las instituciones educativas transmiten expresamente cuando hablan de sus programas) y el currículum oculto, es decir, el que no se expresa, pero que está actuando efectivamente, tanto a nivel de contenido como a nivel de la forma, se trata de un espacio de penetración de valores y normas que responden a lógicas que funcionan en la sociedad y que en muchas ocasiones es contradictorio con el explícito. Lo novedoso y convocante hoy, es la explicitación de esta realidad por parte de los responsables políticos de nuestro sistema de educación formal. Todo debate debe enmarcarse en la realidad, y en mi opinión, en el análisis crítico de la misma, porque ninguna realidad es inmodificable ni perfecta. O dicho de otro modo, las educadoras somos también responsables de lo que suceda o no suceda en el campo educativo. Hace ya muchos años que Paulo Freire nos llamó a nuestra responsabilidad: educar es un acto político y nos convocó a asumir nuestra opción. Por tanto si compartimos la premisa y optamos por una política de educación liberadora y no por una política educativa bancaria, nos inscribimos en la perspectiva de que la educación es un proceso permanente de desaprendizajes y aprendizajes que involucra tanto a las educandos como a las educadores.

Los valores son una construcción cultural y por tanto histórica, también por tanto, motivo de transformaciones. Toda la modernidad cientificista nos embarcó en la creencia que existían valores de primera y valores de segunda, así como personas de primera y personas de segunda. Es decir, nuestra civilización encarna los verdaderos valores de la humanidad y todo aquello que los cuestione, es peligroso, demoníaco, bárbaro o inmoral (cruzada hoy encabezada con desmesurado empeño por el presidente de los Estados Unidos). Intentaremos desarrollar conjuntamente y bien concientes de la complejidad e interrelación de los temas involucrados, el contexto histórico cultural en el que desarrollamos este debate, la dimensión política de la educación desde el currículum oculto y la ética de la liberación.

I.- La civilización en crisis:
una globalización que construye subjetividades

Sobre el modelo de la violencia

El neoliberalismo es inseparable de un modelo de crecimiento con exclusión. El valor de la vida, de su reproducción y de la naturaleza que la viabiliza, es postergado indefectiblemente en pro de la consolidación de un modelo basado en el sacrificio de la vida. Lo que genera una actitud fatalista ante la vida, reforzada por la crisis de las alternativas. Sólo queda la posibilidad de aceptar la realidad tal cual es, aunque suponga marginación, empobrecimiento y exclusión.

Los modelos neoliberales apuntan a la construcción de un sentido común legitimado sobre el substrato de la normalidad, es decir, un sentido común que acepte esta sociedad como algo natural e inmodificable, quedando sólo lugar para la adaptación a la misma. El conformismo generalizado está estrechamente vinculado con un naturalismo impuesto. El pensamiento único se nos presenta con una lógica irresistible: la lógica del capital sobre la vida, la lógica del único sistema viable sobre la posibilidad de pensar la alternativa. Se trata de un pensamiento construido sobre un lenguaje que se pretende universal, moderno y drástico: flexibilidad, adaptabilidad, desregulación, modernidad, eficacia, polifuncionalidad, etc.. Un lenguaje que pretende hablar en nombre de la responsabilidad, aunque luego no pueda dar cuenta de la corrupción y de la ineficacia absoluta que acompañan a muchas de sus privatizaciones. Un lenguaje que se pretende innovador, avasallante, desestructurador. Un lenguaje de subversión orientado a la restauración. Un lenguaje anti-estatal, aunque incongruentemente hable en nombre del Estado. Los modelos neoliberales son mucho más que una propuesta económica, poseen una capacidad de penetrar y moldear el imaginario social, la vida cotidiana, los valores que orientan nuestros comportamientos en la sociedad. La cultura de la globalización con he-gemonía neoliberal está produciendo nuevas subjetividades. En tal sentido me parece sugerente la hipótesis de Jürgen Habermas con relación a lo que él denomina la colonización del mundo de la vida. De acuerdo con esta hipótesis, el sistema necesita anclarse en el mundo de la vida (vida cotidiana) para poder integrarla y neutralizarla. Asistimos a la construcción de nuevas subjetividades y a la emergencia de nuevas patologías; lo que afecta severamente el concepto de calidad de vida. Señalo brevemente algunas de ellas: el terror a la exclusión, que se expresa en la disociación de vivir bajo la sensación de lo peor; el fortalecimiento de nuevas patologías ligadas a la violencia como forma de rechazo de una sociedad excluyente, pero también como conformación de una identidad autodestructiva; la violencia como expresión de la competitividad, pues se pierde el valor del otro ser humano como alteridad dialogante y se lo reemplaza por el peligro del otro ser, como alteridad amenazante. La sociedad de la exclusión genera una verdadera ex-pansión de las violencias, un nuevo mundo de lucha de tod@s contra tod@s. Interesan los sujetos que triunfan, los eficaces, aquellos que sa-ben cuidarse del otro y están dispuestos a pasar por encima de él para poder triunfar. El derecho a la fuerza se afianza con una profunda crueldad: las operaciones de limpieza social buscan aniquilar a l@s in-deseables y desechables (ahora son «los terroristas» o «los saqueadores»). Se trata del derecho a la fuerza sostenido sobre un cálculo de vi-das; calcular supone decidir, anteponer y sacrificar. Esta violencia so-cial se ve reforzada por el espectáculo del horror que difunden los me-dios de comunicación; suscita en nosotr@s aquellas violencias y temores profundamente anclados en el inconsciente personal y colectivo. Entra en juego un fenómeno de espejo donde vemos reflejado en la violencia social lo que de alguna manera hubiéramos, quizás, deseado expresar. Vivimos en una sociedad del riesgo mundial, como sostienen algunos autores. Esta globalización sustenta su poder, también, en la es-cenificación de la amenaza. Ésta es una sociedad violenta, competitiva y autoritaria. Por otra parte, la sociedad del espectáculo genera conductas pasivas y contemplativas, así como también aislamiento y soledad; la sociedad de las imágenes conduce a un exceso de información y de excitación que desencadena un fenómeno de sobresaturación del yo; la sociedad del cálculo genera una superficialidad en los afectos y la ausencia de un compromiso emocional; la sociedad de la eficacia competitiva desemboca en subjetividades constituidas sobre la base de la compulsión a actuar y de la angustia por triunfar; la sociedad del valor de cambio provoca conductas consumistas, exacerbadas por los medios de comunicación; éstos, a su vez, fortalecen el deseo imitativo (deseo mimético), con lo cual los sectores excluidos por el modelo ahondan sus frustraciones, lo que puede conjugarse con el desarrollo de conductas violentas como respuesta a un identidad negada y frustrada.

Las sociedades de dominación, penetran con sus valores y pautas culturales e imponen un enfoque de la educación y, con mayor fuerza, un currículum oculto. Desde la década de los 60, las instituciones internacionales (Banco Mundial, Cepal) desarrollaron políticas educativas en las que ya se comenzó a insistir en la importancia del «capital humano» como ingrediente indispensable en los procesos productivos; la educación pasó a ser una variable imprescindible del desarrollo económico. El Banco Mundial se incorporó -desde ese momento- a la financiación condicionada de la educación. Sin embargo, la elaboración más específica de políticas educativas, es característica de esta reestructuración mundial.[3]

II.- La educación en la era del neoliberalismo.

La institución educativa, abanderada de la cultura del fatalismo es, por tanto, portadora de la desesperanza. La violencia física, económica y social necesita de la violencia ética. El sometimiento es manifestación de esta violencia. Una violencia interiorizada que se expresa en la violencia en relación a los demás. La destructividad se manifiesta en todos los niveles de la vida. El mercado se instaura dentro de nosotr@s mism@s y se establece como una fortaleza. La violencia interiorizada conforma una identidad centrada en la violencia y en la frustración. La violencia no es experimentada como violencia institucionalizada sino como condición de normalidad. Existe un lazo profundo entre este modelo de hombre y una cierta concepción de la normalidad.[4] La ofensiva neoliberal es tanto más fuerte cuanto más se vuelve normal. Su fuerza radica en hacernos sentir y vivir que esa ética, esas normas y esas relaciones sociales, son parte de nuestra vida. Son nuestra propia vida. Cuando este proceso culmina el neoliberalismo se fortifica. Ya no es un enemigo que está frente a nosotr@s. Somos nosotr@s mism@s. Su fuerza hegemónica parece diluirse, cuando en realidad se ha consolidado.

El sistema educativo en cuanto espacio privilegiado de transmisión cultural, es también, espacio de creación y conflicto. Hoy se ha priorizado explícitamente el rol «inclusivo» de la educación, particularmente de la enseñanza pública, cada vez más orientada a los llamados «sectores de riesgo» localizados en «áreas adversas». Hablamos de una educación a dos velocidades que se ha ido adaptando a una sociedad a dos o más velocidades. La educación privada para quienes serán los futuros dirigentes, intelectuales, etc., quienes deberán ser creativos y ferozmente competitivos para mantener y en lo posible acrecentar, sus niveles de consumo (fenómeno que comienza a germinar en nuestra enseñanza superior); la educación pública para l@s otr@s, fundamentalmente para ese 50% de niñ@s viviendo en situaciones de carencia y con un crecimiento poblacional inédito en nuestro país. Nos encontramos ante un proceso de identificación selectiva, en la medida en que consolida la personalidad en torno al valor del orden. Se trata de una violencia ética que, al desechar la justicia, termina en el sometimiento y en la desestructuración de toda postura crítica.

El sistema educativo desarrolla una cultura estrechamente ligada al mundo de la vida. Los valores de la competencia, de la superación individual, de la lucha por la sobrevivencia a costa de tod@s, de la exclusión, de la destrucción, dan aquí su batalla más importante contra los valores de la solidaridad, del trabajo colectivo, de la cooperación, de las luchas y búsquedas de las y los iguales. Es el terreno de la construcción de identidades subjetivas donde pueden gestarse las utopías; pero es allí, sobre todo, donde pierden. Aquí se levantan los muros, cuya caída se festejó con tanta alegría. Es en este mundo de la cultura cotidiana donde aprendemos y desaprendemos sobre la base de nuestros errores y ensayos, abiertos a la lucha junto con l@s demás. Pero también es allí donde la cultura neoliberal impone sus pretendidos aprendizajes, destruyendo la búsqueda de la justicia, instaurando la lucha de tod@s contra tod@s, de l@s propios excluid@s contra los excluid@s.

La sobrevivencia se gana compitiendo y esto supone destruir al otro, despojarlo de su dignidad. Es en el campo cultural y educativo donde el orden produce su mayor fascinación. La formación de l@s educadores y profesionales, en general pone énfasis en la transmisión de los conocimientos. Por cierto, está fuera de discusión que todo proceso de aprendizaje supone transmitir conocimientos. El problema radica en la matriz a partir de la cual se genera la producción del conocimiento. El modelo predominante se basa en una matriz de transmisión unidireccional, donde el receptor es negado en sus potencialidades comunicativas. Hablante y oyente, emisor y receptor interaccionan sobre la base de un modelo de transmisión y no de comunicación. Oyente y receptor son categorías que expresan que el modelo desde el cual se las elabora excluye las potencialidades de interlocución. A veces, este modelo puede disimularse con técnicas participativas que, en el fondo, mantienen inalterada la matriz, colaborando en su legitimación. En realidad, el modelo sobre cuya base se desarrollan nuestros procesos de formación es un modelo estructurado sobre relaciones de poder. El discurso se elabora desde el poder y contribuye a su consolidación. La reacción pedagógica reproduce las relaciones de dominación y dependencia, por medio de las cuales las educadoras instauran un estilo educativo que no tiende al crecimiento de nuevos sujetos y nuevos educadoras, sino a su dependencia y subordinación. Ahora bien, sobre la base de relaciones de dominación se conforman personalidades subordinadas y sólo puede surgir una ética de la dependencia, donde el otro no es un sujeto distinto a mí, sino que es la reproducción de mí mismo. El otro es negado en cuanto sujeto y reducido a la categoría de objeto. Al objetivizar las relaciones educativas, la práctica conduce a la reproducción de un modelo que permanentemente genera condiciones para que quienes son considerados como objetos por la cultura vigente, mantengan la condición de tales. Se pierde el sentido ético de la relación educativa, a partir de lo cual se genera una serie de consecuencias coherentes con esta ética de la subordinación que nos somete a una violencia institucionalizada permanente y «normal».

La investigación, el diagnóstico, la planificación y la evaluación son elaborados sobre la población (tanto educandos como familias y comunidad) sin tener en cuenta su participación; los conocimientos obtenidos no apuntan a transformar en forma autogestionaria la situación, sino que sirven para investigaciones cuyos productos no vuelven a ella o si vuelven, son devueltos en una forma que mantiene su pasividad; se pone el acento en una ética del secreto profesional en cuanto a la información, pero se olvida o se niega, en forma consciente o inconsciente, la necesidad y el derecho a la información y participación por parte de la población. Es así que, desde la perspectiva de una ética de la subordinación, se niega la autonomía de los sujetos, se privilegian los modelos de beneficencia y asistencialismo, se acentúa la situación de sometimiento en la que se encuentran muchos educandos, familias y comunidades. Se conforman personalidades cuya identidad sigue teniendo como referente la violencia, en cuanto imposición del modelo del educador, negando las potencialidades de maduración, de creatividad, de iniciativas y de acción de los sujetos con los cuales se desarrollan los procesos educativos. El otro es negado en cuanto sujeto en la medida en que se le niegan sus potencialidades, impidiéndole realizar aquel aporte inédito ligado a su originalidad. Pero de esta manera, el modelo educativo –aún cuando pueda fundarse en un discurso con contenido de cambio y valores– termina siendo funcional a la personalidad centrada en el orden y en el sometimiento. El excluido es (se quiere que sea) incluido en un modelo de aprendizaje que consolida su exclusión. El educador, a su vez, sostiene vitalmente una ética del doble discurso, con contenidos transformadores y con códigos normativos de subordinación.

El Banco Mundial –después de haber tenido una enorme responsabilidad en la deuda externa de nuestros países– ahora se ha dedicado a la planificación educativa. Un Banco actuando como pedagogo. Traslada el formato de sus análisis económicos al campo de la educación. La educación es vista como insumo para generar «capital humano». Su eficacia se mide en la relación costo/beneficio. La calidad del capital humano es lo que asegura un efecto positivo en relación al empleo y al ingreso. Según la óptica del Banco Mundial se trata de superar la pobreza y asistir a los «sectores deprimidos», de modo tal que estos puedan contar con oportunidades equitativas. La equidad y el desarrollo sustentable -de los cuales habla el Banco- son posibles si los pobres superan su situación. El activo de los pobres está en su capital humano y en las posibilidades de utilización de su mano de obra. El análisis del Banco Mundial podría ser tildado de idealista si no fuera que es la principal agencia promotora de un crecimiento que supone exclusión. En realidad, se trata de una postura profundamente cínica, que contrasta con todos los indicadores referidos a la distribución del desarrollo. Una ética y una política del mercado requieren de una educación para el mercado; una educación, no centrada en los derechos humanos y la solidaridad, sino en la fuerza y la violencia: la fuerza de la competencia, de la eficacia sin deliberación, de la instrumentalidad gerencial, el derecho a la violencia y hasta la aniquilación de las diferentes por parte de los dueños del mundo que son las ciudadanas con derechos. Si no estamos alertas frente a este panorama nuevo, puede suceder que nuestra buena intención de incidir en las políticas públicas termine en que serán los organismos internacionales los que incidirán decididamente sobre la política educativa que queremos impulsar. Tendremos un efecto a la inversa.

El término «área adversa» es propiedad de los teóricos de la enseñanza primaria, pero podría serlo también de las autoridades del gobierno, del municipio o del Ministerio del Interior. Los barrios suburbanos, cuando no corresponden a la periferia rica y segura, son zonas adversas. L@s niñ@s de esas zonas -l@s que concurren a la escuela- no aprenden y no tienen «valores». Están mal alimentadas, son agresivos y violentos, no tienen materiales, ni lugar, ni hábitos de estudio. La falta de espacio facilita la promiscuidad y hace que l@s niñ@s y adolescentes vean y sepan muchas cosas que las instituciones educativas no tienen en cuenta. Para ellos es normal, la vida es así; para l@s educador@s, cuando lo perciben, es desconcertante. Las autoridades dicen que los centros educativos de «áreas adversas» son de «requerimiento prioritario» (otro término fácilmente extrapolable al conjunto de la población de las áreas adversas). Pero nada hay en los planes que tengan que ver con un «requerimiento prioritario» o que diferencie lo que allí se enseña. Pero esos niñas y adolescentes no aprenden, los temas abstractos y el lenguaje les son especialmente arduos puesto que van a un terreno intelectual no preparado o preparado para otros aprendizajes. Se «portan mal», se sienten y son violentadas en sus valores y su cultura; las educadoras quieren educarlas, culturalizarlas, civilizarlas, pero no aprenden siquiera a llegar en hora. Son en cambio bastante buenos en matemática, señalan las educadoras, disciplina más relacionada con su vida cotidiana donde contar bien para que no te jodan, por ejemplo, es vital. Les gusta el deporte y la actividad física donde generalmente sobresalen.[5]

En estos barrios se forman cada vez más subculturas que nadie sabe cómo funcionan y que a muy pocas nos interesan. Mucho menos entonces se sabrá cómo introducir conocimientos. En estas instituciones educativas, las docentes deben hacer lo que puedan, sostenidos por su vapuleada vocación y la inteligencia que les haya tocado en suerte. Detrás de cada niño o adolescente con dificultades de aprendizaje aparece una constante :se trata de un ser humano al que se le escamotea información y conocimiento desde el medio familiar y/o social. También los profesionales los y las someten a innumerables encuestas, exámenes e interrogatorios, sin darles ocasión a que de ellos emerjan las preguntas. La mayoría de las instituciones de enseñanza están organizadas para el éxito de quienes se acomodan al sistema. Triunfa el que no piensa pero repite lo que los otros quieren, el que interioriza el orden institucional y no lo cuestiona, el que se adapta subordinadamente a la lógica institucional, de tal forma que se expulsa al diferente y se promueve al pasivo receptor y repetidor de conocimientos y normas. Una de las quejas más frecuentes de padres, madres y educadoras es que l@s jóvenes no escriben o escriben mal. Dentro de este contexto, en las grandes ciudades del mundo las jóvenes comenzaron a practicar una escritura enigmática cuyas muestras se denominaron tags en Estados Unidos y pichaçoes en Brasil. Se trata de una mezcla de pictograma e ideograma, de una escritura en código. En Nueva York cubre no solamente las paredes de los barrios, sino también los camiones de mercaderías. En algunas ciudades de Brasil no hay pared, puente o muro que no esté cubierto con estas inscripciones. Tales escrituras aparecen en lugares muy peligrosos, muy altos, en puentes donde el apoyo para escribir es muy pequeño. Much@s son l@s jóvenes que han muerto intentando marcar su particular mensaje en los muros. La sociedad no trató de comprender la aparición de estas escrituras; por el contrario, como primer reflejo primario, la represión no tardó en aparecer bajo la forma de la persecución policial o vecinal. Esta situación lleva a pensar cuán violentamente silenciadas están en el conjunto de la sociedad las voces de l@s adolescentes.

III- La violencia oculta:
El predominio de la racionalidad instrumental

«*Al declararnos seres racionales, vivimos una cultura que desvaloriza las emociones y no vemos el entrelazamiento cotidiano entre razón y emoción que constituye nuestro vivir humano y no nos damos cuenta de que todo sistema racional tiene un fundamento emocional*». (Maturana, **«Emociones y Lenguaje en Educación y Política»**, 1992).

Michael Apple en **«Teoría crítica y educación»** plantea que en las sociedades contemporáneas -construidas desde una perspectiva neoliberal- se está produciendo un cambio sustantivo en la lógica del trabajo. Un proceso de desadiestramiento. Es decir, es posible utilizar personal menos adiestrado y costoso. Además, puede aumentarse el control del ritmo y de los resultados del trabajo. El poder opera invisiblemente en la producción y lo hace a través del gerenciamiento técnico. La gerencia técnica intenta controlar y concentrar las habilidades y conocimientos que antes eran propias de los trabajadores especializados. Separa, pues, la concepción de la ejecución. Esto va acompañado por un proceso de readiestramiento de la mano de obra para manejar nuevas máquinas. Dice Apple: «*Se necesitan menos trabajadores calificados y la gran cantidad que se utilizaba previamente es reemplazada por un número menor de técnicos, con diferentes habilidades, que supervisan las maquinarias*». (Apple, 1997:16).

El control de la forma curricular se ejerce a través de la lógica de los módulos. Los módulos están pre-elaborados y «científicamente» comprobados. Formulan expresamente los siguientes aspectos: los objetivos, los contenidos a desarrollar, los pasos pedagógicos a dar y los mecanismos y formas de evaluación. Es decir, contienen todo. Esta enseñanza por módulos o paquetes tiene varios efectos. El primero, la disminución de los antagonismos y la obtención de consensos educativos. Al aplicar módulos: el profesor o profesora sabe lo que tiene que hacer; el alumno no pierde el tiempo; los padres quedan contentos porque en la escuela se imparte una educación de calidad; el Estado queda satisfecho porque los recursos no son dilapidados. En segundo lugar, se produce un proceso de desadiestramiento y readiestramiento del profesorado que pasa a ser gerente de los módulos. Su función es ejercer la gestión del módulo. En tercer lugar, si esto se logra con eficacia, la lógica del trabajo imperante en el modelo neoliberal ha penetrado el campo educativo, no tanto en sus contenidos, sino en sus prácticas, valores, normas y asignación de roles, en el currículum oculto. Ha ganado la batalla ética.

Un paso más. Apple nos dice que en la sociedad global, la gente se convierte en consumidor aislado. Los sistemas y módulos curriculares apuntan a generar una nueva subjetividad. Sostiene: «*Importantes aspectos de nuestro aparato cultural, representan un mundo en el que la sociedad reconoce a cada miembro como un individuo, pero ese reconocimiento depende casi por completo de sus actitudes técnicas (...). El respeto y el compañerismo se obtienen sólo al convertirse en expertos técnicos. El individuo acepta y realiza cualquier trabajo técnico que se le ofrece y es leal sólo a aquellos con aptitudes técnicas similares y no con cualquier valor social y comunitario (...). La calificación de un buen alumno significa la posesión y acumulación de una gran cantidad de habilidades al servicio de intereses técnicos (...) El tipo específico de individualismo que estamos presenciando aquí constituye un interesante desplazamiento desde una ideología de la autonomía individual —donde una persona es su propio jefe y controla su destino— a un individualismo carrerista.*» (Apple, 1997: 29-31).

IV- Una propuesta desde la ética de la liberación

Paulo Freire entendió que aprender a leer significa algo más profundo y difícil: aprender a leer la realidad; aprender a leer el mundo. Pero el mundo está constituido por significaciones culturales, además de relaciones sociales, económicas y políticas. Es decir, significaciones que se dan en la trama de una cultura. No puedo enseñar a leer el mundo, si como educador/a no aprendo y comprendo el mundo cultural al cual me dirijo. Por ello, para Paulo las educadoras somos nómades: alguien que no debe partir de su ahí, sino partir del allí de los educandos para que, desde el allí y desde el aquí, podamos construir juntos el futuro. A esa comprensión de la cultura Paulo la denominó investigación temática. Es decir, una investigación que se orienta a captar y comprender los temas centrales de una cultura, en torno a los cuales se entretejen relaciones sociales y desde los cuales se derivan otros temas. El paso siguiente es codificar dichos temas en un dibujo que exprese un recorte de la cultura con la cual estoy trabajando. La lámina se transforma así en una codificación, es decir, en una síntesis de un tema generador y de un conjunto de relaciones sociales y simbólicas. El grupo, puesto ante la lámina comienza a analizarla, o sea, a decodificarla. El proceso de decodificación pasa luego a una etapa de síntesis y de reflexión colectiva en torno a lo descubierto en la lámina. En el fondo, se trata de un proceso de lectura conjunta de la realidad. Ahora bien, esta comprensión de la realidad se sustenta en una postura metodológica y ética: la cultura y los valores del otro deben ser respetados, son punto de partida y referente fundamental. Y la cultura y los valores deben ser respetados, puesto que el otro (sujeto diferente) debe ser respetado. Es digno de respeto. De ahí la rebeldía de Paulo Freire frente a la actitud del dominador que trata de colonizar la cultura del dominado, desvalorizándola. El punto de partida radica en que el dominado recupere su valoración y la de su propia cultura.

Aquí nos encontramos ante otra postura ética: la opción junto al otro/a para acompañar sus procesos de valoración de la cultura y de superación de la relación de dominación. En **«Pedagogía de la Autonomía»**, nos dice Freire: «*El intelectual memorizador, que se domestica ante el texto, con el miedo de arriesgarse (...) no percibe ninguna relación -cuando realmente existe- entre lo que leyó y lo que* *ocurre en su país, en su ciudad, en su barrio. Repite lo leído con precisión, pero raramente intenta algo personal. Habla con elegancia de la dialéctica, pero piensa mecanicistamente».*

Paulo Freire nos conduce a una ética dialógica, que supone ponerme desde el punto de vista del otro/a y recorrer un camino donde junt@s leemos y construimos la realidad: co-descubrimiento y co-transformación. En esta perspectiva el lenguaje como búsqueda del entendimiento cumple un papel central. A su vez, es preciso que integremos al proceso educativo la pluralidad de lenguajes: verbales, no verbales, visuales. La inteligencia no es sólo racional, sino que es múltiple, es también imaginación, emoción. Comprender un lenguaje no es sólo quedarse en el texto, sino vincular el texto con la realidad, con la historia, con el acontecimiento, con el mundo. Eduardo Galeano nos dice que el lenguaje como comunicación es incompatible con este mo-delo: *«El sistema vacía el lenguaje de contenido, no por el placer de una pirueta técnica, sino porque necesita aislar a los hombres para dominarlos mejor. El lenguaje implica comunicación y resulta, por lo tanto, peligroso en un sistema que reduce las relaciones humanas al miedo, la desconfianza, la competencia y el consumo».*

La ética expresa una relación constitutiva con la realidad histórica. No puede pensarse sino desde un contexto histórico y desde las realidades de las personas. Los educandos no conforman sus proyecto éticos sólo en los espacios educativos. Todo lo contrario, hay otros espacios, tales como la televisión, con gran fuerza en cuanto a la transmisión de valores éticos. También las docentes viven una ruptura entre los tiempos laborales y los espacios de reflexión. Inmersos en el proceso de globalización, no podemos pensar la educación encerrada en los muros del espacio educativo Hay otros espacios que forman y que son educativos. Los valores se transmiten en todas partes. En la vida. En la acción. El espacio educativo se encuentra profundamente desafiado y cuestionado en tanto queda encerrado en sí mismo. Es preciso que el educador y la educadora partan de la vida de las estudiantes. Si bien hay orientaciones éticas generales, no podemos olvidar que los seres humanos no se fabrican y que no podemos adaptar nuestras alumnas a nuestros valores. Ellas elegirán el camino que les parezca más acertado.

Cada ser humano es resultado de una historia. No podemos prescindir de esa historia. Es preciso conocerla para entender las opciones que vamos haciendo a lo largo de la historia. No es posible desconocer las historias y las narraciones de nuestras alumnas. Con ese conocimiento, los valores que ellas viven se nos van a presentar de otra manera. Podemos desarrollar una reflexión teórica sobre la ética, sus fundamentos, sus principios. Podemos ponernos en contacto con las grandes corrientes del pensamiento ético. Pero fundamentalmente, la ética se construye desde una práctica, desde la realidad vital, desde la vida cotidiana, desde la necesidad de saber cómo actuar en cada situación concreta, pues las situaciones son contingentes y las opciones éticas no resultan de la aplicación mecánica de los principios y valores a las situaciones. Moverse en situación supone optar, elegir, a veces en el marco de incertidumbre. En las situaciones, la conciencia moral se desarrolla y educa al tener que enfrentar dilemas éticos, es decir, valores que entran en antagonismo. Esto requiere reflexión, sensibilidad, argumentación, desarrollo de hábitos. Como educadoras debemos generar espacios para la reflexión ética. No una disciplina llamada ética, pues la ética se caracteriza por su transversalidad: los valores aparecen implicados en todas las situaciones educativas y curriculares. Cualquier situación puede ser una oportunidad para desarrollar una reflexión ética. En esos espacios no se trata de invadir los valores de las estudiantes para que ellas copien nuestros valores. Se trata de generar condiciones para que los y las estudiantes y las y los profesores podamos construir nuestros propios proyectos de vida. La autonomía significa precisamente: desarrollar capacidades de elección, maduración y opción críticas. La heteronomía, en cambio, supone adaptación, repetición y copia. La ética se liga etimológicamente al término ethos, forma de vida. Entendemos que no cualquier forma de vida. Por el contrario, supone una plenitud de vida. Una vida digna. Como forma de vida se encuentra articulada con actitudes.

La ética no es una práctica en solitario. Somos seres esencialmente sociales. Nuestras identidades se construyen en el contexto del reconocimiento o no. El desafío está en articular el desarrollo de la autonomía tanto a nivel personal como a nivel de nuestras relaciones sociales. No es posible crecimiento de proyectos de vida si la sociedad no se construye a partir de instituciones justas. Todo esto, sin embargo, podría quedar en un plano muy ideal si no se concreta en normas. Las normas son resultados de acuerdos colectivos que regulan nuestros comportamientos y acciones en los grupos, profesiones, instituciones y en la sociedad. En realidad, no son sólo resultado de acuerdos, sino también productos de conquistas. Los derechos humanos, por ejemplo, tienen un contenido ético pero también un contenido normativo. Su vigencia (por la que aún luchamos) es resultado de reconocimientos, acuerdos, pero también de conquistas incansables. Las normas dejadas a sí mismas, caen en la rutina, ahogan el impulso ético y crean la convicción de que actuando de acuerdo a normas nuestro comportamiento es ético. Si las normas conforman el campo de la moral, es preciso sostener que la moral ayuda a materializar la intencionalidad ética, pero necesita ser continuamente revitalizada por el impulso, la reflexión y la sensibilidad ética. Tod@s tenemos un proyecto. Actuamos desde una cierta «estructura axiológica». Es decir, desde una estructura de valores. A veces la estructura axiológica la reproducimos; muchas veces es el resultado de un cuestionamiento y de una opción. Es en este último caso donde emergen los momentos de ruptura; momentos en los cuales hacemos un giro en relación a nuestro proyecto de vida. Son momentos de crisis, de crecimiento, dolorosos, pero también expresión de madurez. Momentos a los cuales es preciso retornar cuando sentimos que nuestra vida se está «burocratizando» o ritualizando. No pensamos la ética como una materia específica. A veces, las modificaciones de planes de estudios parece resuelta cuando se introduce una materia específica. Hoy, más que hacia una currícula elaborada verticalmente, debemos avanzar hacia una currícula con dimensiones transversales. La ética es una típica dimensión transversal. Es decir, atraviesa la totalidad de los procesos educativos.

Estamos entendiendo la ética como articuladora de una propuesta educativa liberadora. En la construcción de alternativas educativas populares, el concepto de autonomía se transforma en un valor heurístico e inspirador, de fundamental importancia. Referirnos a una ética de la autonomía, supone necesariamente contraponerla a la reproducción de los valores éticos vigentes, es decir, a una ética de la heteronomía. En el centro de ambas éticas está la cuestión de cómo pensamos, vivimos y ejercemos el poder y la autoridad. Poder para gestar poderes, o poder-dominación. Una ética heterónoma da lugar a una ética autoritaria, es decir, a una ética donde el valor fundamental es aquel definido por la autoridad. Esta, a su vez, es pensada y aceptada en términos de dominación y dependencia. Se trata de una ética que, aún en nombre de la libertad, ahoga las posibilidades de crecimiento de la libertad. El poder es ejercido sobre la gente (educadoras, educandos, población); ya se trate de un poder físico, económico, cultural, simbólico. Es un poder que conserva y refuerza las relaciones de asimetría. La autoridad se configura como algo distinto de los sujetos. Posee poderes que no están al alcance de nadie. Establece distancias y barreras imposibles de franquear. Es una autoridad que crece en tanto más se separa. También puede acercarse, pero si lo hace es para anular al otro. La dependencia no es una situación de la cual se parte, sino que es condición que se supone inherente al ser humano; es una dimensión que nunca podrá trascenderse. Una relación que no es posible superar, sino que es necesario fomentar y fortalecer. La orientación de una ética autoritaria es improductiva, en tanto no busca desarrollar capacidades y poderes. El poder es entendido como poder sobre, dominación, anulación, paralización de la vida.

Los modelos neoliberales se contextualizan en el marco de una racionalidad de tipo instrumental predominante en nuestra cultura contemporánea. Es a partir de la racionalidad instrumental que se derivan los valores éticos. Sólo lo que es eficiente tiene valor. La eficiencia se transforma así en valor supremo y en criterio de racionalidad única. La razón de la eficiencia se pone por encima de la fuerza de la razón. Esto además se encuentra estrechamente ligado a la concepción de la neutralidad axiológica en la ciencia. Se imponen criterios de eficiencia basados sólo en la calculabilidad. Ésta es entendida como el logro de fines que están fuera de la discusión, buscando los medios adecuados, sin ninguna referencia a valores. Este criterio cambia si se introduce el valor de la vida, las necesidades reales de los sujetos y de su reproducción. Desde esta perspectiva, no se trata de renunciar a la eficiencia, sino buscar una eficiencia que esté orientada por valores éticos relacionados con la vida humana y con la corporeidad. Racionalidad y decisión ética no se excluyen, sino que se requieren una a la otra, conformando un nuevo modelo de racionalidad.

No es posible desarrollar un discurso en torno a la racionalidad sin referirse expresamente al pensamiento de Max Weber. La racionalidad weberiana se sitúa en el marco de un pensamiento post-metafísico caracterizado por la imposibilidad de todo fundamento. La ausencia de fundamento determinaría -según Max Weber- la fragmentación de los proyectos éticos y políticos. El discurso racional no puede versar en torno a los fines. En relación a éstos no es posible acuerdo alguno. Es preciso partir del supuesto de fines pre-establecidos, en relación a los cuales se buscan adecuar los medios disponibles. La única racionalidad posible es la de acción con acuerdo a fines, no una racionalidad con acuerdo a valores. Esta tesis explica la afirmación derivada en relación a la neutralidad valórica en las ciencias. Si los proyectos se encuentran fragmentados, si no es posible discusión racional en torno a finalidades, sólo queda espacio para la consecución de los fines. Al explicar el sentido de la neutralidad valorativa de las ciencias sociales y la economía, Max Weber se ve obligado a explicitar la tesis de la imposibilidad de justificación de los valores que orientan la acción. Estos valores sólo pueden ser objeto de una decisión u opción. Nunca de una justificación. La imposibilidad de discusión pública acerca de fines lleva a que Weber diagnostique nuestra sociedad contemporánea con la expresión: «vivimos en una jaula de hierro».[6]

El pensamiento contemporáneo, en la medida en que se sitúa en la senda de esta racionalidad instrumental, termina siendo fuertemente tecnocrático. Se trata de concluir con una discusión acerca de fines. Las ideologías ya no tienen sentido, si es que alguna vez lo tuvieron. Descartada la discusión en torno a las posibilidades de justificación, se entra de lleno en el dominio de la eficiencia de los medios. Si a esto agregamos el predominio de una concepción de la ciencia pretendidamente objetivista, con criterios de verificación acertados y con un modelo único de racionalidad, hemos alcanzado las características fundamentales del cientificismo contemporáneo. El cientificismo pretende una perspectiva absoluta en cuanto a las afirmaciones de la ciencia. Necesita de un punto arquimédico de fundamentación. Ese basamento absoluto, asegura alcanzar una verdad sin discusión. En cuestiones referidas a la razón práctica, el cientificismo asegura un lenguaje formalizado y una eficiencia en la búsqueda de los medios adecuados, con prescindencia absoluta de fines. Esto abre las posibilidades a investigaciones científicas que afectan la vida de las ciudadanas, sin que podamos controlar y decidir al respecto. Las cuestiones importantes abordadas por la ciencia, han perdido su visión holístico-integral. La interdisciplinariedad ha pasado a un segundo plano. La religión de la tecno-ciencia define lo que es la verdad, lo que es bueno y malo para el género humano.

El neoliberalismo no está para nada ajeno al desarrollo de esta tecno-ciencia. Habla de costos sociales, de economía recalentada, de ajustes estructurales, de crecimiento sostenible, de interdependencia, de reconversión industrial, de eficiencia, sin poner de manifiesto la desocupación, la miseria, la exclusión cada vez mayor, el peso de la deuda externa y el derecho a la fuerza y al control político y económico por parte de los países hegemónicos. Un lenguaje aséptico es utilizado para camuflar el sacrificio de la vida humana.[7]

Una propuesta alternativa requiere desarrollo práctico y teórico. Para aprender y crecer en el sentido que hemos desarrollado, se ponen en juego cuatro niveles : orgánico, corporal, intelectual y simbólico o inconsciente. En el proceso de aprendizaje, es necesario construir una zona de juego, un espacio lúdico y creativo, con el objeto de vencer vincularmente al síntoma, que no es otra cosa que la creatividad encapsulada, la curiosidad anulada, la renuncia a pensar, a conocer y a crecer. El espacio de juego y creatividad es la matriz del aprender a ser libres. El acto educativo requiere de un clima afectivo apropiado y de buen humor. Hay que considerar al educando, proporcionando elementos que él pueda procesar, considerándolo un sujeto pensante, pues su inteligencia está, aunque a veces esté atrapada, un sujeto con valores y cultura propia que debemos conocer, entender y apreciar.

Una ética de la autonomía y de la libertad recurre al concepto de autoridad basado en la confianza. Quien ejerce la autoridad no necesita intimidar, ni explotar, ni amenazar. La autoridad crece en la medida en que se somete a la crítica y al control. El concepto de poder cambia substancialmente, transformándose en un poder que despierta poderes; por ello mismo, el poder circula, tiene carácter provisorio, reclama constantemente participación activa. La educación adquiere relevancia, no como proceso de sumisión a la autoridad, sino como desocultamiento del poder que la autoridad del educador/a pretende ejercer sobre los educandos. Un proceso lento, arduo, donde se produce un pasaje de la negación de la propia situación de opresión a su reconocimiento.

Una educación liberadora tiene necesariamente una orientación productiva, en tanto tiende a la realización de las capacidades de todos y de cada uno de los sujetos. La productividad de los sujetos se asienta en sus poderes. Es una educación que busca desarrollar el poder en-tendido como poder de, o sea, como capacidad y como producción. Para una ética de la autonomía, la anulación de sí o de los otros seres, la resignación, así como cualquier forma de violación de la integridad personal y colectiva, constituyen actitudes reñidas con los valores éticos. El sentido de la vida está dado por esta orientación productiva, por el desarrollo de nuestros poderes y por la capacidad de despertar poderes en los y las demás. Sin embargo, esta contraposición de modelos podría hacernos caer en la ilusión de que se trata de elegir entre uno y otro y que dicha elección es resultado de una decisión racional. Nada más alejado de la realidad. Puesto que las instituciones en las que vivimos son expresiones de lógicas autoritarias y puesto que nuestro proceso de formación personal, familiar, académico, se ha dado en el seno de estas lógicas autoritarias, podemos decir que la heteronomía y el autoritarismo se encuentran profundamente arraigados en nosotr@s mism@s, una suerte de fortaleza instalada al interior de nosotr@s.

Entonces, no es para nada obvio que se trate de una simple elección racional. Por el contrario, se trata de un prolongado proceso, doloroso, pero también gratificante, que permite encontrarnos con nosotras mismas. Un proceso de reconstrucción de vínculos y de reconstrucción de redes. Vínculos y redes que, en la medida en que permiten crecer con autonomía, se convierten en nuevos caminos y posibilidades. Un proceso de auto-análisis –personal, grupal, colectivo– que trata de remover nuestras dominaciones interiores arraigadas en nuestro consciente y en nuestro inconsciente. Un proceso que busca desenmascarar nuestras ansias de ejercer una voluntad de poder, nuestra omnipotencia de expertas. Se trata de un proceso prolongado de auto-formación que nos permita quitar nuestras propias máscaras, aquellas que no nos dejan ser ni pensar por nosotras mismas. Máscaras que encubren la compulsión a la repetición, la reaparición de lo mismo, la reducción de la diferencia a lo idéntico, el uso del poder, la seguridad de la violencia institucionalizada. El predominio de la totalidad que ahoga nuestra originalidad. Las síntesis que destruyen nuestras búsquedas azarosas. Como nos los recuerda Gilles Deleuze, los disfraces son parte integrante y constituyente de la repetición: «*La máscara es el verdadero sujeto de la repetición*». La autonomía supone, pues, un proceso de autoanálisis y una búsqueda prolongada y conflictiva sustentada en el reconocimiento del otro y en el auto-reconocimiento, así como en la recuperación del valor de la dignidad. Escuchar ya no es sinónimo de oír lo que yo quiero, sino de abrirme a lo novedoso y a lo cuestionado. La pregunta deja de ser un ejercicio retórico y pasa a convertirse en una postura frente al mundo y a la realidad que permite avanzar en el conocimiento. La confianza no es una simple impostura, sino una real apertura a las otras, que despierta la estima y la autoestima. Nadie puede cambiar sin quererse, es decir, sin estimarse y apreciarse en sus valores y potencialidades. Acertadamente Max Neef destaca la estima y la valoración como una necesidad del mundo de la vida. No es una necesidad de lujo, o para los momentos de ocio, o para sociedades que ya han alcanzado un determinado nivel económico. Sin autorreconocimiento y sin el reconocimiento de los demás, no es posible alcanzar la seguridad indispensable para el crecimiento personal y colectivo.

El desarrollo es un proceso conformado por una serie ininterrumpida de situaciones en las que nos enfrentamos constantemente a la libre elección. Es necesario elegir entre los goces de la seguridad y los goces del desarrollo, entre la dependencia y la regresión, entre la inmadurez y la madurez. Avanzamos en nuestro aprendizaje cuando el gozo y la búsqueda que lo deben acompañar superan a la ansiedad y a los goces de la seguridad. Podemos aprehender en las otras sus potencialidades y su originalidad. De esta manera, el acto de conocimiento, en el marco de un proceso de aprendizaje liberador, siempre se encuentra impulsado por intereses comunicativos y emancipatorios; es decir, por intereses y motivaciones de carácter ético. Para una ética dialógica, no es posible apostar al desarrollo de la comunicación en la práctica educativa, si paralelamente las educadoras no logramos reestablecer la comunicación con nosotras mismas, es decir, si no superamos la situación en virtud de la cual partes importantes de nuestras vidas han quedado excluidas de la comunicación pública.

Este proceso de desaprendizaje y de nuevo aprendizaje supone básicamente modificar las relaciones que establecemos en nuestra práctica educativa, fundadas en estructuras de dominación y de dependencia. Se trata de una postura ética de descentramiento, de superación de un vínculo establecido sobre la violencia y la imposición, de una apuesta hacia la creación y el crecimiento de identidades críticas y maduras, que permitan que las otras personas se descubran a sí mismas, descubran sus potencialidades, comiencen su transformación de objetos en sujetos y desarrollen un protagonismo, tanto a nivel de producción de conocimientos como a nivel de ejercicio del poder y de la toma de decisiones. El modelo de autonomía se vuelve difícil, porque la sociedad instituida nos constituye como sujetos dependientes y subordinados. La autonomía no está dada, sino que es, pues, una conquista; sin embargo, se trata de una conquista a realizar juntas y dialógicamente.

Autonomía supone audacia para crear significados y valores nuevos, desafiando significados estériles y cristalizados. Desde esta autonomía se desarrollar la interacción pero desde la lógica y la acción en redes y no desde las tradicionales estructuras instituidas que suelen ser excluyentes. La actitud crítica como soporte de la creatividad, la curiosidad, la imaginación, la alegría en contraposición al orden, la mera trasmisión y la sumisión. No temer al escándalo de la actuación. Mu-chas veces pensamos que transformar la realidad es un acto que comienza por el desarrollo de la conciencia y dejamos de lado otras categorías: el cuerpo como protagonista, las subjetividades, identidades, memorias que alimentan resistencias, imaginaciones y mitos que multiplican la creatividad, enfrentando la dominación.

Ser sujeto es poder elegir. Nuestra subjetividad es ética, no puede separarse de valores, de opciones, de apuestas. Ser sujeto es formar parte de una comunidad y sus tradiciones y poder comunicarnos para formar nuestra identidad en la interacción con los otros significantes. Ser sujeto es poder ser autónomo. Ser sujeto es vivir la experiencia de la contradicción, de la opción y de la creación.

Notas

[1] Cuando se presentan desafíos como éste, «educando-nos en valores», es cuando más extraño a José Luis Rebellato, sin embargo, asumo la responsabilidad de intentar trasmitir algo de su praxis, muy consciente de mis limitaciones, pero también, muy motivada por su recuerdo. Las palabras que siguen están todas cargadas de lo que aprehendí, desaprendí y re elaboré en 20 años de trabajo con José Luis. Creo que José Luis Rebellato fue el filósofo de la liberación más importante en nuestro país y en mi opinión, el más emblemático de nuestras educadoras populares, pero también el más humilde y generoso, por lo que me permitiré expresar muchos de sus hallazgos sin citarlo cada vez pero retomándolo siempre.
2. Coordinadora de la Maestría de Educación Popular de la Multiversidad Franciscana de América Latina, profesora de educación física. (ubilla@adinet.com.uy)
3. Selva Lopez Chirico, **La educación como política pública**, en AAVV, Reforma Educativa. Análisis crítico y propuestas, Montevideo, Fundación Vivián Trías-Ed. de la Banda Oriental, 1998, 11-36.
4. *"La organización del mundo instaurada por la conquista no es sólo económica y política. Es también, esencialmente, un sistema educativo que busca plasmar el modelo de hombre adecuado a ella. Es decir,*

un hombre que ha interiorizado la agresión, que la considera natural y legítima, que no capta su carácter imperial y violento, que la describe como encuentro entre pueblos y culturas. En otras palabras, un hombre para el cual la organización imperial del mundo, el conflicto estructural no expresa sólo una condición de hecho, sino también de derecho. No es institucionalización de la violencia sino expresión de la normalidad. Hay una relación muy estrecha entre el modelo de hombre y la concepción de la normalidad."* (Giulio Girardi, **La filosofia de lla liberazione popolare.** Scelta di campo nel conflitto Nord-Sud, en rev. Segni e Comprensione.

5. Me ha tocado infinidad de ocasiones, como profesora de educación física, sufrir la ironía de profesoras de materias *"importantes"* en comentarios muy agresivos en relación a las capacidades físicas (a veces verdaderamente excepcionales) de algunas chicas con escaso rendimiento en otras áreas. Sin embargo encuentro allí la verificación de que en climas distendidos y no prejuiciados, con cariño y respeto y fundamentalmente, con confianza y admiración por capacidades que las docentes no solemos tener, estas chicas-problema presentan potencialidades y capacidades en diversas áreas, generalmente bloqueadas o violentadas por la misma institución educativa.

6. *"Aún cuestiones sencillas como la medida en que un fin justifica los medios indispensables para su logro, o en que repercusiones no deseadas deben ser tomadas en cuenta, o también, cómo han de ser zanjados los conflictos entre varios fines contrapuestos en concreto, objeto de voluntad o del deber, dependen por entero de la elección o el compromiso. No hay procedimiento científico (racional o empírico) de ninguna clase que pueda brindarnos aquí una decisión."* (Max Weber, Ensayos sobre metodología sociológica, Buenos Aires, Ed. Amorrortu, 1973, 239).

7. *"La gran capacidad del neoliberalismo no ha sido la de crear eficiencia y crecimiento, sino la de destruir cualquier alternativa que no responda a su lógica de mercado, al lucro como motor de la sociedad y la aceptación del poder opaco como una inevitabilidad del Nuevo*

Orden. Este lleva consigo una Nueva División Internacional del Conocimiento en la era de la revolución tecnológica." (Xavier Gorostiaga, **La mediación de las ciencias sociales y los cambios internacionales,** en Correa-Gonzalez-Mora (eds.), **Neoliberalismo y pobres. El debate continental por la justicia,** Santafé de Bogotá, Cinep, 1993, pp.563-587).

BRASIL: EL CAMINO RECORRIDO

María Valeria Rezende[1]

En el 1998, el escritor comunista portugués, José Saramago, Premio Nobel de Literatura, decía:

El socialismo es un estado de ánimo. Para que haya socialismo, es preciso que haya socialistas. El socialismo no se puede hacer sin la gente. El capitalismo sí, puede construirse a sí mismo prescindiendo e incluso en contra de la gente; el socialismo no puede. Hay muy pocos pesimistas en el mundo hoy en día. Si todos fuéramos pesimistas respecto a lo que tenemos delante, el mundo cambiaría. Pero lo que reina es ese optimismo general que dice que todo anda bien...

Cito a Saramago porque soy de los que creen que el socialismo, o sea, una sociedad libre de la deshumanidad del capitalismo, no puede hacerse sin la gente; de los que creen en la necesidad y posibilidad de que exista en el futuro otro tipo de sociedad que no sea la sociedad capitalista; y que para crearla hay que contar con el pueblo como agente y sujeto conscientemente constructor de esa alternativa. Hoy creo que ya nadie defiende la tesis de que el cambio positivo hacia otro tipo de sociedad venga automáticamente por una dinámica histórica movida por fuerzas ciegas, o invisibles al ojo desnudo, sea material o sobrenaturalmente superiores a la voluntad de los humanos. Tenemos que construirnos como sujetos dotados de libertad, solidaridad, conocimientos, capacidad creativa y voluntad para hacerlo. Eso requiere un trabajo esforzado. Es el trabajo de la Educación Popular. Es desde esa perspectiva que intentaré compartir con ustedes la experiencia de EP vivida en el Brasil, retomando brevemente su historia.

Además, si es cierto que el optimismo globalizado a que se refería Saramago en el 98 ha sido profundamente abalado por el «11 de septiembre del norte» (nuestro 11 de septiembre fue el de 1973 en Santiago de Chile, donde se reveló la brutalidad de otro terrorismo, frío y absolutamente injustificable), hoy nosotros, brasileños, y quizás también argentinos, tenemos otros optimismos que tal vez haya que sazonar con algún pesimismo...

Para empezar lo más honestamente posible, quiero avisarles de que nunca he hecho investigaciones sistemáticas sobre la historia de la Educación Popular en el Brasil: la he vivido en las últimas cuatro décadas. Ni siquiera he leído todos los intentos académicos y científicos de rehacer esa historia o partes de ella. Por eso, lo que aquí presento será de origen más biográfico que propiamente histórico, aunque nadie pueda tener una biografía fuera de la historia. Eso tiene la desventaja de que necesariamente la imaginación se mete en la memoria, la invención se mezcla con los recuerdos, la pasión embellece los hechos o los distorsiona y habrá probablemente un tanto de ficción en mi breve narrativa. Pero tiene también la ventaja de ilustrar un intento de ser fiel a uno de los principios fundamentales de nuestra concepción de Educación Popular: el de que la reflexión sobre la propia experiencia es fuente válida (aunque no suficiente) de conocimiento. Superfluo decir que esta presentación ya está de antemano abierta a todas las contestaciones, correcciones, añadiduras que se le quiera hacer.

Últimamente se me hace difícil comprender qué ocurre en la Educación Popular, a menos que la considere como un tipo especial de movimiento social, el movimiento... de los que creen que sí se puede construir históricamente una sociedad justa, fraterna, a través de un proceso de cambio en el cual la indispensable revolución de las estructuras no cueste el aplastamiento de las personas, al contrario, ... depende de la conciencia, la voluntad, el desarrollo y la contribución de cada uno... articuladas por medio del diálogo reflexivo desde las prácticas comunes... que lleva a la creación colectiva y procesual del conocimiento necesario al cambio... de los que creemos que la calidad de ese proceso depende de una constante y consciente práctica pedagógica en la cual somos todos, a la vez, educadores y educandos, y con la cual nos comprometemos personalmente, sea cual sea el momento o el tipo de práctica política en la cual estemos involucrados.

Entonces, para comprender lo que está ocurriendo ahora, y pensar en el porvenir, me ha dado buen resultado contemplar como un amplio movimiento social a la Educación Popular –ésta de que hablamos en los últimos 30 o 40 años en América Latina, proceso auto-educativo entretejido con las prácticas de lucha social.

Como cualquier otro movimiento social, y según las coyunturas a lo largo de su trayectoria, la Educación Popular:
- Se ha ido definiendo poco a poco a través de variadas practicas e ideas en movimiento, casi nunca suficientemente claras ni discernibles, ni tampoco muy unitarias en todos los casos;
- Ha ganado y perdido, y vuelto a ganar y a perder partidarios de distintos orígenes y matices, por motivos diversos; sus participantes no lo son siempre por toda la vida;
- Posee un núcleo de convicciones, aspiraciones, objetivos y militantes más permanentes, y una variedad de ideas, prácticas y participantes más difusos e inestables en sus márgenes, pero la mayoría de las ve-ces resulta imposible precisar (antes que el instante en cuestión haya transcurrido) quiénes constituyen ese núcleo permanente y quiénes sus márgenes;
- No se confunde con un cuerpo doctrinario cerrado, ni con la fidelidad religiosa al pensamiento de un gurú, ni con ninguna institución que el haya producido o que, en algún momento, se haya convertido en su vocero;
- Crece y se contrae; se acelera y se detiene para recobrar fuerzas, y va cambiando siempre, a menos que fallezca.
- En la medida en que consigue difundir con mayor amplitud en la sociedad sus interpretaciones de la realidad, sus valores, sus prácticas, aspiraciones y propuestas, estos pierden fuerza o son adoptados muy parcialmente por otros movimientos o, incluso, desarticulados, recuperados y domesticados por las fuerzas conservadoras que distorsionan su sentido original: de ahí su búsqueda constante de reafirmación frente a sí mismo para no perderse en ese proceso. En un intento de periodización muy esquemática, yo diría que el Movimiento de Educación Popular, como lo entiendo, atravesó las siguientes fases en Brasil:

I. Primero, una **larga fase de latencia**, en la cual ya se anunciaban muchas de las ideas y prácticas que irían a componer su núcleo, cada una de ellas manifestándose a través de sujetos sociales distintos y hasta contrapuestos, como, por ejemplo:

- Los movimientos obreros y revolucionarios que emergieron desde finales del siglo XIX -especialmente el anarco-sindicalismo que predominó hasta 1922- se proponían y llevaban a cabo un esfuerzo por educar a los trabajadores como parte fundamental de su acción política y, además de mantener centros, actividades y publicaciones culturales, tenían su propia propuesta de cambio de los sistemas de enseñanza.
- A continuación, los comunistas (desde 1922) tuvieron su sistema de formación de militantes y su proyecto con vista a influir en la cultura del país en general, o a educar ampliamente a través del arte y la literatura, sobre todo a las clases medias. Se trataba de despertarles la sensibilidad para la injusticia del capitalismo -a través del arte- y a transmitirles el conocimiento científico de la realidad -producido por los intelectuales revolucionarios- que erradicaría la conciencia falsa y alienada de la cual el pueblo era portador
- Desde la década del 30, surgieron en los medios educacionales brasileños, en general públicos y laicales, varios intentos por reformar las escuelas. Por esos tiempos, ciertas corrientes pedagógicas proponían una metodología activa en la cual el educando tenía voz y capacidad de acción, en vez de ser apenas una hoja en blanco sobre la cual el siste-ma educacional iba a inscribir la «cultura». Ya se buscaba convertir la educación en instrumento de cambio social, en vez de simple mecanismo de reproducción. Los experimentos de renovación de la enseñanza en esa dirección se multiplicaron en los años 50, incluso en los medios educacionales religiosos (católicos) y se crearon muchas escuelas o clases «experimentales», públicas y privadas.
- A partir de los años 30, el populismo -fuese en su forma dictatorial o en su versión democrático-electoral- ya había atribuido a las masas populares un papel de peso en la política.
- Los sectores más avanzados de la Iglesia Católica, representados sobre todo por los movimientos juveniles de la Acción Católica, ya reconocen -en el final de la década de los 50- a Brasil como un país injusto, «antievangélico», en el que era necesario hacer cambios radicales. Esos sectores contemplaban la acción transformadora como parte integrante de su vocación de cristianos laicos. Así también, atribuían a la formación personal integral de sus miembros y de la gente en general una importancia central en tanto la consideraban indispensable para

la acción transformadora de la realidad social, bajo la influencia del filó-sofo cristiano y personalista francés Emanuel Mounier, quien decía que «*no puede haber sociedad enteramente libre sin personas libres; no puede haber personas enteramente libres sin sociedad libre*».

2. Luego, sobrevino una **primera fase de explicitación** de la Educación Popular como tarea histórico-política, entre 1958 y 1968. La modernización del país, sobre todo de los medios de transporte y comunicación -con la construcción de grandes carreteras nacionales o interregionales y aeropuertos, la implantación de la televisión, la industrialización acelerada en los años 50, había permitido a amplios sectores de la sociedad, sobre todo jóvenes intelectuales de la clase media, un «descubrimiento del Brasil» que les presentaba un país extremadamente desigual, injusto y atrasado y les revelaba la miseria de las masas, produciendo una profunda indignación juvenil.

A finales de 1961, como resultado de una complicada sucesión de acontecimientos políticos, y de una intensa movilización popular, asumió la presidencia de la República João Goulart. Este vicepresidente elegido democráticamente era apoyado por una alianza muy compleja e inestable, que incluía desde militares nacionalistas y anticomunistas has-ta los partidos de izquierda, legales o clandestinos, pasando por todos los grupos nacionalistas y populistas, el sindicalismo corporativista, las ligas campesinas, los socialistas de distintos matices, y la parte más avanzada del episcopado y del laicado católicos. Ninguna de esas fuerzas podía prescindir del apoyo de las masas populares que se habían movilizado en gran medida en aras de la defensa de la Constitución y del respeto a los resultados electorales. Un programa de Reformas de Base de fuerte matiz nacionalista y antimperialista, incluyendo una Reforma Agraria que hoy nos parece muy tímida, entusiasmaba a todos esos sectores y, por supuesto, horrorizaba a los conservadores y a los representantes de intereses norte-americanos.

La cuestión de la alfabetización para permitir una participación popular lo más amplia posible en la política mediante el voto, se convierte en un tema central -puesto que la Constitución excluía a los analfabetos del derecho al voto-, para que se pudiera, desde el Estado, cambiar radicalmente el país. Gran parte de la juventud creía que la Revolución Brasileña seguiría pronto los pasos de la Revolución Cubana, sin necesidad de subir a una sierra.

Dos tipos de acción iban a expandirse muy rápidamente en el terreno de la educación y de la cultura encaminadas hacia las clases populares. Ambos estaban dotados de clara motivación política y atribuían a la educación y al cambio cultural gran importancia como factores de cambio social y político: la agitación ideológica en forma de eventos y productos de «Cultura Popular», a través de los cuales los intelectuales buscan espacios y formas «populares» de comunicación y expresión para llevar «la realidad brasileña» a la conciencia de la población y enseñarle al pueblo lo que había que saber para avanzar por la ruta del antiimperialismo y del socialismo. En líneas generales se tomaban, del pueblo, las formas y, de los intelectuales, los contenidos.

El más importante vehículo en esa línea fue el Centro Popular de Cultura (CPC) creado por la Unión Nacional de Estudiantes (UNE) y replicado por las entidades estudiantiles de todo el país, bajo el liderazgo, en general, de la Juventud Comunista -en muchos casos aliados a los militantes de la JUC (Juventud Universitaria Católica) y de la JEC (Juventud Estudiantil Católica) a partir del año 61 y en seguida de la Ac-ción Popular (AP), organización de izquierda revolucionaria que reunía militantes cristianos y otros no (todavía...) marxistas.

Los programas de alfabetización de adultos y educación de base: dos iniciativas, localizadas en el Nordeste, generaron grandes campañas nacionales, en las cuales se involucraron miles de jóvenes, principalmente de origen estudiantil o de movimientos cristianos: a) De las escuelas radiofónicas de la Iglesia de Natal emergió el MEB (Movimiento de Educación de Base) instituido por la recién creada Conferencia de Obispos de Brasil, con apoyo político y financiero del gobierno de Goulart. La enseñanza de la lectura y la escritura ya ganaban un sentido más amplio en ese contexto. Sus contenidos se referían fuertemente a las duras condiciones de vida de los pobres, a las injusticias y a la necesidad de unión y organización comunitaria para cambiar esa situación. Se asentaba en materiales gráficos y en clases básicas transmitidas por radio o a través de grabaciones, explicadas a cada grupo de oyentes con la ayuda de monitores locales. La formación de esos monitores y de los cuadros pedagógicos que coordinaban el conjunto se vuelve pronto una formación de cuadros políticos. El MEB entrenó a miles de personas, como monitores o como alumnos, sobre todo en el Nordeste y en otras partes pobres y aisladas del país. Sus contenidos abordaban los problemas que afectaban la vida cotidiana de los pobres, y las injusticias de que eran victimas se van revelando y produciendo intentos de organización sindical rural, de acción transformadora a nivel local y ensayos de articulación nacional.

b) De la experiencia del profesor Paulo Freire, en Pernambuco y Río Grande do Norte, resultó el Plan Nacional de Alfabetización -instituido por el Ministerio de Educación y presidido por el propio Freire. En 1958 se realizara el 2º Congreso Nacional de Educación de Adultos, con la participación de Paulo Freire, donde se sugiere un programa permanente de enfrentamiento del analfabetismo que desembocó, solo en 1962, en el Plan Nacional de Alfabetización de Adultos (extinguido por el Golpe de Estado de 1964, después de un año de funcionamiento). Ese programa difundió su método y en muy poco tiempo entrenó como alfabetizadores-concientizadores a miles de jóvenes, sobre todo estudiantes. Como sabemos, Freire proponía un método de alfabetización que insistía en el aprendizaje como un proceso activo y creativo, basado en el diálogo y en relaciones horizontales entre educa-dores/educandos y educandos/educadores, en el cual el «maestro» te-nía que aprender del pueblo para poder enseñarle y en el cual el reconocimiento, por el pueblo, de su propia cultura, de su capacidad creativa y su concientización en cuanto a las causas sociales de sus condiciones de vida formaban el contenido esencial, que debía de resultar en acción popular para el cambio. En líneas generales, aquí se tomaban, del pueblo, o de su experiencia cotidiana, los contenidos, y de los intelectuales, la forma: la escritura.

Más importante que el método de alfabetización como tal, la filosofía de la educación de Freire, en la cual se trataba de formar a los jóvenes alfabetizadores, va a tener una importancia fundamental en el período siguiente. En cierta forma, los protagonistas vivían ese conjunto de iniciativas como un solo gran movimiento, en el cual podía haber bastante interpenetración de agentes y actividades, aunque existiesen muchas diferencias, contradicciones y rivalidades: frente al imperialismo y a la derecha, todos eran, en algún momento, aliados. El golpe militar de 1964, llevado a efecto en contra del «peligro comunista», destruyó todas las estructuras institucionales (los CPCs de los estudiantes, el PNA del Ministerio de Educación y hasta, parcialmente, el MEB de los obispos) sobre las cuales se apoyaban esas acciones. Pero no destruyó inmediatamente ni su espíritu ni su impulso en la juventud, que expresaba al menos la intención de proseguir por esa línea. En varios sectores ya estaban arraigadas, en principio, las ideas y la experiencia de la necesidad y posibilidad de educación popular para el cambio, de la importancia de la participación política de las masas populares, de la educación como acción política -e incluso como política revolucionaria- y de la existencia, en la experiencia y en la cultura del pueblo, de elementos fundamentales (formas y contenidos) para su propia educación libertadora que los intelectuales tenían que conocer y aprender para poder «enseñar» algo.

Muchos tuvieron que marchar al exilio ya desde el 64, entre ellos Paulo Freire. Pero ya no se podía borrar de las cabezas juveniles la luz que él había encendido. En parte por eso, muchos, incluso el MEB, bajo la protección de la ambigüedad de la posición de los obispos frente al Golpe, intentaron seguir, más o menos clandestinamente, con sus iniciativas educativo-culturales junto al pueblo. En la práctica, hasta 1968 la juventud estudiantil y la izquierda en general tuvieron que em-plear toda su energía en sobrevivir y tratar de mantener una comunicación con las masas. El año 68 fue de intensa y creciente movilización popular de protesta. El Acto Institucional nro. 5, decretado por los militares en diciembre de 1968, liquidó cualquier esperanza inmediata de organización, manifestación o acción política legal para cualquier tipo de izquierda. Se recrudeció la represión y muchos fueron a parar a la cárcel o al exilio. Quedaban tres caminos para los que no estaban muertos o encarcelados: el exilio, la lucha armada o la inmersión, sea clandestina, sea legal, en el seno de las masas para desde allí organizar al pueblo. Fue ese tercer camino que inició en el país otra fase de la Educación Popular como la entendemos hoy, y representó una reinterpretación de su sentido a la vez que su reinserción social.

3 - La fase de **reinterpretación del sentido de la Educación Popular y de reinserción social**, se extiende del 1969 al final de lo años 70. La escalada represiva, como ya vimos, dejó abiertos básicamente tres caminos: el del exilio, el de la lucha armada -que muy pronto desembocó en tragedia - y el de la inmersión de los militantes en el seno de las masas, para desde ahí comprender, educar y organizar al pueblo con vista a la transformación radical y democrática de la sociedad, y ese objetivo pasaba necesariamente por el combate contra la dictadura. Esos senderos no eran excluyentes y hubo grupos y organizaciones políticas cuyos militantes siguieron simultánea o sucesivamente los tres caminos. El tercer camino, el de la inserción más o menos clandestina en el medio popular, fue el que condujo a reeditar la Educación Popular con un nuevo sentido y desde otro lugar: evidentemente ya no se trataba de capacitar a las masas para que apoyasen la transformación que venía «de arriba», ni la acción desde el aparato del Estado. El objetivo ahora era atribuir progresivamente a las clases populares -ya no sólo a las «masas» populares- un protagonismo mucho más central en la transformación que tendría que provenir «de abajo». Y esto implicaba la organización del pueblo «desde la base». La educación popular para la cooperación comunitaria, que había sido el objetivo de buena parte de las experiencias de la fase anterior, se vuelve aquí punto de partida pedagógico para avanzar hacia una comprensión y organización amplias y estratégicas, pasando por la acción y organización sindical clasista. Hacia eso convergieron militantes políticos marxistas y religiosos y laicos católicos que procuraban «la inserción en el medio popular» como condición para concretizar la «opción preferencial por los pobres». El deseo de liberar a los oprimidos se convirtió para ellos en un objetivo inseparable de la evangelización.

El primer libro de Freire, **Educación como práctica de la Li-bertad**, publicado en Brasil en 1967, y **Pedagogía del oprimido** - cuyo manuscrito circulaba ya en el país desde principios de 1969- así co-mo la Teología de la Liberación, de Gustavo Gutiérrez, contribuyeron a dar sentido a prácticas muy modestas y locales que pudieron iniciarse bajo el manto protector de la Iglesia, cuya ambigüedad (los obispos, en un primer momento, habían apoyado al Golpe) le garantizaba bastante inmunidad frente a la represión, y bajo el cual se pudieron abrigar también muchos militantes no creyentes.

Nos podemos preguntar si Paulo Freire no hubiese actuado y escrito de modo de dar a los jóvenes intelectuales la esperanza de que sí, se podía contar con el pueblo para transformar el mundo, a condición de establecer con él una relación libertadora para ambos a través de un proceso de educación mutua, que demandaba mucha humildad y paciencia, pero que no podría ser derrotado por la fuerza bruta, tal vez la historia que sigo narrando hubiera sido muy distinta. Tal vez la derrota de la lucha armada nos hubiese echado en el desánimo o la desesperación. Fue también importante para el futuro de la izquierda brasileña el modo como la represión acercó a cristianos radicales y comunistas de todos los matices, porque los arrojó a las mismas cárceles, a las mismas clandestinidades, a las mismas «inserciones». Ocurrió un proceso de mutua «contaminación», en el que aprendieron unos de otros y fueron estableciendo juntos una serie de valores. Desde entonces, y hasta fines de los años 70, se desplegó en el país un enorme esfuerzo: en todas partes había personas con experiencia y formación política ubicadas en el medio popular, tratando de organizar a la gente a partir de sus necesidades más sentidas, no siempre las más vitales, lo cual es distinto. Desde esa posición trataban de ayudar el pueblo a concientizarse de su situación –a partir de su propia vivencia social- y también de aportarle los conocimientos que él no estaba en condiciones de adquirir a partir de su horizonte visual para que comprendiese y se organizase para transformar lo más global. Su formación pedagógica se fue haciendo en la práctica, sobre todo por el intercambio de experiencias y la reflexión sobre esa práctica. Se puede decir sin error que fue la Educación Popular que formó, con su propia metodología, a los educadores populares del Brasil de los 70.

Las Comunidades Eclesiales de Base (CEBs), las Oposiciones Sindicales y las Asociaciones de Vecinos fueron las formas organizativas populares más comunes y posibles en ese período. En ese tiempo ocurría que cualquier tipo de acción popular era reprimido tan inmediatamente que terminaba pronto por politizarse. Se comenzaba a luchar por el agua y a los dos meses de ya se tenía que luchar contra la represión –cualquier tipo de movilización de protesta o reivindicación era acusada de comunismo y reprimida– y a veces ya a la gente se le había olvidado por qué habían empezado a luchar. La lucha contra la represión se fue politizando en lucha contra la dictadura. Los educadores populares, intelectuales brasileños y también voluntarios extranjeros, que buscaban su modo propio de participar en la lucha popular por la justicia, se organizaban y actuaban a través de las pastorales sociales de las Iglesias –principalmente de la Iglesia Católica– y de pequeños Centros de Educación Popular, de apoyo a las comunidades y movimientos populares, de comunicación popular, etc., en general locales y con muy pocos recursos materiales, movidos a fuerza de militancia. Los contenidos más frecuentes de la Educación Popular en ese período tendían a ser: «el pueblo unido jamás será vencido», desde el nivel del pueblito o del barrio, hasta «cómo funciona la sociedad», «el capitalismo y el socialismo», «la dictadura y la democracia»...

Pero todo no era homogéneo ni tranquilo en el campo de la educación popular: la línea dialógica inspirada en Freire, la metodología de la construcción colectiva de conocimiento, se confrontaban constantemente con el estilo leninista de los que fueron formados para darle al pueblo, «desde afuera», la ciencia revolucionaria ya hecha y la dirección política para sus acciones. También había inmensas diferencias en cuanto a respetar o no el ritmo del pueblo para avanzar en la acción, en cuanto a quien pertenece la dirección de la acción, a un liderazgo colectivo emergido del pueblo o al los intelectuales, al «partido» (las diversas formas de organizaciones políticas clandestinas entonces existentes). Fueron tiempos de mucho movimiento, de mucha lucha, en las ciudades y en el campo, que de hecho crearon una masa de personas con capacidad de crítica, de análisis, de movilización en casi todo el país. En la medida en que la dictadura se fue debilitando –tanto por problemas económicos y el rechazo internacional cuanto por la misma resistencia y lucha popular– esa masa y sus organizaciones fue surgiendo como una fuerza cada vez más articulada que comenzó a poder contemplarse a si misma operando a nivel nacional

4. Una fase de **expansión e institucionalización** abarcó desde finales de los años 70 hasta finales de los 80. A fines de los 70 el esfuerzo

de articulación nacional de las luchas y organizaciones populares de todo tipo pasó a primer plano, y se esbozó la perspectiva de la toma del poder del Estado con la derrocada de la dictadura. De repente se les presentó a las clases populares, a los sectores organizados de las clases populares, la posibilidad y la necesidad de estar capacitados para dirigir el país. Se crearon entonces las grandes «escuelas» se multiplicaron las escuelas de formación de cuadros populares, sindicales y otros. Del punto de vista de los contenidos que predominaban en la Educación Popular, se pasa de una posición ideológica anti-Estado (identificado con la dictadura y el capitalismo) se pasa a una lectura gramsciana del Estado como campo de batalla, más amplio y difuso que los aparatos estatales visibles a ojo desnudo, y atravesado por la lucha de clases, en cuyos espacios hay que ganar puestos para luchar también desde adentro. Cuando llegamos al inicio la «redemocratización segura, lenta y gradual» de los militares (bajo presión popular e internacional, por supuesto, en fines de los 70, con la amnistía (1978) y la autorización para crear nuevos partidos, los antiguos políticos trataron de poner en pie a los mismos partidos que existían antes de la dictadura. Pero toda aquella masa de nuevos sujetos políticos no se reconocía para nada en aquel viejo estilo de política ni de organización; crearon o legalizaron sus propios partidos y se propusieron construirlos de modo diferente. El más importante, evidentemente, es el PT, opción de crear un partido de izquierda, no de cuadros, pero de masas, que nunca había existido antes el país. Sigue hasta hoy tratando de hacer política de otra manera Claro, hoy ya ha perdido su inocencia, su pureza original: ya tiene sus pecados, y muchos. Pero la gran mayoría del pueblo consciente, organizado, que lucha, lo sigue identificando como su camino de participación política, y la masa hoy reconoce a Lula como su líder. Los lulistas hoy son muchísimo más numerosos que los petistas o los «de izquierda».

Se funda enseguida la Central Única de Trabajadores (CUT) y otras centrales sindicales. Más tarde se trata de crea una Central de los Movimientos Populares (no sindicales) pero que, tal vez por la inmensa diversidad de los movimientos que pretendía agrupar, por la naturaleza poco estructurada y muy fluida de esos movimientos, talvez por el modelo «centralizado», inspirado evidentemente en el modelo sindical, no ha logrado la misma representatividad que obtuvo la CUT. Los Movimientos Populares se han articulado mucho más en la forma de redes, y redes de redes, que se atan y desatan al sabor de las coyunturas. El vigor y amplitud de los Movimientos Sociales Populares se ha expresado fuertemente en su movilización, intervención, éxitos y conquistas en la elaboración de la nueva Constitución que se promulgó en octubre del 88, conocida como «la Constitución Ciudadana».

En los años 80 la Educación Popular fue reconocida como uno de los factores más importantes para la aparición de todas esas formas de organización y articulación. Entonces se puso de moda, se convirtió en un producto y obtuvo financiamiento relativamente fácil. Las agencias internacionales de cooperación cantaban las bondades de la Educación Popular en Brasil; se crearon grandes ONGs, también porque estaban regresando los exiliados, trayendo un conjunto de relaciones internacionales anudadas en Europa, en el Canadá y mismo en los USA. Al mismo tiempo, los sindicatos obreros europeos, principalmente italianos, suecos y alemanes, pasaron a financiar el sindicalismo brasileño, posibilitando el montaje de un fuerte sistema de formación de la CUT, con varias grandes escuelas regionales. Y empezaron a escribirse y a pu-blicarse muchos libros. De repente ¡apareció una cantidad fantástica de educadores populares y sindicales! Ser educador popular tiende a volverse una profesión con buenas perspectivas de empleo, y muchos prefieren llamarse ya no «educadores populares» sino «asesores» (hoy muchos ya se han alzado a un grado superior: el de «consultores»).

Hubo, a *grosso modo*, dos tipos de educadores populares en ese período: estaban los de militancia y vocación, que son los que creen profundamente en eso y hacen de la Educación Popular un proyecto de vida, gran parte de ellos surgidos de la militancia de los movimientos que, al reconocer la importancia de la educación en la política, se iban juntando a los «viejos» educadores militantes y especializándose en eso al servicio de sus propios movimientos. Pero también estaban los de ocasión, los «de coyuntura». Algunos que en ese momento de cambio pensaban que si el movimiento llegaba al poder, los impulsaría a ellos hasta allí. Creían tal vez que, como intelectuales del movimiento, serían los llamados a gobernar. Otros que descubrían la EP como tema académico y como profesión posible. En los medios universitarios, los movimientos sociales populares y la EP pasan a ser temas de elección para disertaciones de maestría y tesis de doctorado, y poco a poco la formación y los títulos académicos, un largo currículo y un lenguaje teórico supuestamente más competente tienden a ser más importantes que la práctica para el acceso a la «profesión». Se pueden montar gruesos dossiers de las materias de la prensa nacional y extrajera de los 80 sobre todo eso. Una anécdota para ilustrar esa variedad de comprensiones distintas: en 1989, cuando Lula no ganó la presidencia, oí a alguien, que había sido un exitoso teórico de la Educación Popular en los 80, afirmar en un encuentro, que la EP estaba liquidada; que el movimiento popular se había acabado. Al preguntársele cuales hechos justificaban esa afirmación, contestó que hasta el año anterior los editores se disputaban los libros que él mismo escribía sobre el tema y todos se publicaban, pero ahora tenía un nuevo libro terminado y ya nadie quería publicarlo. La Educación Popular evaluada como un producto para el mercado.

5. Una **segunda fase de reinterpretación del sentido de la Educación Popular** ocurrió en los años 90. Se pueden fácilmente encontrar textos de científicos sociales brasileños, de los años 90, que hablan de la crisis de los movimientos sociales, del fin de la Educación Popular, etc... En la realidad, lo que ha pasado fue una crisis de los científicos sociales que no fueron capaces de acompañar con su mirada a los desplazamientos y cambios de los movimientos. Los movimientos populares, en el nuevo contexto, estaban marcado por el hecho de no haberse ganado las elecciones nacionales para tomar las riendas del gobierno central y hacer la revolución democrática o algo por el estilo; entonces, pasada la depresión de la derrota, el movimiento popular se ha puesto a tratar en «construir el poder popular desde abajo», desde lo local, invirtiendo sus esfuerzos en la auto-capacitación para controlar, criticar, crear y proponer políticas públicas y a luchar por el poder para hacerlo. El hecho de que el PT empezaba a ganar un número significativo de alcaldías y hasta gobiernos estaduales estimulaba ese camino. También, las conquistas de los movimientos en la Constitución del 88 –que tornaba indispensables, para el

repase de fondos federales, la existencia y funcionamiento de consejos municipales (también estaduales) en cada rama de las políticas públicas, con participación de la sociedad civil organizada y de los servidores públicos de cada categoría. Ahora, aún frente a gobiernos conservadores, se cree poder imponer una línea popular en el diseño y la ejecución de las políticas públicas de interés popular. Eso ha estimulado también la lucha articulada contra la corrupción y el clientelismo en la política local. Y donde los movimientos estaban bien organizados y tenían capacidad de movilización, han avanzado mucho en ese camino durante los 90. Capacitarse para eso se vuelve una urgencia para los Movimientos. Por lo tanto, la cuestión de la Educación Popular ya no es un proyecto de los intelectuales junto al pueblo, sino algo que proviene del seno del movimiento popular. Por eso talvez ya no se escriben tantos libros ni artículos sobre ellos, y creen los académicos que ya no existe nada. Otro aspecto importante de este período es el efecto de la re(des)-estructuración productiva y de cambios en la «cultura empresaria» que cambia enteramente el cuadro de fuerzas en la sociedad civil: el movimiento sindical que había protagonizado la escena política de los 80 se ve arrinconado, disminuido tanto en su tamaño cuanto en su capacidad de presión, el desempleo con ex-tinción de puestos de trabajo echa en el mercado informal a millones de trabajadores, incluso, y a veces en primero lugar, a los militantes sindicales e políticos, que pasan a buscar otros espacios para su militancia. Esa disponibilidad de gente acostumbrada e organizarse y actuar social y políticamente va a ser un de los factores que estimulan el crecimiento y avance de otros tipos de movimientos, no centrados en lo económico sino en las cuestiones de género, etnia, cultura, medio-ambiente, etc, de la lucha política a nivel local y también, por otro lado, de las iniciativas de la llamada economía solidaria. Las ONGs de origen militante tendrán ahora que competir con una infinidad de fundaciones, proyectos e instituciones filantrópicas originadas en las grandes y me-dianas empresas capitalistas desde que la «responsabilidad social de la empresa» se puso de moda. Con la multiplicación y diversificación de actividades y sujetos, con distintas propuestas, todos de cierto modo presentándose como continuadores o reformadores de aquellos procesos anteriores, no resulta fácil precisar lo que ha ocurrido en todo el país desde 1990. Pero está claro que se ha reducido el número de individuos e instituciones que se proponían a llevar a cabo la Educación Popular en el sentido del acompañamiento pedagógico de las acciones y luchas populares, y también menos intelectuales académicos involucrados en eso.

En el Nordeste tenemos una escuela regional de formación de educadores y dirigentes populares -una de las pocas que han quedado de aquel tiempo de las grandes escuelas- que sigue muy fuerte, - señal que los Movimientos siguen fuertes-, cuyo trabajo ha generado varias redes muy vivas: de educadores populares, de jóvenes, de políticas públicas, de educadores rurales. Lo que percibimos en los años 90 es que en nuestro programa de formación de educadores aparecían cada vez menos intelectuales del tipo clásico para seguir el curso de formación de Educadores Populares y -en su lugar- cada vez más militantes de los movimientos de acción popular, de los grupos de base, que buscan formarse como educadores para sus propios movimientos. No son profesionales de las ONGs ni profesionales de educación. Van a permanecer viviendo en las favelas trabajando en su profesión o, más frecuentemente en el mercado informal, pero están asumiendo la responsabilidad de impartir programas de formación como su tarea de militantes. Cada vez resulta más evidente que la Educación Popular, en la concepción que aquí considero, prosigue hoy adelante porque los movimientos la han asimilado, porque la formación se realiza desde el interior del Movimiento Populares. Ya no es más predominantemente, como parece que fue has-ta finales de los 80, el modo que tenían muchos intelectuales de encontrar el sentido de su vida en la lucha por la ʻransformación social. Este proceso ha sido, sin duda, uno de los más importantes factores que hizo inevitable la victoria de Lula en las elecciones presidenciales del 2002 que, evidentemente, abren un nuevo período para la Educación Popular en el país, pero cuya cara es todavía imposible de distinguir. Sobre esa nueva coyuntura todavía sobran perplejidades y faltan análisis.

1. Valeria Rezende es educadora popular brasileña. Esta charla fue realizada en la Universidad Popular Madres de Plaza de Mayo, en noviembre de 2003

CONSIDERACIONES SOBRE LA FORMACIÓN
(esquema sin pretensión de texto)

Ranulfo Peloso [1]

«*Estar fuera del pueblo es una forma de quedar contra el pueblo*»
Paulo Freire

Introducción

Considerando: que en general *la escuela hoy le hace mal a los educandos, sobre todo trabajadores* (los ignora, no respeta, discrimina, desenraiza, cultural y físicamente); que los presentes son **educadores que están como profesores** y no personas que no tienen qué hacer y por esto trabajan en la escuela; que muchos profesores hacen de la sala del aula su puesto de **lucha por la emancipación humana** negándose a ser *brazo* ideológico del actual modelo educacional de sumisión; que no hay incompatibilidad entre **educación y formación** formal e informal; que trabajar con las ideas, haciendo cosas que gustan es una contribución vital; queremos compartir algunas ideas sobre **Educación Popular** sa-cadas del aprendizaje del CEPIS[1] junto a los movimientos populares.

Qué no es Educación popular

No es un **discurso académico** sobre un método, un producto acabado, una receta simple y mágica. No se confunde con **dinámica de grupo** *en cuanto instrumento táctico* y atractivo para *animar* personas y grupos. Las dinámicas son recursos necesarios para estimular la participación y la cooperación. No es un método *fácil* que **populariza la complejidad**, aunque haga el esfuerzo creativo de traducir conceptos abstractos en lenguaje cotidiano, metáforas y símbolos.

La Educación Popular

Es una concepción de educación que tiene:

Convicciones:
-*quien hace ya sabe,*
-*quien piensa sobre lo que hace, hace mejor, y*
-*sólo el oprimido puede liberarse y, al liberarse, libera también a su opresor.*

Posturas:
-Ser **asesoría al servicio del protagonismo** de los grupos populares, como militantes de la misma causa;
-Conocer, acompañar y contribuir en los **procesos** de lucha y organización de los oprimidos, apuntando a una transformación solidaria.

Papeles:
-el *intelectual orgánico* es un actor que no se basta, ni disputa *representación política*- se subordina, de forma comprometida, creativa y crítica, a la estrategia del movimiento popular.

¿Qué es formación / educación?

Es uno de los **instrumentos** contra la alienación. Por lo tanto:

-**No es un proceso neutro.** Sirve a una causa determinada. No se podría hablar de proceso de formación, donde los grupos no tuviesen claro sus convicciones, misión y plan concreto de actuación.
-La forma sirve para **desmontar** el sistema de dominación y atraer personas para **montar** una alternativa popular.
-El proceso de reflexión es indispensable, pero lo que más forma es el ejemplo, la **pedagogía del ejemplo**.
-No hay una forma única o modelo único de educación, ni la escuela es el único lugar donde ella acontece y, tal vez, ni sea el mejor. La enseñanza escolar no es su única práctica y el profesor profesional no es su único practicante.
En mundos diversos la educación existe de forma diferente: existe en cada pueblo y en pueblos que se encuentran, entre pueblos que someten a otros pueblos usando la educación como un recurso más de su dominación. La educación es una de las maneras de volver común, como saber, idea y creencia, aquello que es *comunitario* en cuanto

bien, trabajo o vida. Puede existir impuesta por un sistema centralizado de poder, que usa el saber y el control sobre el saber como arma que re-fuerza la desigualdad entre los hombres, en la división de los bienes, trabajo, derechos. A través de cambios sin fin, la educación ayuda a explicar, a veces a ocultar, e inculcar la necesidad de la existencia de un orden. Pensando a veces, que actúa por sí mismo, libre y en nombre de todos, el educador imagina que sirve al saber y a quien enseña, pero puede estar sirviendo a quien lo constituye profesor, a fin de usarlo para usos que se ocultan también en la educación.

Educación Popular

La Educación Popular encarna la concepción de formación en tanto proceso dialéctico de traducción, reconstrucción y creación de conocimiento en una sociedad de clases. De forma breve, se puede decir que Educación Popular es:

Un proceso colectivo y permanente de producción de conocimientos que capacita a educadores y educandos: -a leer críticamente la realidad socio-económica-política-cultural, con la intención de transformarla; -a la apropiación crítica de los fenómenos y sus raíces que ayuda en la comprensión de los momentos y de todo el proceso de la lucha de clases; -a la conciencia crítica que contribuye en la quiebra de diferentes formas de alienación, permitiendo el descubrimiento de lo real, así como su superación, la creación de una estrategia, de lo nuevo, del futuro, de la vida, siempre. No existe Educación Popular fuera de los procesos de lucha popular. Es un proceso educativo permanente como **asesoría junto** al movimiento popular, ayudándolo a concretizar sus convicciones, principios, valores y propuestas, en cada coyuntura.

La Educación Popular difiere radicalmente del *entrenamiento* o de la simple transmisión de informaciones. Significa la creación de un sentido crítico que lleve a las personas a entender, comprometerse, elaborar propuestas, y transformar(se). Es una experiencia que se realiza en las **actividades formativas** que parten de las necesidades sentidas, de las acciones practicadas y en sintonía con las diversas dimensiones de las personas envueltas. Su específico es relacionar el hacer (saber empírico) de las personas con la reflexión teórica (saber científico) e integrar la dimensión inmediata (micro) con la dimensión estratégica (macro).

Metodología de la Educación Popular

La metodología popular -**pedagogía popular**- es siempre participativa: no **para**, ni **sobre**, sino **con** las diferentes partes involucradas. Buscando superar cualquier forma de encuadramiento **o adoctrinamiento** (dogmatismo) exige el involucrarse de manera corresponsable de todos los actores, en el transcurrir del proceso. Pues todo paquete, independiente del contenido, continúa como paquete que viene desde arriba, o desde fuera. Pero, el **método popular** no es la *receta mágica* para todos los problemas del trabajo popular. Como todo método tampoco es un instrumento neutro, está siempre ligado a una visión del mundo y a un objetivo histórico concreto. La metodología popular se construye sobre la práctica de los participantes, problematizando el saber de sus prácticas, cuestionando la percepción que tienen de la acción que realizan. Requiere también el envolvimiento integral -cuerpo, mente y sentimientos- y la corresponsabilidad de todos (as) los(as) actores del proceso. Este involucrarse se traduce en forma de participación activa, disciplina consciente e iniciativa individual y creativa. Las dinámicas llevan a identificar diferencias, pero deben evitar el refuerzo de cualquier jerarquización, preconcepto o discriminación en el grupo. El proceso metodológico se realiza por la interacción de cuatro principios básicos:

- **El querer de los educadores** - El educador es un polo del diálogo -con su querer, sueños, opciones, límites y la acumulación de conocimiento de la práctica social que carga (teoría). En general, es él el que toma la iniciativa del proceso. No es el «*guía genial que hace la cabeza*», presente en el **discurso autoritario y vanguardista**, ni es el accesorio. Su tarea específica es educar, asesorar (facilitar el acceso a), ayudar a sistematizar. Entender los conceptos del *depósito acumulado de la práctica social es* condición para *desmontarlos y* recrearlos. Es verdad que la realidad influencia nuestra mirada. Pero, también contemplamos el mundo a partir de lo que creemos.

- **La necesidad de los trabajadores** - El educando es el otro po-lo con sus necesidades, ansiedades, fantasías, límites, saberes, orígenes, valores, experiencias, ritmos... No es sólo **víctima** es, sobre todo **potencial** (*con el don de ser capaz y de ser feliz*). No es depósito, cliente, objeto de manipulación; ni el sabelotodo del **discurso basista** -el *pueblo sabe lo que quiere, pero a veces quiere lo que no sabe*. En general, sus demandas aparecen como *reivindicación* dictada por las *experiencias particulares*.

- **El contexto donde se da el proceso** - La formación se produce con personas situadas, ubicadas, en una trama de relaciones económicas, históricas, culturales, religiosas, interpersonales, políticas y sociales. El diálogo educativo se realiza en este contexto estructural y coyuntural conflictivo que facilita o coloca obstáculos. La **voluntad** juega un gran papel, pero si no se toman en cuenta las condiciones objetivas, *no se puede actuar en la hora justa*. Pero, sólo actuar dentro de lo *posible*, siempre *pidiendo licencia* y sin **osadía** no produce **ruptura**, ni cambios.

- **La postura y la práctica del intercambio** - Es la relación dialéctica entre aquellos que tienen la misma causa. Las partes envueltas son protagonistas, aún ejerciendo papeles específicos de *parturienta y/o partera*, sin *utilitarismo* entre sí. En verdad, es la intensa interacción y tensión de todos con todos, influenciándose entre sí: educadores, educandos y contexto que con osadía buscan superar el voluntarismo, el posibilismo y el basismo.

Eficiencia y eficacia

Tomar conocimiento no significa tomar posición (**conciencia**) en la lucha de clases. Por esto, y siempre aliado a la capacidad de hacer propuestas justas (adecuadas a cada momento), el conocimiento científico debe estar pegado a procesos concretos de la lucha social. Una actividad formativa puede **ser eficiente** -bien realizada- y apenas generar la **euforia de lo participativo**, del acompañamiento, del diálogo. Puede revelar una postura tan autoritaria como la imposición propia de una visión mecanicista, cuando no basista. La formación popular se vuelve útil -**eficaz**- cuando es aplicada a **procesos de lucha junto a grupos que se disponen a contribuir en la transformación de la rea-**

lidad. Algunos *resultados* de la experiencia educativa pueden revelar si son eficaces, además de eficientes:
- Cuando el proceso *anima* y apasiona, porque rescata elemento de la **identidad y de la dignidad** (autoestima), las personas se vuelven **protagonistas**, capaces de andar con sus propios pies.
- Cuando moviliza porque rompe con la situación de adormecimiento, el fatalismo, y la sensación de impotencia generada por la dominación.
- Cuando aumenta el grado de conciencia-apropiación de los contenidos y del método.
- Cuando capacita, política y técnicamente a los militantes para el Trabajo de Base-actuación en la realidad a través de la experimentación directa y permanente.
- Cuando lleva a líderes, direcciones, educadores, a la multiplicación creativa y osada -y se asumen **como parte** que se compromete con la **masividad** para alcanzar la **realidad macro**.
- Cuando canaliza las legítimas resistencias de emancipación para un *Proyecto Alternativo Popular* - poder, producción, valores, ética, cultura, sin el paradigma de la desigualdad entre *superiores e inferiores*. No hacia la *inclusión capitalista*, hasta porque esta lógica es insustentable y no hay lugar para los oprimidos.

Educación popular y escuela

Si la escuela hoy, en el campo y en la ciudad, en vez de servir a los intereses de los trabajadores, sirve al orden capitalista, no deja de ser una *esquina de lucha por la dignidad humana y colectiva*. Además de esto, esperar *en la pura espera, es vivir un tiempo de espera vano*. Si no significa la Educación Liberadora, sirve como espacio para trabajos educativos que ayudan a la conciencia crítica. Para los que miran a la escuela como una forma de reconocimiento y ascenso social, ella puede, en la coyuntura actual, jugar un papel importante en la resistencia, recate de la identidad, que junto con comer, significa tener nombre, referencia, dignidad, profesión.

De la población y de los movimientos

Se espera que continúen luchando por el acceso a la escuela de buena calidad, con currículum, calendario y lenguaje adaptados a su propio modo de vida, su economía, sus creencias, sus mitos y ritmos. Al mismo tiempo, que avancen en la experimentación de escuelas alternativas que incorporen los principios de la Educación Popular en todos los niveles, inclusive el de la Universidad Popular.

De los profesores y gobiernos que son educadores

-Que reconozcan y recojan el carácter educador de los procesos populares y su pedagogía.

-Que conozcan, acompañen y se solidaricen con los procesos de lucha popular y usen estos espacios como lugar de actividades extracurriculares.

-**Que abran el espacio escolar a la presencia y actividades de los movimientos.**

Amor por el pueblo

La pedagogía popular es un **modo de hacer política** donde las personas ponen su **alma,** una **pasión cargada de indignación** contra la injusticia y de **ternura** por el pueblo. Una vez apasionada, él o la a-mante descubren un modo de agradar a la persona amada. El amor por el pueblo es pre-condición para ser educador popular. Ésta, como todas las convicciones, es una *puerta que se abre por dentro* y se manifiesta como entrega gratuita y solidaria (distinta de piedad o martirio) para que las personas se desarrollen, como gente y como pueblo. El pueblo carga muchas contradicciones y reproduce buena parte de la mentalidad dominante. Pero, además de ser más explotado, es un potencial ina-gotable de disposición y experiencias de convivencia solidaria. El educador hace de este pueblo el sentido y la razón de su existencia. Tal co-mo un artista *tiene que estar allá donde el pueblo vive, lucha, sufre, se alegra y celebra sus creencias.*

El Educador Popular, aún bajo el *riesgo de parecer ridículo, está guiado por grandes sentimientos de amor.* En la educación, no hay lugar para la mentalidad del funcionario, platea y principalmente, mercenario. Ser educador es correr riesgos para degustar la vida, por el saber (del latin sapere: saborear*).*

«Ven, vamos ahora, que esperar no es saber»

¿Vamos?

Un texto de Paulo Freire

«Si la educación sola no transforma la sociedad, sin ella tampoco la sociedad cambia. Si nuestra opción es progresista, si estamos a favor de la vida y no de la muerte, de la equidad y no de la injusticia, del derecho y no de la arbitrariedad, de la convivencia con el diferente y no de su negación, no tenemos otro camino sino vivir plenamente nuestra opción. Encarnarla, disminuyendo así la distancia entre lo que hicimos y lo que hacemos. No respetando a los débiles, engañando a los incautos, ofendiendo a la vida, explotando a los otros, discriminando al indio, el negro, la mujer, no estaré ayudando a mis hijos a ser serios, justos, y amorosos de la vida y de los otros».

Abril de 2002.

Notas

1 CEPIS es el Centro de Educación Popular del Institutos Sedes Sapientiae de Brasil. Tiene un convenio de cooperación con el Equipo de Educación Popular de la Universidad Popular Madres de Plaza de Mayo.

LA EDUCACIÓN: UN ARMA PARA LA LUCHA

Esther Pérez [1]

Intervención en el panel "Resistencia cultural e identidad" en el III Encuentro Hemisférico de Lucha contra el ALCA

La existencia de este panel en un evento sobre el ALCA indica que ya sabemos cosas que no sabíamos u habíamos olvidado y que son las que nos convocan hoy aquí a debatir sobre la dimensión cultural de nuestras luchas y nuestras esperanzas:

1.- No será posible la nueva sociedad sin un cambio radical de los seres humanos, cambio que será tan prolongado y angustioso como el propio período de la transición.

2.- Se trata de cambios que no pueden posponerse para «etapas» posteriores, sino que tienen que simultanearse con las tareas urgentes de la construcción económica, la defensa, la transformación de las instituciones, etc.

3.- El capitalismo en esta nueva fase expansiva también lo sabe. Por eso multiplica la guerra cultural en busca de los consensos de los dominados, y ahora que ya no distribuye riqueza ni hace promesas, pone sus fuerzas en la tarea de crear un sentido común: el de que nada, o por lo menos nada básico, puede cambiar. Y para eso intenta y logra inficionar con sus productos y las relaciones sociales que propone las culturas que intentamos defender.

En otras palabras, el campo de la cultura, de toda la cultura (la manera en que trabajamos, nos relacionamos, lo que consumimos en el tiempo de ocio, lo que pensamos deseamos y sentimos) es un campo de disputa, de combate, de guerra, que complementa y condiciona nuestras reacciones ante la guerra de las armas y la guerra del hambre.

Estas cosas ya las sabemos, y felizmente ya pasó la etapa de la mayor confusión. Cada uno, cada una de quienes estamos aquí realiza, desde su lugar, esfuerzos no meramente para defendernos, o para ser focos de resistencia, sino para tratar de revertir el curso de esa guerra con las armas que vamos forjando en nuestros medios alternativos, nuestro cine siempre pobre y siempre presente, nuestra música de trovadores, rockeros, raperos...

Pero yo quiero hablarles de una dimensión de esa guerra, de un instrumento de combate tan viejo que no puedo recordar ningún movimiento social o político que no haya tratado de acompañarse por él, y que también hace falta considerar en esta batalla cultural. Me refiero al instrumento de la educación. Aquí algunas preguntas son básicas:

¿Cómo formar sujetos que no se acomoden a «la sumisión al pensamiento dominante y no estén mutilados en sus posibilidades de convertirse en actores históricos y agentes transformadores de la realidad»?

¿Cómo tendría que ser la educación que fuera un instrumento para la liberación confrontada a «los mecanismos de mercado, la alta tecnología y los medios masivos de comunicación»?

Esas preguntas han estado han estado en el fondo de la indagación de una de las estrategias compartibles que nos reclama el documento base de esta discusión, y que se ha venido elaborando y practicando en la América Latina desde hace décadas. Me refiero a la Educación Popular, o educación liberadora, o educación dialógica o del oprimido —que con todos esos nombres se la conoce—. En campamentos y asentamientos de los trabajadores rurales sin tierra, fábricas tomadas por los obreros en Argentina, barrios cubanos, municipios zapatistas, comunidades eclesiales de base: en montones de lugares latinoamericanos, tercamente, acompañando los triunfos y los reveses del movimiento popular en estas décadas se han ido creando las herramientas de esta educación. ¿Cuál es su propuesta? Pues una propuesta que parte de lo existente para poder trascenderlo:

1.- Frente a una educación que se dice neutra y que incluye sólo los contenidos jerarquizados como «el saber necesario», igual para todos, propone la inclusión de todos los saberes que necesitamos y que se excluyen elitistamente de las aulas donde se reproduce la hegemonía de la clase dominante. Para poner sólo un ejemplo, la Universidad de las Madres de Plaza de Mayo realiza talleres de formación de los trabajadores de las empresas tomadas, de los trabajadores desocupados, a partir de la práctica de estas formas de lucha asumidas por obreros y obreras argentinos.

2.- Frente a una educación que enseña que «lo que es, será», que «lo que es, es la única realidad», propone una educación que desnaturaliza e historiza las relaciones sociales, y enseña que nuestros sueños y esperanzas son también parte de la masa de lo real. Y así, en los asentamientos del MST, los niños y niñas aprenden que el latifundio brasileño no es inmutable, sino que la propiedad de la tierra puede llegar a ser de quienes la conquistan y la trabajan.

3.- Frente a una educación que fragmenta por estratos y grupos, que divide entre cultos e incultos, estimula una educación que alimenta la articulación de las fuerzas populares en cientos de espacios latinoamericanos donde participan juntos los doctores, los campesinos, las mujeres de las villas, los trabajadores y los desempleados, los jóvenes organizados, los y las homosexuales, para ir dibujando entre todos el mundo mejor donde quepan muchos mundos.

4.- Frente a una educación que hace sujetos funcionales al sistema de la dominación, de mentalidad tecnocrática, tuercas de una maquinaria centrada en el lucro, llenos de respuestas a preguntas que nunca formularon, pasivos, se empeña en la formación de sujetos críticos, capaces de pronunciar la palabra que ya no está presa de las imágenes y las ideas que colonizan las mentes y las voluntades. Y esto sucede en los espacios de Educación Popular desde México hasta Chile, donde aprendemos a remover máscaras y a examinar nuestras culturas para ver cuánto tienen de acomodo a la dominación y cuánto de resistencia y lucha, y a desmitificar lo que nos venden como progreso.

5.- Frente a una educación que profundiza el individualismo y la competencia en un mundo dividido entre incluidos y excluidos, en la que el mensaje fundamental es pelear contra el otro o la otra para ser uno de los incluidos, propone una educación que fomenta el aprendizaje grupal y que dice que entre todos y todas aprendemos más y mejor, y que así es posible que todos quepamos en el mundo.

La Educación Popular, en resumen, es un pensamiento y una práctica pedagógicos, con décadas ya de experiencias prácticas en nuestra América, que asume que no hay educación neutral, sino que toda educación es política, esto es, que se educa para la colonización mental o para liberarse leyendo no sólo el alfabeto, sino el mundo. Y que al asumirlo, se propone como el proyecto de pedagogía de los oprimidos, proyecto por definición incompleto, que se va construyendo a la par de nuestros reveses, victorias, avances y retrocesos, de los cambios que seamos capaces de producir en nuestras organizaciones y nuestra vida cotidiana.

Tres cosas más que quiero comentarles a partir de mi trabajo durante diez años como educadora:

I.- La primera es que la pregunta más frecuente que me hacen, sobre todo compañeros y compañeras de otros países, es por qué necesitamos Educación Popular en Cuba. Y la verdad es que ya Paulo Freire sabía que la Educación Popular no es una educación compensatoria para los que el sistema educativo formal arroja de sus aulas sistemáticamente, sino la dimensión educativa del largo proceso de transición, que no se termina con un triunfo popular, sino que simplemente comienza una nueva fase. Sabía que los ideales de «buena vida» del capitalismo pueden reproducirse más allá del desmontaje o eliminación de relaciones de explotación económicas y otras instituciones de opresión que es efectuado por un poder revolucionario, y también que esas relaciones e instituciones capitalistas pueden empezar a cuestionarse y erosionarse en la práctica antes de que se tenga el poder necesario para efectuar esa eliminación. Por eso, mi primera respuesta a esos compañeros y compañeras suele ser que ya se darán cuenta, cuando triunfe el socialismo en sus países, que entonces es que les hace más falta la Educación Popular, porque es entonces que tiene que desplegarse con más ímpetu la creatividad y la conciencia de que se es actor social de la sociedad en que se vive, y eso lo tenemos que hacer los hombres y mujeres que hemos introyectado el mando y la dominación. La Educación Popular, antes y después de un triunfo revolucionario, debe ser la dimensión educativa de una cultura opuesta y **diferente** al sentido común, las prácticas, las instituciones, las relaciones del capitalismo. Y ésa es una tarea prolongada y no lineal.

2.- La segunda es que la Educación Popular latinoamericana es ya una de las instancias de la integración continental que anhelamos. A lo largo de estas décadas los educadores y educadoras latinoamericanos hemos creado articulaciones y espacios que nos han permitido aprender unos de otros y conocer más esa diversidad común que somos. Y esta instancia práctica de integración es sumamente importante, como saben ustedes, los que en cada uno de sus campos hacen lo mismo, ahora que el imperialismo norteamericano, una vez más, tiene para nosotros un proyecto de América Latina que de nuevo nos unce a su carro.

3.- Lo tercero es que en esta sala, en la que presumo que hay pensadores sociales y artistas, escritores y periodistas, quiero dejar dicho que sus películas y sus canciones, sus poemas y sus novelas han sido, son, materiales que usamos en nuestras experiencias educativas. Es necesario seguir uniendo arte y educación, no porque el arte se haga didáctico, sino porque a menudo el arte explora más profundo y ve más lejos, y porque el pan y la belleza tienen que tener amores e ir de la mano. Y hay que seguir uniendo el pensamiento social producido por nosotros con la educación popular, para que sea alimento de millones y verdad socializada, y también para educarnos todos, pensadores sociales, educadores, obreros, campesinas, artistas, creadores, en la forja de una educación nueva que sea anuncio e instrumento en las batallas por ese mundo posible que no existe aún, pero que ya está aquí, entre nosotros.

1. Esther Pérez es educadora popular cubana.
Edita la revista Caminos, del Centro Martin Luther King Jr.

PAULO FREIRE EN EL CRUCE DE CAMINOS

Claudia Korol

Conocí a Paulo Freire en los comienzos del año 93, cuando le hice una entrevista en la que, con un entusiasmo recién estrenado me contó los contenidos esenciales de su reciente libro: **Pedagogía de la Esperanza**. Eran tiempos oscuros, en los que asistíamos a variadas deserciones que reproducían las profecías sobre el fin de los sueños. La desesperanza marchitaba rápidamente las pasiones. Se consideraba normal la fuga masiva de los ideales, y casi como un destino inevitable los renunciamientos. Se anunciaba el eterno presente y futuro del capitalismo neomaquillado de liberalismo. La desconfianza carcomía los corazones y las conciencias. El triunfo del capitalismo era, sobre todo, un hecho cultural. Valores, ideas, sentido común, conciencia, se volcaban a favor de la reproducción del sistema y de su dominación, fundada en la despedazada voluntad de sus opositores y en la creencia de que se encontraban frente a enemigos invencibles, a quienes sólo restaba servir y adorar. La «maldición de Malinche» se repetía una vez más en estas tierras, en las que se anunciaba sin pudor nuestras «relaciones carnales con el imperio».

Cuando conocí a Paulo, ese viejo entusiasta e irreverente, un soplo de frescura alentó mi búsqueda de seguir creyendo sin creencias, de seguir soñando sin pesadillas. Paulo «estaba» optimista, o mejor aún, «era» optimista. El suyo no era un optimismo ingenuo. Nacía de su arraigado pensamiento dialéctico, que lo llevaba a desconfiar de las proclamas sobre el fin del movimiento de la historia. Nacía de su opción vital por los oprimidos, con quienes construyó su pedagogía emancipadora.

Paulo Freire acababa de realizar una autocrítica pública de sus creencias. En el libro **Pedagogía de la Esperanza** revisó los contenidos de su obra **Pedagogía del Oprimido** a la luz de los 25 años transcurridos, polemizando consigo mismo, con sus críticos, y con las experiencias producidas. Volví a verlo unos años después, en un encuentro con educadores populares. Conversamos sobre las nuevas experiencias que se estaban realizando en América Latina. Escuchaba con mucha atención. Se entusiasmaba y compartía con nosotros sus últimas ideas. Era un gran conversador, pedagogo del diálogo, del crecimiento mutuo en el encuentro vital que anima las experiencias militantes. Conversamos sobre el lugar del amor y de la rabia en la vida y en la militancia. Disparaba una risa ancha hacia aquellos que años atrás lo habían criticado por no ser «suficientemente marxista» y que en estos años se alejaban del marxismo como quien huye de la peste.

Paulo rescataba la esencia dialéctica del marxismo, su método de análisis de la sociedad, en una línea que lo acercaba al marxismo de Gramsci, con quien decía haber «intimado» en la lectura de los **Cuadernos de la Cárcel,** al marxismo del Che, de quien destacaba el valor pedagógico de la estricta coherencia entre teoría y práctica; al pensamiento del líder de la liberación africana Amílcar Cabral, de quien admiraba su acción político pedagógica de lucha cultural como factor esencial en la emancipación de los pueblos coloniales. Paulo proponía una pedagogía hecha con rabia, con indignación y con esperanza, para seguir siendo, en el tiempo actual, pedagogía del oprimido, pedagogía emancipadora, y no una propuesta educativa de domesticación de los agredidos por el sistema.

Sistematizar las experiencias

También los educadores populares debemos dar pasos firmes, sobre la base de nuestra crítica y autocrítica colectiva, en la sistematización de la rica experiencia producida en las últimas décadas en América Latina. En este andar, la educación popular sufrió avatares similares a los que conmovieron, en los finales del siglo 20, a los pueblos de nuestro continente. Reconociendo sus orígenes en el pensamiento y en la práctica promovida por Paulo Freire, la educación popular en su caminata ha ido sumando enfoques teóricos y prácticos, nutriéndose del análisis crítico que surge de las mismas.

En nuestro país, ha impregnado las experiencias de alfabetización en los años 60 y 70, siendo desarrollada por las comunidades eclesiales de base e integrada naturalmente en la formación de algunas organizaciones políticas populares. Una parte de estas experiencias fueron cooptadas a partir de los años 80 y 90 por las políticas del sistema, y muchos de sus cuadros fueron integrados -al igual que tantos ex izquierdistas- en la «renovación» del sistema educativo que reproduce la dominación, y en la elaboración de sus programas monitoreados por el Banco Mundial. Muchas veces en estos programas se menciona a Paulo Freire, se incluyen sus textos, en una operación en la que escinden su concepción liberadora de aspectos parciales del método, disociando objetivos, metodología y técnicas.

En los grupos que han seguido sosteniendo la concepción y práctica de educación popular, en las complejas condiciones actuales, se advierten dificultades relacionadas con los altos niveles de fragmentación existente en este campo, que condicionan y limitan los esfuerzos, situación que se agudiza por la ausencia de alternativas populares que los proyecten con mayor eficacia. Hay déficits en la elaboración teórica, caídas basistas y programas ligados al asistencialismo, de acuerdo con las propuestas que financian prioritariamente las ONGs.

Se nos plantea la necesidad de profundizar el debate y el encuentro entre las diversas experiencias. La educación popular, en los inicios del siglo 21, está necesitada de una refundamentación multidisciplinaria, que permita nutrirse del pensamiento social más avanzado, para alcanzar la posibilidad de formar militantes que superen las tradicionales dicotomías que se establecieron entre teoría y práctica, ideología y política, lo político y lo social, la investigación y la educación, la formación filosófica, la económica, y una manera difundida de «educación» que tiende a reducir la política al adoctrinamiento. La labor pedagógica de los oprimidos obliga a interpretar al mundo tal cual es, en sus dimensiones macro y micro, objetivas y subjetivas, en sus interrelaciones. Por eso toda tentativa de simplificación otorga ventajas a quienes han hecho del conocimiento una de las armas poderosas en las que sostienen su poder.

Encuentro con el mundo

Resultan sorprendentes los variados caminos por los que el conocimiento se va abriendo paso en la experiencia de los pueblos. Especialmente interesante es analizar cómo -en tiempos de pragmatismo a ultranza, en los que la cultura capitalista hace del «realismo» el leit motiv de su programa- los movimientos populares emergentes, asumen posiciones de rescate de los ideales, de los valores, de los objetivos finales transformadores, en las prácticas cotidianas y como programa.

Resulta difícil, en esta época en que se rematan las conquistas de los trabajadores y se devalúan todos y cada uno de los derechos, pensar en reformas parciales del sistema o proponer como meta una hipotética Tercera Vía o, lo que es sinónimo, una «humanización del capitalismo». Quien conoce las tendencias fundamentales con que se desarrolla el capitalismo en las condiciones concretas de su trasnacionalización y globalización, sabe que estas propuestas no tienen mayor sustento que la de un efecto propagandístico.

La internacionalización del capital permite realizar un tipo de movimientos financieros que fragiliza las posibilidades de conquistas locales, regionales o nacionales duraderas de los trabajadores. Afecta también esta posibilidad, el hecho de que la corrupción ha permeado los diferentes niveles del aparato del Estado, volviendo a sus agentes en fundamentalistas del statu quo y en rehenes de sus estafas. La corrupción y la impunidad son dos caras de la misma moneda, y un factor que acentúa la crisis de representatividad del conjunto del sistema político.

Se vuelve imprescindible asumir la creación de un nuevo hombre, de una nueva mujer, opuestos en valores, concepciones y prácticas, al hombre consumidor, a la mujer alienada, a los seres humanos explotados, agredidos, excluidos por el capitalismo y por la opresión que im-pone la sociedad patriarcal. Estas tareas son paralelas a la lucha por la creación de una nueva sociedad y un nuevo paradigma civilizatorio, cuya construcción convoque no sólo a aquellos agredidos por el sistema, sino también a quienes se sienten ofendidos ética e intelectualmente por la degradación humana que supone aceptar la cultura capitalista y el patriarcado. Frente a una cultura que legitima guerras de exterminio, que engendra neofascismos, que legitima las discriminaciones y las exclusiones, que degrada los valores que nos vuelven humanos y humanas, y obliga a quienes la aceptan a rendir honores al altar monoteísta del mercado; necesitamos recrear una cultura de la rebeldía, de la resistencia, de la memoria, de la solidaridad, de la diversidad, de la crítica, de la libertad.

En este contexto los programas populares se hacen más internacionalistas y comienzan a insinuarse nuevas redes de articulación de las demandas, como lo expresó el Foro Social Mundial reunido en Porto Alegre, que dio continuidad a las protestas de Seattle, Washington y Praga. En aquel evento en el que convergen trabajadores, campesinos sin tierra, desocupados, militantes de derechos humanos, feministas, indígenas, gays lesbianas, travestis, religiosos, ecologistas, estudiantes, discapacitados, junto a intelectuales, artistas, políticos, parlamentarios, se constata la diversidad de corrientes capaces de confluir en la resistencia al pensamiento único y al pretendido nuevo orden mundial.

Experiencias latinoamericanas

Junto a la recreación de un paradigma internacionalista, los movimientos emergentes han debido recurrir a la batalla por crear un «hoy vivible cotidianamente» para quienes se constituyen como sujetos de la acción impugnadora. La movilización de los agredidos y agredidas por el neoliberalismo, no puede reducirse a programas políticos que prometen la buenaventura para un hipotético futuro. Debe producir, simultáneamente, transformaciones en la vida cotidiana, que permitan rescatar las dimensiones que nos constituyen como seres humanos y humanas, y en consecuencia como sujetos históricos con posibilidades de asumir nuestros propios destinos. Este camino tiene diferentes respuestas entre los movimientos populares.

En la experiencia zapatista, resuenan conceptos que reinventan, desde su identidad y su memoria histórica, una pedagogía emancipadora. El surgimiento del zapatismo da cuenta de un sostenido proceso de constitución de un conjunto de pueblos excluidos como sujeto histórico. Es un movimiento en el que la dimensión pedagógica es una herramienta de resistencia cultural, tanto para el reconocimiento de estos pueblos en su identidad, en su memoria, como para elaborar un proyecto capaz de convocar no sólo al grupo original, sino a un conjunto de fuerzas agredidas por el poder. En esta práctica histórica, se vuelve fundamental la modificación de la histórica relación educador-educando, que se traduce en la posibilidad de que el movimiento aprehenda la experiencia contenida en la cultura de resistencia maya, e integre tanto las lecciones nacidas de la praxis revolucionaria del último siglo, como los nuevos paradigmas en debate en las ciencias sociales. Los textos del subcomandante Marcos, han logrado interpelar al pensamiento social, con conceptos que cuestionan aparentes verdades reveladas, y al mismo tiempo ha podido dialogar con los intelectuales y con los movimientos sociales, en una pedagogía de aprender enseñando, y de crecer en el esfuerzo mismo de creación de esta interlocución. Las cartas y posdatas de Marcos, son parte de una acción político pedagógica, que construye puentes y sostiene diálogos con interlocutores concretos y con todos aquellos que se identifican con los mismos, abordando de manera original los más variados problemas que enfrentan los pueblos en su lucha milenaria por la felicidad. Vale la pena mencionar, como parte de estos esfuerzos, los programas de promoción de una nueva escuela y de nuevos maestros realizados por el EZLN en las zonas bajo su influencia.

Otra experiencia latinoamericana que ha acentuado la dimensión pedagógica de la resistencia es la del Movimiento Sin Tierra de Brasil, que agrega a su lema y guía de acción: «Ocupar, Resistir, Producir»; el «Educar», tarea que abarca a sus miles de militantes, y a las familias que habitan en sus asentamientos, desarrollando un audaz proyecto de escuelas del campo, al mismo tiempo que escuelas de formación de militantes abiertas a campesinos de todo el continente.

Es necesario mencionar la proyección de la experiencia de las Madres de Plaza de Mayo, que aprendieron del legado de sus hijos, y proyectaron este aprendizaje en un nuevo esfuerzo: la creación de la Universidad Popular Madres de Plaza de Mayo. Crecieron con la ausencia-presencia de sus educadores, que les enseñaron valores como la dignidad, la solidaridad, y la ética de la entrega. Nacieron como sujeto histórico, negando la negación producida por el poder de sus hijos, como sujetos constituyentes de un movimiento revolucionario. Educadas en esta ausencia, se volvieron sujetos presentes de un nuevo proyecto de resistencia cultural que asume, como premisa, y como consecuencia de esta misma dolorosa experiencia, la necesidad de aportar a la formación sistemática de los militantes populares.

En la experiencia de algunas corrientes del feminismo, encontramos también una rica experiencia de ejercicio del diálogo, como forma de reconocimiento y crecimiento, en la creación de un proyecto que vincula las batallas contra el capitalismo y el patriarcado. En las prácticas que vienen desarrollándose en los movimientos de trabajadores y trabajadoras desocupadas, en las empresas recuperadas por las obreras y obreros, en los movimientos campesinos e indígena, en las barriadas populares, hay un camino que va recorriéndose en el que la identificación de las múltiples dominaciones permiten crear e inventar nuevas modalidades de la resistencia. La feminización de la resistencia, como contracara de la feminización de la pobreza multiplicada por el capitalismo, no es una respuesta mecánica, sino obra de la conciencia construida en el andar, por generaciones de feministas.

La educación popular, como creación contrahegemónica

En las diferentes experiencias mencionadas se alude a un concepto esencial de toda praxis revolucionaria, que es su dimensión pedagógica. La formación política de los militantes ha sido asumida -en muchas oportunidades- desde una propuesta similar a la que reproduce la dominación. Se han establecido desde algunos proyectos que se consideran a sí mismos como revolucionarios, enfoques de carácter «iluminista», que aspiran a «enseñar» a los pueblos el camino de su liberación, desconociendo sus propios saberes, la experiencia popular acumulada, y depositando el conjunto del conocimiento en la «organización» autoproclamada como vanguardia. La otra manera, antagónica, es la que propone Paulo Freire en su **Pedagogía del Oprimido,** cuando expresa: «*La educación liberadora, problematizadora, ya no puede ser el acto de depositar, de narrar, de transferir o de transmitir conocimientos y valores a los educandos, meros* pacientes, como lo hace la educación bancaria, sino ser un acto cognoscente. Como situación gnoseológica, en la cual el objeto cognoscible, en vez de ser el término del acto cognoscente de un sujeto, es el mediatizador de sujetos cognoscentes, educador, por un lado; educando por otro. La educación problematizadora antepone, desde luego, la exigencia de la superación de la contradicción educador-educando. Sin ésta no es posible la relación dialógica, indispensable a la cognoscibilidad de los sujetos cognoscentes, en torno del mismo objeto cognoscible».[1]

Esta posición alude a uno de los enfoques básicos de Marx en su polémica con el materialismo vulgar de Feuerbach. En la Tercera Tesis sobre Feuerbach, Marx afirmaba: «*La teoría materialista de que los hombres son producto de las circunstancias y de la educación, y de que por lo tanto los hombres modificados son producto de circunstancias distintas y de una educación distinta, olvida que las circunstancias se hacen cambiar precisamente por los hombres y que el propio educador necesita ser educado*». Enfatizaba en esta tesis dos conceptos: el rol de la subjetividad en la creación histórica, y la dialéctica educador-educando en el proceso pedagógico.

Queda cada vez más claro, en este tiempo, el papel preponderante de la batalla cultural en los esfuerzos de creación de una contrahegemonía del movimiento popular. Por ello resulta fundamental la reelaboración del pensamiento gramsciano, sus aportes en el terreno específico pedagógico, y sus enfoques sobre las relaciones entre cultura y política, y el papel de los intelectuales en la creación de la hegemonía. Precisamente en esta línea de análisis señalaba Antonio Gramsci: «*El rasgo esencial de la más moderna filosofía de la praxis lo constituye precisamente el concepto histórico-político de hegemonía... Este problema del logro de una unidad cultural-social sobre la base de una común y general concepción del mundo, puede y debe aproximarse al planteamiento moderno de la doctrina y de la práctica pedagógica, según la cual el rapport entre maestro y alumno es un rapport activo, de relaciones recíprocas, por lo que todo maestro sigue siendo alumno y todo alumno es maestro... Toda relación de hegemonía, es necesariamente un rapport pedagógico y se verifica no sólo en el interior de una nación, entre las diferentes fuerzas que la componen, sino en todo el campo internacional y mundial, entre conjuntos de civilizaciones nacionales y continentales».*[2]

El concepto de hegemonía de Gramsci, fue insuficientemente elaborado por aquellas concepciones de lucha social que enfatizan el momento de la confrontación entre los bloques de clases ya constituidos como tales, por sobre la labor de su constitución histórica. Paradójicamente, ha sido asumido por proyectos políticos que pretendieron, a partir de este concepto, subestimar en la lucha política el momento de ruptura y de revolución social. Esto generó, por un lado, políticas sectarias, con poco impacto y posibilidad de transformación de la realidad, y por otro políticas reformistas, que suponen acumulaciones graduales, y un proceso evolucionista de desarrollo histórico que niega el momento revolucionario. En los esfuerzos de educación popular es imprescindible reelaborar el concepto de hegemonía, así como asumir un sistemático análisis de las relaciones de fuerzas que nos permita elaborar estrategias aptas para la creación de los nuevos bloques históricos capaces de llevar adelante un proyecto contrahegemónico de poder popular.

Decía también Gramsci: *«El problema fundamental de toda concepción del mundo, de toda filosofía que se haya convertido en movimiento cultural, en una «religión», una «fe», es decir, que haya producido una actividad práctica y una voluntad y esté contenida en ellas como «premisa» teórica implícita (una «ideología» podría decirse si al término ideología se le da precisamente el significado más alto de una concepción del mundo que se manifiesta implícitamente en el arte, en el derecho, en la actividad económica, en todas las manifestaciones de vida individuales y colectivas) -es el problema de conservar la unidad ideológica en todo el bloque social, cimentado y unificado precisamente por esa determinada ideología».*[3] Este análisis nos conduce a replantear el rol de los intelectuales en la constitución de un nuevo bloque político social. Para ello necesitamos cuestionar la preeminencia en la labor intelectual de prácticas que se alejaron de la vida cotidiana de los movimientos populares, refugiándose en las academias, en las ONGs, en los centros que ofrecen financiamiento, estableciendo los contenidos de su trabajo de acuerdo con las «agendas de debate» trazadas desde los centros mundiales de reproducción de la ideología. Es también el requerimiento de plantear el carácter del intelectual orgánico de un movimiento popular, en condiciones en que estos se encuentran atravesados por una crisis de inorganicidad.

La educación popular apunta a integrar la reflexión intelectual, con el saber popular acumulado en la praxis social. En un tiempo en el que la fragmentación atraviesa a los sujetos históricos de la transformación del mundo, la posibilidad de aproximar síntesis que favorezcan una mayor comprensión de esta realidad y de su capacidad de transformarla debe asumir el esfuerzo de creación colectiva de conocimientos, que es fundante en los enfoques de la educación popular. Señala Gramsci: *«El error del intelectual consiste en creer que se puede saber sin comprender, y especialmente sin sentir y ser apasionado (no sólo del saber en sí mismo, sino por el objeto de saber), eso es que el intelectual pueda ser tal (y no un puro pedante) siendo a la vez distinto y distanciado del pueblo-nación, es decir, sin sentir las pasiones elementales del pueblo, comprendiéndolas y luego explicándolas y justificándolas en la situación histórica en cuestión, y relacionándolas dialécticamente con las leyes de la historia, con una superior concepción del mundo, científicamente y coherentemente elaborada, con el «saber».* No se hace política historia sin esta pasión, es decir, sin esta *conexión sentimental entre intelectuales y pueblo-nación. En ausencia de tal nexo, las relaciones del intelectual con el pueblo-nación son o se reducen a relación de orden puramente burocrático, formal; los intelectuales se convierten en una casta o un sacerdocio (denominado centralismo orgánico)... Si la relación entre intelectuales y pueblo-nación, entre dirigentes y dirigidos -entre gobernantes y gobernados- está dada por una adhesión orgánica en la que el sentimiento-pasión deviene comprensión y por tanto saber (no de un modo mecánico, sino viviente), sólo entonces se da una relación de representación, y se produce el intercambio de elementos individuales entre gobernantes y gobernados, entre dirigentes y dirigidos, esto es, se realiza la vida de conjunto que es, exclusivamente, la fuerza social; se crea el «bloque histórico».»* [4]

El concepto de pasión ha sido sistemáticamente deslegitimado por prácticas intelectuales que basadas en un fuerte racionalismo, conducen en la política concreta al «posibilismo». En muchos casos, la pasión es tildada de «voluntarismo». En esta perspectiva, resulta difícil la comprensión de las motivaciones inherentes a la subjetividad popular, atravesada como está por la crisis de identidad, la desesperación de la sobrevivencia, la pérdida de referencias históricas, una capacidad acumulada de resistencia, la indignación frente al desafío cotidiano que provocan la corrupción y la impunidad de las élites. Las incomprensiones, ahondan las distancias entre las conductas de estos movimientos y aquellos intelectuales que los analizan desapasionadamente, sin una profunda identificación con sus dolores y urgencias. La educación popular propone la reflexión «desde los movimientos populares», desde su praxis, su memoria histórica, sus necesidades, y los procesos en los que se va constituyendo un nuevo bloque histórico social que altera los lugares conocidos de los grupos sociales que los integran. Busca un diálogo entre ese «pensar desde los movimientos populares» y el saber que se construye en otros ámbitos de investigación y elaboración ideológica como aporte al autorreconocimiento de los movimientos populares, a su auto-organización, y a la recreación de su identidad, basada en la reflexión sobre su práctica, en la confrontación de la misma con la teoría acumulada en la experiencia histórica, intentando identificar la introyección de la dominación en el seno mismo de las conciencias y los sentires de los oprimidos. *«Sólo cuando los oprimidos descubren nítidamente al opresor, y se comprometen en la lucha organizada por su liberación, empiezan a creer en sí mismos, superando así su complicidad con el régimen opresor. Este descubrimiento, sin embargo, no puede ser hecho a un nivel meramente intelectual, sino que debe estar asociado a un intento serio de reflexión, a fin de que sea praxis»*[5] insistía Paulo Freire.

Paulo Freire y Pichon Riviére

Estos han sido tiempos especialmente complejos para la formación y constitución de grupos. El impacto disgregador de la cultura del capitalismo afectó los lazos de solidaridad, confianza, y la posibilidad de afirmación de esfuerzos colectivos. Es por ello que se hace necesario avanzar en la integración de los enfoques de Enrique Pichon Riviére en la experiencia de educación popular, a fin de consolidar los aspectos que hacen a la dinámica de los grupos, a los roles, y a su lugar en los procesos de aprendizaje, así como a una mejor comprensión de los seres humanos y del lugar de la vida cotidiana en la creación de su subjetividad. Refiriéndose a la convergencia entre el pensamiento de Pichon Riviére y Paulo Freire, subrayaba Ana Quiroga en un encuentro realizado con el propio Paulo: «*...en los desarrollos que en la actualidad hacemos los discípulos de Pichon-Riviére está presente el pensamiento de Paulo Freire. ¿En qué aspectos se complementan? Pichon-Riviére hace una reflexión desde un camino, su punto de partida es diferente, su punto de partida fue la indagación sobre la enfermedad mental. Desde reflexionar qué significaba la enfermedad mental como trastorno del aprendizaje, pasa a comprender qué sucede con el proceso de aprendizaje ... El aprendizaje es un problema político, el conocimiento es un problema político porque lo que nos constituye a nosotros como sujetos cognoscentes es ser sujetos de una praxis... Las limitaciones a esta posibilidad de ser sujetos cognoscentes están fundamentalmente marcadas desde el orden social. Ese orden social se internaliza y se transforma en un obstáculo interno o en una posibilidad interna, porque el orden social puede ser facilitador u obstaculizador... ¿Por qué este orden social está dentro nuestro internalizado y generando modelos internos del aprender, generando un modo de encuentro entre el sujeto y el mundo? Creo que en la respuesta a esta pregunta convergen las dos teorías. Todo sistema de relaciones sociales necesita, para garantizar su continuidad y desarrollo, generar el tipo de sujeto apto para reproducirlo, el tipo de sujeto con formas de sensibilidad, métodos de pensamiento, modelos conceptuales, formas de conciencia, que puedan llevar adelante esas relaciones sociales... El método grupal que plantea Pichon-Riviére apunta a ofrecer una posibilidad de confrontación de los modelos internos del aprender y una posibilidad de continencia y elaboración de la movilización profunda que implica cuestionar nuestra identidad como sujetos cognoscentes... Creo que tanto el pensamiento de Paulo como el pensamiento de Pichon-Riviére son, en esta Latinoamérica, en estos países subdesarrollados, un reclamo a que las formas de encuentro entre sujeto y realidad sean más libres, más abiertas, más creativas, a que nos asumamos -con todas nuestras posibilidades- como sujetos cognoscentes... ¿Qué lugar tiene la necesidad del sujeto en ambas teorías? Todo el lugar. Lo que se trata es de* *romper la enajenación sistemática que, como sujetos del conocimiento, nos plantea el sistema educativo en el que estamos inmersos y más aún, el sistema de relaciones sociales en el que estamos inmersos»*[6].

El diálogo entre la psicología social y la educación popular, y más precisamente, la reflexión común sobre las prácticas, realizadas entre educadores populares y psicólogos sociales, puede aportar nuevas ideas y reflexiones en la creación y organización de los movimientos populares, que cada vez más recurren a estas herramientas para su propia construcción. Esto obliga a una sistemática crítica de los roles asumidos por los colaboradores de los movimientos que intervienen desde sus conocimientos específicos, de manera de no reproducir una manipulación, o una subordinación a estos saberes.

Algunas aproximaciones

¿Qué elementos incorpora la educación popular en los esfuerzos de creación de una contrahegemonía? Quiero subrayar algunos enfoques:

1) El lugar que le da a la subjetividad en la lucha liberadora.
Nos estamos planteando formar la mujer nueva, el hombre nuevo, en las sociedades posmodernas, invadidas por la propaganda alienante, la cultura del consumo por el consumo, de la corrupción grande y la pequeña, casi invisible, de la impunidad, del egoísmo. Es una batalla cultural de dimensiones gigantescas. Estamos pensando en una política de formación de militantes, que vincule activamente las ideas del cambio, con los sentimientos y las convicciones que puedan fortalecer la posibilidad de que las transformaciones sociales, culturales y políticas se realicen. Esto requiere ser más concientes de la di-mensión histórica de la subjetividad en la lucha liberadora, que abarca no sólo la creación de lazos solidarios imprescindibles para la constitución de un bloque histórico, sino también la forja de una identidad de resistencia que favorezca el reconocimiento de quienes sufren la opresión en diversas formas, no sólo las que se originan en la explotación económica, sino también las diversas maneras con que se ejerce la dominación. Es imprescindible que la batalla por la crea-

ción de una conciencia nueva sea acompañada por una apertura a nuevos sentimientos, a nuevas sensibilidades, que posibiliten superar las rigideces que la cultura de la dominación introyectó en el saber popular e incluso en las organizaciones revolucionarias. Esto requiere un esfuerzo sistemático para desterrar de nuestras relaciones personales, y en la vida de nuestras organizaciones, los enquistamientos autoritarios, burocráticos, las prácticas machistas, todas las formas de discriminación de la diversidad ideológica, étnica, sexual, religiosa.

2) El rescate de la concepción dialéctica.
La propuesta de educación popular que asumimos se basa en la concepción metodológica dialéctica. La capacidad de analizar el movimiento de la sociedad, de las ideas, en su contradicción, en su inacabamiento, en su dinámica, permite actuar sobre las tendencias nacientes, y favorecer todo lo que en ellas exista de favorable a los intereses y a las necesidades populares.

3) Sistematización de la relación práctica-teoría-práctica.
En la experiencia de educación popular que estamos desarrollando, intentamos partir de la práctica social de los grupos sociales en su devenir histórico, para desde allí interpelar la teoría y enriquecerla, con el fin de ser más eficaces en la transformación de la realidad. En esta relación vamos aportando a la creación colectiva de conocimientos imprescindible para los desarrollos de la teoría.

4) Una concepción democrática sobre la creación colectiva de conocimientos.
Esta concepción rompe el esquema que establece que en un lugar está el saber y en otro la ignorancia. En la práctica educativa intentamos no sólo socializar conocimientos, sino crear nuevos saberes. El cambio de este enfoque tan arraigado en la educación tradicional es también una práctica desalienante, con relación a aquellos criterios de educación autoritaria, que refuerzan consciente o inconscientemente los mecanismos de dominación.

5) El lugar de la vida cotidiana en la transformación de la subjetividad del movimiento revolucionario, del movimiento popular.
Esta esfera, la de la vida cotidiana, que es aquella en la que se

forman los valores y las ideas motrices de los seres humanos, fue generalmente despreciada por las organizaciones políticas, o asumida de manera muy compleja. Todos los factores del poder actúan sobre la vida cotidiana. Es imprescindible que en las experiencias de educación popular, como parte de los proyectos organizativos de los movimientos populares, podamos abordar el conjunto de las dimensiones que hacen no sólo a la sobrevivencia, sino a la creación de una forma de vida nueva, capaz de ser escuela cotidiana de construcción de nuevas relaciones sociales en las familias, en los grupos, en los movimientos, proveyendo contención y capacidad de afirmación individual y grupal.

6) Una pedagogía diferente en contenido y forma.

Es una pedagogía del diálogo y no del discurso monolítico; de la pregunta y no de las respuestas preestablecidas. Es una pedagogía de lo grupal y de lo solidario, frente a las que reproducen el individualismo y la competencia. Es una pedagogía de la libertad, frente a las que refuerzan la alienación. Es una pedagogía de la democracia y no del autoritarismo. Es una pedagogía de la esperanza, frente a las que afirman el fatalismo histórico. Es una pedagogía que, basándose en los fundamentos filosóficos del marxismo, y en su núcleo central, la dialéctica revolucionaria, acepta el diálogo con los saberes provenientes de las diversas ciencias sociales y de las distintas ideologías que promueven la liberación, como la teología de la liberación, los feminismos, la ecología, y el pensamiento proveniente de la resistencia indígena, negra y popular. Es una pedagogía del placer, frente a las que escinden el deseo de la razón. Es una pedagogía de la sensibilidad, de la ternura, frente a las que enseñan la agresividad y la ley del más fuerte, como camino para la integración en el capitalismo salvaje. Es una pedagogía que incorpora los sentimientos, las intuiciones, las vivencias, involucrando en el proceso de conocimiento al conjunto del cuerpo. Apela por ello, como parte del proceso de aprendizaje, al arte, al juego, al psicodrama, y al contacto directo con experiencias prácticas producidas en la vida social.

Cuando pensamos en nuestras prácticas de educación popular, en el camino recorrido, nos encontramos que junto a las batallas por la nueva sociedad, vamos creando experiencias de dignidad, espacios de libertad, oportunidades para reunir la lucha y el placer. No se trata sólo del hecho de encontrar alegría en la lucha, aunque esto sí es importante. Se trata de crear espacios para la alegría, aún en los momentos y en los espacios del dolor. Se trata de jugar y jugarnos en el tiempo y espacio de la resistencia y de la invención de alternativas. En este camino, nos proponemos crear en nuestros movimientos, en nuestras organizaciones, un tipo de relaciones que anticipe las relaciones que aspiramos a que prevalezcan en una nueva sociedad. Aspiramos aportar a la invención colectiva de una cultura antagónica a la que sostiene y reproduce la dominación capitalista y patriarcal. Para ello la educación popular debe ser, cada vez más, acción cultural para la libertad.

Notas

1. Pedagogía del Oprimido. Paulo Freire. Ed. Siglo 21
2. La alternativa pedagógica. Antonio Gramsci.. Ed. Fontamara
3. Id. cita 2
4. Id. cita 2
5. Pedagogía del oprimido. Paulo Freire. Ed. Siglo 21
6. Interrogantes y propuestas en educación. Ideales, mitos y utopía a fines del siglo XX. Paulo Freire. Ana P. De Quiroga. Ediciones Cinco

EL APORTE DE LA SISTEMATIZACIÓN A LA RENOVACIÓN TEÓRICO-PRÁCTICA DE LOS MOVIMIENTOS SOCIALES

Oscar Jara H.

«...el nuevo escenario de este fin de siglo ha puesto en cuestión las prácticas y las concepciones teóricas de los movimientos sociales y las ciencias sociales latinoamericanas. Nos enfrentamos a nuevas preguntas y a desafíos inéditos. Es un momento histórico privilegiado para la creación, pero las respuestas a las nuevas preguntas no van a surgir de ningún otro lugar sino de la propia experiencia histórica acumulada. Lamentablemente no hemos acumulado aún los aprendizajes necesarios contenidos en esas experiencias. La sistematización, como ejercicio riguroso de aprendizaje e interpretación crítica de los procesos vividos, sigue siendo una tarea pendiente y hoy -más que nunca- puede contribuir de forma decisiva a recrear las prácticas de los movimientos sociales y a renovar la producción teórica de las ciencias sociales, desde la experiencia cotidiana de los pueblos de América Latina, en particular de aquellas comprometidas con procesos de educación y organización popular...». ALFORJA, Programa Coordinado de Educación Popular

Con estas afirmaciones presentábamos en 1994 el reto más importante que debía enfrentar nuestra propuesta teórica y práctica de sistematización, la cual había surgido de un rico intercambio de experiencias y de reflexiones con amigas y amigos de varios países latinoamericanos con quienes nos encontrábamos en la misma búsqueda. Hoy po-demos afirmar que la sistematización de las experiencias está comenzando a dejar de ser tarea pendiente; que la labor insistente de muchas personas e instituciones, entre las que se cuentan los esfuerzos del Programa Latinoamericano de Apoyo a la Sistematización del CEAAL, el Programa Regional de Formación Metodológica de ALFORJA, el Ta-ller Permanente de Sistematización del Perú, y varios otros, está sembrando inquietudes y posibilidades que ya comienzan a dar frutos.

Cuanto más personas, en más lugares, avancemos en la puesta en práctica de procesos de sistematización, de formas muy diversas -incluyendo las aún inimaginables- más elementos tendremos para respongamos las preguntas actuales, y mayores incentivos tendremos para ahondar en la reflexión teórica y en la elaboración de propuestas de futuro.

Entre las experiencias más importantes que requieren ser sistematizadas, se encuentran los procesos educativos y organizativos de carácter popular surgidos al calor de las dinámicas económicas, sociales y políticas que han marcado nuestro continente en las dos últimas décadas. Recientemente, por ejemplo, se ha planteado la vital importancia de elaborar una reflexión conceptual y metodológica sobre ciudadanía y educación ciudadana, a partir de la sistematización de experiencias relevantes: la experiencia por el plebiscito en Chile; la campaña por la democratización en Paraguay; la afirmación de la paz en Colombia; las campañas por los derechos de las mujeres en prácticamente todos los países; la sensibilización frente a la problemática indígena en México y Ecuador; la apropiación de los acuerdos de paz en El Salvador y Guatemala; la campaña contra el hambre en Brasil y tantas otras experiencias de educación y participación ciudadana. Asimismo, se plantea la necesidad de sistematizar experiencias de construcción de movimientos sociales y políticos amplios, para rescatar lo innovador de sus formas y métodos de organización e identificar nuevas maneras de pensar y hacer la política, así como de construir propuestas alternativas desde la perspectiva popular. Experiencias significativas como la de los Sin Tierra de Brasil, las Comunidades en Resistencia de Guatemala, el Movi-miento Indígena Zapatista en Chiapas, son una clara muestra de las po-tencialidades que se encuentran en la práctica social de nuestro continente, cuyas enseñanzas urge procesar y compartir. En ese marco, quisiera referirme en forma breve a una experiencia apoyada recientemente por la Coordinación ALFORJA en Guatemala.

La sistematización de la experiencia educativa y organizativa
de las poblaciones desarraigadas de Guatemala

Esta experiencia, proceso inédito en el ámbito educativo centroamericano, se llevó a cabo a nivel nacional en Guatemala, durante los meses de setiembre 1995 a octubre 1996. En las décadas pasadas, producto de la situación de represión que se vivía en el país, cientos de mi-les de personas, principalmente comunidades indígenas mayas, tuvieron que migrar forzosamente de los lugares donde vivían. Así, tuvieron que buscar otras formas de sobrevivencia, sea como personas refugiadas en otros países, o como personas desplazadas al interior de Guatemala. En esas circunstancias de desarraigo, las poblaciones crearon espacios y modalidades educativas que respondieran a sus necesidades y a las condiciones que estaban enfrentando. Estos espacios y modalidades, a su vez, les permitieron desarrollar capacidades y posibilidades para el futuro. Por todo ello, valorando lo significativo de estas experiencias, a partir de los Acuerdos de Paz y en el marco del mandato de la Unesco, se decidió recoger sus aprendizajes de forma colectiva y ordenada, con el fin de aportarlos a la elaboración de propuestas educativas futuras. Ahí nació la idea de esta Sistematización. Su principal intencionalidad era, por tanto, el potenciar una experiencia colectiva de recuperación, análisis e interpretación de la propia historia, vivida antes, durante y después del desarraigo.

La propuesta metodológica era esencialmente participativa, quedando en manos de la población desarraigada y sus organizaciones, las decisiones fundamentales y la responsabilidad de la ejecución del proceso de sistematización. Por eso, sus principales actores fueron las doce organizaciones de población desarraigada de Guatemala, miembros de la Asamblea Consultiva de la Población Desarraigada ACPD:

a) Del grupo de refugiados y retornados: La Asociación de Educadores Noroccidentales, AEN; la Asociación de Maestros Educativos Rurales de Guatemala, AMERG; la Organización de Maestros y Educadores Retornados/Vertiente Sur Guatemala, OMERVESG (Todas ellas trabajando con refugiados reconocidos, generalmente agrupados en campamentos en Chiapas, Campeche y Quintana Roo). La Asocia-ción de Refugiados Dispersos de Guatemala ARDIGUA (quien trabajaba con refugiados no reconocidos, generalmente dispersos en el te-rritorio mexicano).

b) Del grupo de organizaciones de defensa de los Derechos Humanos: La Coordinadora Nacional de Viudas de Guatemala, CONAVIGUA; El Consejo de Comunidades Etnicas Runujel Junam, CERJ; El Consejo Nacional de Desplazados de Guatemala CONDEG; el Grupo de Apoyo Mutuo GAM, y la Organización de Mujeres Mamá Maquín.

c) De la población desplazada interna: Las Comunidades de Población en Resistencia CPR IXCAN Y CPR SIERRA; Las Comuni-dades de Población en Resistencia CPR del PETEN.

La Coordinadora Educativa de la Población Desarraigada, CEPD, tuvo una fundamental participación y acompañamiento constante a lo largo de todo el proceso.

El proceso

La sistematización se llevó a cabo en cinco etapas:

Primera: La presentación de la propuesta metodológica por parte de SERJUS-ALFORJA a las organizaciones de la Población Desarraigada y la aceptación de la misma. A partir de allí, cada organización pasó a delimitar qué parte de su experiencia iba a sistematizar y a definir los objetivos que se propondría alcanzar.

Segunda: La capacitación metodológica de las personas de las organizaciones que animarían la sistematización, para la realización de la recuperación histórica de sus experiencias. Se realizó por medio de un taller de una semana. Posteriormente (a lo largo de dos meses) ellas harían esa labor en sus comunidades y organizaciones, con el acompañamiento de técnicos de las ONGs y del Equipo de Coordinación Metodológica (Talleres, entrevistas colectivas e individuales, dibujos, llenado de cuadros, poemas, cuentos...).

Tercera: Una segunda capacitación en torno a la tarea de interpretar las experiencias. Igualmente iniciando con un taller general, que diera pautas para realizar la interpretación (a lo largo de un mes y medio), en las comunidades u organizaciones. En esta etapa cada organización va construyendo de manera individual el producto de su propia sistematización. (Talleres con autoridades, mujeres, niños y niñas, sacerdotes mayas, jóvenes, responsables de educación, ancianos y ancianas... para tomar opiniones de toda la gente).

Cuarta: Se realizó un nuevo taller general para elaborar conclusiones, partiendo de las sistematizaciones particulares hasta obtener elementos generales. De esta forma se alcanzan productos a dos niveles: un resultado por organización y un producto colectivo. (Conclusiones particulares, comparación de distintas situaciones, propuestas y recomendaciones...).

Quinta: La última etapa consistió en la elaboración colectiva del documento final, con momentos de redacción individual, talleres, consultas, revisiones y validaciones. Finalmente, presentación a la dirección de la Asamblea Consultiva de Población Desarraigada, ACPD.

Objetivos y ejes de esta sistematización

En términos generales, este proceso buscaba «Realizar una recuperación y valoración crítica de las experiencias educativas y organizativas de la Población Desarraigada de Guatemala, que permita:

a. Identificar sus riquezas y limitantes.
b. Conocer, intercambiar y difundir lo más importante de ellas.
c. Aportar a la elaboración de propuestas educativas en el futuro.
d. Mejorar las propias experiencias con las enseñanzas que se obtengan del proceso».

Además, como se dijo, los resultados de esta sistematización deberían servir como insumos para la elaboración de un Plan Específico de Educación para la población desarraigada, como aporte surgido desde su propia experiencia vital. En conjunto con todas las organizaciones se precisó un Eje Central común, donde debían converger los aportes específicos de cada organización. Éste era: «Potencialidades y limitaciones de la educación en el desarraigo». Con base en él, cada organización precisó un eje particular. Por ejemplo:

* «La formación de promotores en Educación, Salud, Derechos Humanos y su repercusión en la vida del refugio disperso».

* «El caminar de las mujeres de la organización Mamá Maquín».

* «Factores que contribuyen o no en el aprendizaje de los niños y niñas de la CPR-S».

* «Programas y métodos de la AEN».

A su vez, cada eje fue desagregado en sus principales componentes, orientando así los elementos a recuperar y a interpretar.

Algunas Enseñanzas

* El principal reto metodológico lo constituyó el hecho que la mayoría de promotores, sistematizadores, técnicos intermedios, aprendieron a conocer el método al mismo tiempo que lo fueron aplicando. Con todas las dificultades que ello implicó, «era la única forma de ser coherentes con nuestra afirmación de que fueran los actores de la experiencia los protagonistas de la sistematización».

* Un aspecto crucial de lo anterior lo constituyeron las dificultades para procesar las entrevistas y ordenar tanta información que se recogía de forma desordenada. Sin embargo, «gracias al seguimiento permanente del Equipo de Coordinación Metodológica y el esmero de los sistematizadores, aprendieron a ordenar ellos mismos la información y a hacer síntesis de ésta. Desde el primer ejercicio de recordar el pasado, ordenar los diferentes eventos, analizarlos y luego sintetizarlos, y, finalmente, buscar sus sentidos, fueron prácticas que favorecieron el crecimiento personal de los participantes y contribuyeron a la adquisición de capacidades de análisis, síntesis y redacción, de traducir de su propio idioma al español».

* La recuperación colectiva de la historia vivida, permite objetivar los distintos elementos que intervinieron, valorarla y reconocer los factores de identidad que se han mantenido pese a todos los cambios ocurridos: «...nos cortaron las hojas y las ramas, cortaron nuestros troncos, pero nuestras raíces nunca lograron cortarlas». Ardigua

* El tener un eje de sistematización central en el que confluyeran los ejes particulares, así como el tener como guía la reconstrucción histórica en tres etapas: antes del desarraigo, en el desarraigo y después de él, fue muy útil para construir un espacio común para compartir y aprender unas organizaciones de otras, a la vez que respetar las dinámicas y aspectos específicos de cada organización. Fue clave para la interpretación de las enseñanzas comunes y las recomendaciones generales.

*La experiencia reafirmó la validez de un proceso de interpreta-

ción integral y dialéctico, en particular los siguientes elementos:
- Entender la experiencia con todas nuestras capacidades humanas (mentales, sensibles, emotivas, intuitivas...)
- Entender las diferentes etapas, los cambios más importantes, las razones de esos cambios y sus efectos. La lógica de todo el proceso.
- Entender cómo los momentos de más dificultades contribuyeron a que tuviéramos mayor creatividad para buscar soluciones.
- Entender la relación entre lo pequeño y lo grande; lo particular y lo general.
- Entender la particularidad de las experiencias dentro de la estructura económica, social, política e ideológica del país.
- Entender cómo se ubica nuestra experiencia en el transcurso de la historia.
- Entender cómo los elementos culturales y que marcan nuestra identidad están presentes en cada experiencia.
- Entender, a partir de varias experiencias particulares, factores que pueden apuntar a hacer ciertas generalizaciones y reflexiones teóricas.

«...preguntándole a la realidad, estamos interpretando. Por eso, somos nosotros quienes tenemos que interpretar nuestra historia. Como la hemos vivido nosotros, se nos hace más fácil: podemos ordenarla y entender por qué han ocurrido ciertos hechos.» (Opinión recogida durante el 2º taller, junio 1996)

Desde el inicio, nuestra propuesta metodológica consideraba el proceso de sistematización, tan importante como el producto, en la medida que incorporaría activamente a personas de la propia población desarraigada como los principales sujetos del proceso, promoviendo así roles de mayor protagonismo en la vida social y política del país.

Al concluir esta etapa podemos afirmar que efectivamente la manera de hacer la sistematización ha sido decisiva: la recuperación histórica, las tareas de ordenamiento, análisis y síntesis, no sólo fortalecieron la capacidad interpretativa de las propias organizaciones (que se apropiaron y valoraron críticamente sus experiencias), sino que fortaleció su capacidad propositiva, teniendo ahora más elementos, más argumentos y más sentido de unidad para presionar a favor de su propia propuesta educativa, sustentada y avalada por la experiencia.

Interpretación crítica y práctica transformadora

La experiencia reseñada de forma muy breve y esquemática en el punto anterior, fue muy enriquecedora y compleja. Constituye una verdadera muestra de las enormes posibilidades y potencialidades que puede tener la sistematización como ejercicio teórico-práctico de interpretación y transformación de la realidad, como proceso constructor de pensamiento, de identidad, y de sentido, como factor de unidad y de edificación de propuestas alternativas, como aporte a la renovación de la teoría y la práctica de los procesos educativos y organizativos. Nuestra concepción de sistematización va más allá de la recuperación histórica y el ordenamiento de información: apunta a constituirse en una profunda interpretación crítica del proceso vivido, desde donde busca lanzar perspectivas para lograr cambios cualitativos en la realidad. Veamos esto con más detalle.

La sistematización como ejercicio teórico de producción de conocimientos

El ejercicio de sistematizar experiencias es un ejercicio claramente teórico; es un esfuerzo riguroso que formula categorías, clasifica y ordena elementos empíricos; hace análisis y síntesis, inducción y deducción; obtiene conclusiones y las formula como pautas para su verificación práctica.

La sistematización relaciona los procesos inmediatos con su contexto, confronta el quehacer práctico con los supuestos teóricos que lo inspiran. Asimismo, el proceso de sistematización se sustenta en una fundamentación teórica y filosófica sobre el proceso de conocimiento y sobre la realidad histórico-social. La sistematización crea nuevos conocimientos a partir de la experiencia concreta, pero, en especial – en la medida en que su objeto de conocimiento son los procesos sociales y su dinámica- permite aportar a la teoría algo que le es propio: explicaciones sobre el cambio en los procesos. Con base en estas características propias, como ejercicio intelectual que permite elaborar conocimientos desde lo cotidiano y explicarse los factores de cambio en los procesos, es que la sistematización puede contribuir de forma decisiva a la recreación y a la construcción de teoría, dinamizando dialécticamente la relación entre el conocimiento teórico ya existente -como expresión de saber acumulado- y los nuevos conocimientos que surgen de las nuevas e inéditas situaciones de las experiencias que vivimos. Este es un aporte propio de la sistematización.

El «contexto teórico»

Afirmamos que todas las personas que vivimos una experiencia y queremos sistematizarla, utilizamos un conjunto de categorías de análi-sis que nos sirven de referencia para iniciar la sistematización: todos aquellos conceptos y conocimientos con los que fundamentamos la práctica, con los que sustentamos lo que hacemos, con los que hemos definido sus objetivos, prioridades y procedimientos (nuestra apuesta institucional, nuestra visión del contexto y la coyuntura, nuestras afirmaciones sobre el sentido del trabajo que realizamos, etc.). A ello lo denominamos «contexto teórico» para diferenciarlo del tradicional «marco teórico» con el que se acostumbra iniciar muchas investigaciones y que consiste, en un cierto porcentaje de casos, en la identificación de citas de autores en los que la persona o el equipo sustentan su análisis e interpretación. En una palabra, el «contexto teórico» (más o menos explícito, más o menos riguroso, más o menos fundamentado) significa que ya contamos con análisis e interpretaciones antes de iniciar la sistematización. Es con ese bagaje con el que nosotros vamos a definir los objetivos de la sistematización, vamos a delimitar su objeto, precisar el eje, formular los criterios de ordenamiento y, también es la base fundamental de la que surgirán las categorías para la interpretación.

Si la Sistematización la entendemos como «La interpretación crítica de una o varias experiencias, que a partir de su ordenamiento y reconstrucción, descubre o explicita la lógica del proceso vivido, los factores que han intervenido en di-cho proceso, cómo se han relacionado entre sí y por qué lo han hecho de ese modo», vemos que -en definitiva- la interpretación crítica es el elemento más sustancial de la sistematización. Dicha interpretación, no será realizada con otro «marco» teórico, más que el proveniente de nuestro propio «contexto teórico», aunque esto no significa que vamos a utilizar de manera rígida y dogmática los conceptos y categorías con los que ya contamos en el punto de partida. Precisamente, una sistematización bien hecha nos podrá llevar a cuestionar nuestros conceptos y categorías, en particular los que se revelen como insuficientes para dar cuenta de los fenómenos y factores que se expresan en la experiencia sistematizada. De ahí que, muchas veces, una sistematización nos obligue a repensar nuestros planteamientos, revisar nuestras concepciones, y a la necesidad de buscar enriquecer nuestros conceptos y buscar nuevos elementos teóricos. Es, quizás, la primera manifestación del aporte que una reflexión crítica sobre la práctica puede hacer a las formulaciones teóricas: ponerlas en cuestión.

La historicidad de la interpretación

«La esperanza es un ingrediente indispensable de la experiencia histórica. Sin ella, no habría historia, sino sólo determinismo. Sólo hay historia donde hay tiempo problematizado y no pre-asignado. La inexorabilidad del futuro es la negación de la historia». Paulo Freire

De acuerdo a lo señalado en el acápite anterior, afirmamos que no se trata de llegar a «la» interpretación, única e indubitable de los procesos. Que, siendo nuestra propia práctica la que se ha convertido en objeto de sistematización, tenemos que reconocer que estamos cargados de toda la riqueza de nuestra subjetividad cuando nos proponemos interpretarla. Nuestras interpretaciones siempre estarán, pues, «preñadas» de práctica. Siempre serán aproximaciones intelectuales históricamente determinadas. Esto tiene, por supuesto, ventajas y riesgos. Las ventajas tienen que ver con la utilidad concreta que la sistematización nos aporta para entender de mejor manera lo que hacemos, motivándonos y provocándonos interés desde nuestras propias necesidades, ya que estamos plenamente involucrados en ser sujetos -y a la vez objetos- de interpretación. Los riesgos principales provienen de la posibilidad de no hacer una interpretación crítica, cuestionadora, rompedora de esquemas, sino, por el contrario, una «interpretación» justificadora, condescendiente, una mera explicación pasiva de lo que hacemos.

El contexto actual promueve esta segunda opción, por medio del discurso dominante que insiste en convencernos que esta realidad es la única posible y que no tiene sentido pensar en la posibilidad de transformar la historia. Así, esta pereza mental y vital, esta cobardía intelectual y anímica, esta complacencia tan acorde con los tiempos neoliberales y autoritarios en los que vivimos, que nos reducen al acomodamiento sicológico y a la mansedumbre del alma, que matan la rebeldía, la curiosidad, la inquietud y la sospecha, dificultan el ejercicio de una verdadera interpretación crítica, auténticamente histórica. Para la sistematización de experiencias, el desafío principal consiste en poder superar los aspectos narrativos y descriptivos que surgen de la reconstrucción de la experiencia vivida. Superarlos, en el sentido de ir a las raíces de los fenómenos, no perceptibles de forma inmediata: las determinaciones estructurales, las interrelaciones entre los diferentes elementos, la vinculación entre lo particular y lo general, entre las partes y el todo. Además, poder identificar las contradicciones y tensiones que marcaron el rumbo de la experiencia, en la medida que significaron dilemas sobre los que hubo que tomar opciones en determinados momentos y que ahora les buscamos explicación: por qué pasó lo que pasó y no otra cosa; por qué hicimos lo que hicimos y no otra cosa.

La historicidad de la interpretación, en definitiva, supone entender la lógica de la experiencia particular, entrando en lo más profundo del proceso de ella misma, para descubrir los hilos invisibles que la relacionan con la integralidad del momento histórico del que forma parte y al que contribuye desde su originalidad. Así será posible descubrir continuidades y discontinuidades, coherencias e incoherencias, similitudes y diferencias con otros procesos, reiteraciones y hechos inéditos... «tiempo problematizado» como dice Paulo Freire, que nos permite mirar siempre «la historia como posibilidad y no como determinación».

La «objetividad» de la sistematización

El mundo no es. El mundo está siendo. Para mí, como subjetividad curiosa, inteligente, que interfiere en la objetividad con la que dialécticamente me relaciono, mi papel en el mundo no es sólo de quien constata lo que ocurre sino también el de quien interviene como sujeto de lo que ocurrirá. No soy sólo un objeto de la historia, sino, igualmente, su sujeto. Paulo Freire

Este tema ha sido y es causa de mucho debate e inquietud. Muchas personas se preguntan si habrá suficiente «objetividad» para analizar una experiencia de la cual ellas son protagonistas. Al margen de considerar que esto amerita una reflexión epistemológica de mayores alcances, podemos decir que -en realidad- la sistematización de experiencias no aspira a «mirar las experiencias con objetividad», sino a objetivar la experiencia vivida, lo cual nos coloca en un lugar totalmente distinto en cuanto sujetos de conocimiento. Se trata de describir, ordenar, clasificar, los hechos, situaciones, pensamientos, intuiciones con los que hemos actuado en la práctica, para tomar distancia de ellos, para «sacarlos» de nosotros mismos y proyectarlos fuera, objetivando sus características y condiciones. Es como si proyectáramos una película de lo vivido, para luego interpretar su ritmo, su secuencia, la trama de sus procesos. Y ahí respondernos a las preguntas de por qué pasó eso que pasó y por qué no pasaron otras cosas. Así, de manera honesta e intelectualmente rigurosa, podemos desbrozar los componentes y los trayectos, relacionar las partes y el todo, lo particular y lo general de nuestras experiencias, desde una mirada procesual. La interpretación seguirá siendo una aproximación «subjetiva» para explicarnos nuestra práctica objetivada. Nunca dejaremos de pertenecer a dicha práctica ni ella a nosotros. Pero, en la sistematización, nos relacionaremos de manera distinta con la práctica realizada, convirtiéndola en objeto de conocimiento y de transformación.

La interpretación y el sentido de la experiencia

La interpretación, como parte de un proceso de sistematización, permite descubrir el sentido de una experiencia, o -más precisamente aún- «construye» su sentido. Pero al hacerlo, la interpretación pasa a ser, ella misma, parte de una nueva práctica. Nunca será posible mirar de la manera anterior nuestra experiencia, una vez que la hemos sistematizado. Podríamos decir que la sistematización (como «interpretación crítica...») se convierte en un inédito y privilegiado lugar del camino, desde el cual ya no es posible volver inocentemente atrás, porque hemos visto de tal manera el trayecto andado, que nunca más lo podremos recorrer igual. De ahí en adelante solo cabe seguir caminando a nuevos horizontes, iluminados por el sentido de la interpretación realizada. Por supuesto que la interpretación no existe sin construcción de discurso. Y un discurso que debe tener coherencia y consistencia. No simplemente frases y conceptos propios de las fases descriptivas y de ordenamiento, sino discursos cargados de la fuerza de afirmaciones, negaciones o interrogantes fundadas en las interrelaciones realizadas por medio del ejercicio intelectual y teórico de análisis y síntesis. El discurso interpretativo es el punto más complejo y profundo del proceso de conocimiento de nuestra experiencia, porque se constituye como abstracción directa de lo concreto vivido (es ahora, «lo concreto pensado»).

Pero no se trata de un discurso acabado. Tampoco se trata de un monólogo. El discurso interpretativo es un discurso abierto -necesariamente- a otras experiencias y a otras interpretaciones. Es, como interpelación de la práctica, también discurso interpelador de otros discursos y, asimismo, objeto de interpelación. Casi podríamos decir que el discurso interpretativo de la sistematización es una provocación a pensar y a debatir; es una verdad por indagar más que dogma definitivo, es pista para seguir buscando. Por eso, desde la sistematización de experiencias, no puede existir interpretación sin diálogo, sin confrontación. Porque, además, la interpretación -historizada y marcada a fuego por la práctica- no existe sin la experiencia y su devenir. No es sólo interpretación del pasado, sino de lo que está aconteciendo con nuestra práctica, de lo que hemos hecho que suceda... y por tanto, es testimonio de una parte del trayecto, que no se agota en mirar hasta el hoy de la experiencia, sino que deriva naturalmente en la pregunta por el mañana, por el qué hacer, por el cómo continuar, por el con quién seguir adelante.

Desarrollar capacidades para cambiar las relaciones de poder

Entendida así, la interpretación crítica sólo puede ser completa, si deviene en práctica transformadora. Por eso, la sistematización de experiencias debe cerrar siempre cada ciclo de su espiral, con un retorno a la práctica, enriquecido con los elementos teóricos. Por eso también, para nosotros (como se vio claramente en la experiencia con la Población Desarraigada de Guatemala), el proceso de la sistematización es -en sí mismo- un proceso de educación popular. Esto significa que la sistematización se constituye en un factor de formación de nosotros y nosotras mismas. Una formación integral que nos ayuda a constituirnos como su-jetos críticos y creadores, desarrollando nuestras capacidades para comprender, proponer y actuar en todos los campos de la vida económica, social, política y cultural. Procesos político-pedagógicos a través de los cuales se construye diversas formas de protagonismo popular. Pero hay precisiones y autocríticas importantes que hay que hacerle a esta afirmación. Por ejemplo, muchas veces se entendía esa intencionalidad política como una mera «transmisión de ideología» o como un aporte a la «toma del poder» de la administración del Estado. Se entendía que el Estado era el único o el principal constructor de sociedad y que, por tanto, logrando acceder a su administración, se podría cambiar la sociedad.

Hoy necesitamos recalcar en las múltiples formas de manifestación y ejercicio del poder; insistir en que se deben construir nuevas relaciones sociales, desde todos los espacios de la sociedad civil y que es preciso fomentar un encuentro entre ésta y la sociedad política, para que la representación, la gobernabilidad, la dinámica de cambios en el Estado, esté alimentada por la dinámica viva de los procesos y los sujetos sociales. Se trata, por tanto, no sólo de buscar cómo acceder al poder formal, ni sólo de acceder a él de otra manera, sino de construir otro tipo de poder: un poder construido y ejercido con otra lógica y otros valores, que se ejerza desde la ciudadanía, desde los espacios locales, desde nuevas formas de pertenencia y participación en las organizaciones sociales, movimientos y partidos políticos; desde formas diferentes de gobernar. Se trata, en síntesis, de desarrollar capacidades para poder ejercer nuevas relaciones de poder, que

no sean autoritarias, excluyentes, de dominación, de discriminación. sino relaciones equitativas, justas, respetuosas de la diversidad y de la igualdad de derechos. Relaciones que apunten a la constitución de una cultura democrática, que atraviese todas las dimensiones de la vida: la pareja, la familia, el barrio, la comunidad, el municipio, el país, el mundo. En conclusión, los procesos de sistematización de las prácticas de los sujetos y movimientos sociales latinoamericanos, tienen el desafío de constituirse en factores de interpretación crítica y práctica transformadora, aportando a la construcción de un futuro distinto, entre otros campos:
- en las iniciativas de sobrevivencia, para fortalecer la autogestión;
- en las instancias comunitarias y municipales para fortalecer la toma de decisiones colectivas y representativas;
- en la formulación y ejecución de proyectos integrales de desarrollo para enriquecerlos con mayor capacidad de análisis, de propuesta y de proyección;
- en la educación ciudadana amplia que permita fundamentar la defensa de los derechos económicos, sociales, civiles y políticos;
- en las instancias organizativas y políticas para renovar los métodos de conducción con una formación más integral de la dirigencia y la base.

Las pistas están abiertas; muchas experiencias, en distintos rincones de América Latina, nos muestran las potencialidades de este esfuerzo. Sigamos caminando en esa dirección.

San José, Costa Rica, Centroamérica
agosto de 1998

ENCUENTRO CON EL MOVIMIENTO SIN TIERRA DEL BRASIL

Silvia Bignami, Pablo Zisman, Lucila D´Onofrio, Daniel Rodríguez, Diego Theis[1]

Durante enero de este año 2004, un grupo de cinco compañeros y compañeras, compartimos una experiencia con el Movimiento Sin Tierra de Brasil: convivencia en campamento y asentamiento, entrevistas con compañeros de diferentes edades, sectores, experiencias, visita a espacios de capacitación como ITERRA. Hasta aquí lo descriptivo, que se resume en este párrafo. Sin embargo ¿cómo resumir los sentimientos, la confrontación de lo leído con la vivencia, la participación en los espacios de debate y formación, el «día a día», los cantos, la mística compartida...?

Los vínculos durante los días del campamento fueron muy intensos... haber dormido en la escuelita armada con las tradicionales lonas negras de los sin tierra, entre pupitres llenos de esperanza, abrir los ojos al nuevo día y ver toda esa gente luchando por objetivos comunes, creyendo en una salida colectiva; solidarios, abiertos, luchadores generosos tanto como para compartir lo poco que tienen materialmente como también todo ese saber de que los nutre la lucha. Dejo sin duda en nuestra memoria momentos cargados de emoción. Es difícil en unos pocos párrafos poder contar lo que los ojos vieron, los oídos escucharon y los corazones sintieron , sobre todo lo que los corazones sintieron.

Como todo camino de educación popular, nos conmociona en el momento, y nos sigue transformando más allá de lo teórico, sigue actuando en nosotros. Todavía con poca distancia en tiempo y elaboración, aquí intentamos un primer aporte.

El 24 de enero de este año 2004, el MST cumplió 20 años desde su fundación más o menos formal. Se trata de un largo período marcado por la dureza de las confrontaciones, sin otro similar en la historia de Brasil. A pesar de las adversidades, de la hostilidad de los gobiernos y de las acciones contrarias a la reforma agraria, el MST pudo atravesar estas décadas de existencia. Su capacidad de lucha social constante, de conquista de miles de hectáreas de tierras para la reforma agraria, de organización de cientos de asentamientos, de resistencia a las diferentes ofensivas, de independencia de los partidos políticos y organizaciones sindicales, iglesias y gobiernos, pone al movimiento en un lugar singular, dejando enseñanzas posibles de aprender por otros luchadores. A nuestro entender, esta singularidad está marcada sobre todo, por su **capacidad de autotransformación**.

El MST es un **movimiento** por su composición heterogénea, (diferentes territorios, maneras de incorporarse, orígenes políticos y religiosos, mixturas étnicas) y es un **movimiento** porque está en movimiento, debido a las exigencias constantes de su práctica social. A diferencia de su momento constitutivo, actualmente -empujadas por el desempleo y subempleo en zonas urbanas- parte importante de las fa-milias acampadas posee orígenes vinculados al ámbito de la ciudad. Esta heterogeneidad complejiza su composición, porque requiere en los ámbitos pedagógicos, la incorporación de nuevos desafíos que enfrentar, como por ejemplo la construcción de conocimientos concretos acerca de la tierra, cómo se trabaja, cómo se la aprovecha, qué y cómo se siembra, etc. Sin embargo, como lo vimos nosotros, la complejidad enriquece: «... *lo que aquí se procura destacar es la integración orgánica entre el proceso de formación (concepción de mundo) y la disciplina política en la práctica social (transformación del mundo) que atraviesa al MST y le brinda identidad; la formación y la disciplina política son amalgamadas por dos líneas conceptuales y estratégicas de acción: los objetivos y directrices estratégicos de la lucha por la tierra y en la tierra, establecidos en los congresos nacionales y en los encuentros, a partir de reflexiones realizadas por las bases sociales , y el conjunto formado por los valores, símbolos y mística que median toda la practica social del MST y da a cada militante un sentido histórico de lucha social*»[2].

Simplificando, podríamos decir que las metas y directrices dan los aspectos *objetivos*, y los valores y mística los *subjetivos*. De todos modos, difícil de dividir, ya que en realidad se trata de una totalidad, como de hecho se expresa por ejemplo, en la ocupación de la tierra improductiva, donde la bandera del MST es símbolo de la motivación de lucha contra el latifundio y por la construcción de una sociedad justa. Con-versar con cualquier militante del MST, es saber que para ellos «*la escuela excede ampliamente el mero recinto donde se aprende a leer y escribir*», como dice una joven dirigente sin tierra.

«*Para nosotros la escuela es todo el campamento o el asentamiento. Son escuela las formas en que las familias se organizan para obtener el agua, la luz; también la comunicación y las relaciones entre unos y otros; las actividades y reuniones de programación; el trabajo concreto... Construimos una pedagogía diferente a partir de nuestra historia. Somos un movimiento pedagógico porque el solo hecho de confrontar el latifundio produce una ruptura en la concepción más profunda de cada persona. Romper el cerco del latifundio es un acto pedagógico por excelencia*». Sin duda, palabras fuertes. Y vivencias fuertes las compartidas. Por esto, y como una aproximación, elegimos hoy comunicar partes nodales de la entrevista que realizamos a Roseli Caldart, a quien conocimos durante nuestra convivencia en ITERRA. Sus palabras resuenan entre nosotros, y a la vez en-cuentran ecos en cosas que fuimos viviendo, sintiendo y observando.

Roseli se presenta: «Soy Roseli Caldart. Soy parte del colectivo de coordinación nacional del sector de educación del MST. En la división de tareas, yo integro el sector de educación hace 16, 17 años. Yo comencé en el sector de educación aquí en Río Grande do Sul por casualidad, acompañando la creación del sector del movimiento en el estado de Río Grande, y después pasé al sector nacional».

«Ustedes preguntaban de mi entrada al MST. Mi trabajo era en la universidad formal, no como la de ustedes[3], y la verdad es que conocí al MST a través de investigaciones, con la coincidencia histórica de que hice la maestría en el mismo momento en que se estaba constituyendo el MST. Hice la maestría en el Estado de Paraná, ahí justamente estaba ocurriendo, en 1984, la fundación del Movimiento recién comenzando desde el punto de vista de la formalización, porque en la práctica las luchas de ellos ya venían desde antes del 84'. Y estoy pensando ahora que lo que se veía en el 84' y lo que se ve en el 2004 no tiene comparación, precisamente ahora hay una construcción de identidad. Pero ya en aquel momento me llamaba la atención el hecho de que por ejemplo algunas personas eran capaces de contar la ocupación de la tierra a través de una poesía o una canción. Por eso mi tema de investigación terminó siendo sobre la producción poética de los trabajadores. En aquella época en la que recién el Movimiento se constituía, cuando yo planteaba que quería entrevistar a los poetas me decían: ¡¿cómo?! Era una cosa muy extraña que entrara a los campamentos y buscara a los poetas, ahora que lo pienso es muy interesante. Yo hice esta investigación en el año 85', en el 96' fue creado el colectivo de cultura del MST. Años después que hice la investigación se armó el espacio sobre el cual estaba investigando. Y esa fue mi entrada, la verdad, como una investigadora, como una admiradora».

«En esa etapa, cuando volví a Río Grande do Sul, me dije que tenía que continuar con esa relación, entonces establecí vínculo con el Movimiento de Paraná. Y ahí descubrí, en la participación en el Movimiento, que ellos estaban empezando la discusión sobre la constitución del sector de educación. El sector de educación, en cuanto tal, es constituido a partir del 88'. Y estaban exactamente en eso cuando volví para la Universidad en el interior de Río Grande do Sul. Durante la semana, Universidad, y los fines de semana iba para las áreas de los asentamientos. Comencé a ayudar en la discusión de lo que serían los trabajos del sector de educación, ayudar a pensar la concepción de es-cuela. Llegó determinado momento que tenía que hacer una elección motivada por las circunstancias. En ese momento el Movimiento entra en la discusión de la creación de la escuela que era anterior a ITERRA[4], que era con otros movimientos, entonces largué aquel otro mundo y entré, entré de cabeza. Tengo raíz campesina, pero no una raíz próxima, mis padres no fueron campesinos, fueron obreros».

¿En el sector de educación a nivel nacional hay una mixtura entre esos dos orígenes o más? ¿Hay compañeros qué pasaron por la experiencia de ser acampados y asentados?

Sí, la gran mayoría, porque ésa es una de las características del Movimiento. Por un lado garantizar que la conducción del Movimiento se componga de los propios campesinos, por los propios «sem terra». Pero al mismo tiempo, cuanto más se complejizan las tareas del Movimiento, tanto más se abre la participación a personas de la sociedad. Nuestro colectivo nacional de educación está compuesto predominantemente por personas que vienen de las experiencias de los campamentos y asentamientos, pero hoy ya incorpora a algunas personas que no tienen ese origen. Que vienen justamente a hacer una contribución profesional, son profesionales políticamente identificados con el Movimiento. Yo acá hablaría de una mezcla de identidades. La identidad no es sólo la raíz de la gente sino la convivencia que acaba asumiendo».

«Yo creo que es un movimiento interesante el que se ha realizado. Porque hoy existen cursos de pedagogía que son de la Vía Campesina, no del MST. O sea, nos estamos abriendo, aunque no está la discusión de que esta escuela pase a ser la escuela de la Vía Campesina. Pero hoy esa discusión, la relación de los movimientos que componen la Vía Campesina, es una cuestión muy fuerte, hay una tendencia a que por los cursos pasen personas de otras organizaciones. Y esto está siendo fantástico porque con otras perspectivas podemos ver mejor, empezamos a discutir sobre pedagogía y comenzamos a conversar qué está pasando acá. A través de los cursos de pedagogía nosotros estamos consiguiendo constituir trabajos de educación en los movimientos de la Vía Campesina que no los tiene. La cuestión de formación la plantean todos los movimientos con los cuales hay vínculo, por lo menos en el sentido de formación de militancia, pero la preocupación por la educación en el sentido no sólo escolar, va más allá, es mirar en diferentes direcciones, ya que la educación de los chicos es una cuestión que interesa al Movimiento, no sólo la formación de militantes adultos, es una cuestión pensada más ampliamente».

¿Desde el principio de la creación del sector de educación ya estaba esta idea de la educación inmersa en el proyecto político del MST?

«Cuando se crea el sector de educación del Movimiento es para solucionar la cuestión de la escolarización, nació para eso. Ahora bien, tener claro el papel de la escuela dentro del proyecto político del Movimiento... sí y no. Algunas personas ya discutíamos esto, dábamos la discusión de cómo construir la educación liberadora. Pero desde el punto de vista de la comprensión colectiva, es como en el conjunto del Movimiento, que el objetivo de *transformación social* está en los primeros documentos del Movimiento, ahora la *comprensión efectiva* de lo que esto significa es muy reciente, es una cosa incorporada por el conjunto. Entonces ese movimiento que nosotros tenemos en la discusión hace la gran construcción que es ITERRA. Por otra parte, desde la creación del Movimiento está la discusión de la importancia de la formación de militantes. Es una preocupación que es patrimonio nuestro. Tenemos que formar nuestro propios cuadros, y eso lo comparte todo el Movimiento. Durante un tiempo estas discusiones estaban juntas, porque estaban en la misma organización, pero de cierto modo estaban dadas en paralelo porque unos estaban por parte de los adultos y otros por parte de los chicos, que no son militantes y no deben ser tratados como tales. Entonces empezamos la discusión sobre lo que íbamos a hacer: escolarización, enseñanza media, cursos técnicos que traten de demandas que el Movimiento estaba presentando. De ahí pasamos a trabajar con jóvenes y adultos, y ahora con adolescentes... y bueno, a medida que vamos escolarizando y trabajando con la cuestión profesional, las discusiones son con militantes del Movimiento. Entonces se comienza a establecer la correlación que existe entre la formación de militantes y la escolarización. **No es cosa fácil esa síntesis, y es una discusión permanente».**

«En el debate pedagógico se combinan -y cuanto más baja edad más compromiso- tres cosas: una es la cuestión de escolarizar, de dar la educación general que permita la cualificación en cuanto militante; otra es la dimensión técnica; y la otra es saber que a fin de cuentas estamos trabajando con formación humana. El ser humano es más que eso, en-tonces se precisa tener la preocupación por una formación integral».

«Este proceso de reflexión que hemos hecho en ITERRA, al conjunto del Movimiento llega todavía como aproximaciones a la discusión. Es el mismo debate, pero nosotros tenemos una focalización di-ferente. El sector de formación trabaja con actividades volcadas a un determinado público. Pero el proyecto es un mismo proyecto de formación. La diferencia tiene que ver con las diferentes fases etarias, ellos no trabajan con chicos. Si se trabaja con chicos se tiene que ver cómo se aborda la dimensión del Movimiento, la pertenencia, respetando la fase etaria en que el chico se encuentra, el proceso es el mismo pero con especificidades de actividades, de fases, etc. Nos en-contramos cada vez más con estas discusiones dentro del Movimiento. En el encuentro por los 20 años del MST quedó muy claro esto. Una de las cosas que apareció muy fuerte es la importancia de la educación dentro del Movimiento».

Nosotros leímos que uno de los objetivos del sector de educación para el 2004 es el de la formación artística, como algo que había que empezar a cuidar más, a mirar más. ¿Esto es así?
«La cuestión del arte es una marca del Movimiento, tanto que tiene mucha presencia. Posiblemente si ustedes logran investigar por qué, tal vez tenga que ver con la cuestión cultural de formación, ¿por que algunas expresiones artísticas tienen más fuerza en el Movimiento que otras, espontáneamente, por ejemplo la música? La canción tiene fuerza sin ninguna intencionalidad, aparece naturalmente. Hay otras expresiones que no, que si no hubiera una intencionalidad podrían aparecer pero no llegarían a tener fuerza, como las artes plásticas. Las artes plásticas requieren una intencionalidad; la música es mucho más fuerte en el trazo cultural de las personas que constituyen el Movi-miento. No es que nosotros ahora descubrimos el arte, el arte en el Movimiento viene desde su constitución».

«A medida que avanzamos en la reflexión de la ampliación del concepto de formación del arte, nos vamos dando cuenta que hemos favorecido poco aquello que es una marca del Movimiento. Entonces eso se ha discutido: cómo potencializar el arte, cómo trabajar el arte dentro del proceso de formación. Y es un desafío todavía. Por más que digamos que queremos trabajar las diferentes dimensiones, el arte nunca fue énfasis. El énfasis está mucho más ligado al trabajo, al víncu-lo con el proceso productivo y la dimensión con la experiencia de gestión colectiva, de democratización de la participación, y eso es constitutivo nuestro. Ahora, esta cuestión del arte apareció porque somos seres humanos, y como seres humanos nos expresamos artísti-camente. El arte tiene una lógica de creación, de más libertad, menos condicionamientos de tiempo. No podemos decir: «ahora que hay tiempo, creen». Nosotros armamos un proceso acá para cumplir los objetivos, pero que tiene un poco esa marca de los tiempos, entonces en algunos momentos son choques de lógicas. Yo considero personalmente que ese choque, esa tensión, es muy positiva, porque nos acaba mostrando que hay otras posibilidades de organización».

«Desde un punto de vista teórico, es la contradicción la que mueve el cambio. Es interesante esto que está sucediendo ahora, porque se están produciendo *choques de lógica* y creo que desde el punto de vista del proceso de formación humana es mucho más rico. Desde este punto de vista estamos trabajando en esto, para trabajar la integralidad del proceso. Lo que estamos haciendo es ir descubriendo eso. En las primeras experiencias, consideramos la importancia del vínculo entre trabajo y estudio. Desde que trabajamos este vínculo se fue modificando mucho, por ejemplo en los primeros cursos de magisterio: ¿qué creímos que era el vínculo entre el estudio y el trabajo? No-sotros teníamos algunas intuiciones que después se transformaron en principios, las teníamos desde el comienzo, pero están en permanente movimiento de contención y atendiendo a las dinámicas del Movi-miento, porque el MST avanza con el debate sobre ciertas cuestiones. Unas de las grandes características, o principios podríamos decir, de esta escuela, es **estar en sintonía con el Movimiento en movimiento**. Y éste es un desafío que ustedes conocen. Probablemente la razón de la universidad de ustedes de no ser una universidad formal, tiene que ver con la percepción de cuán difícil es para una institución formal mantener la lógica del movimiento. Hay una tendencia que es una característica institucional, a que la escuela se cristalice, se burocratice».

«¿Cómo se consigue esa sintonía, (*con el movimiento del Movimiento*)? ¿cómo se garantiza?: logrando que las personas, los propios militantes del movimiento estén acá adentro ejerciendo funciones de coordinación, siendo educadores. Antes hacíamos una experiencia diferente. Teníamos la idea de contar con un equipo de profesionales. Los movimientos tomaban las decisiones políticas y los profesionales ejecutaban. Ahora no es así como estamos funcionando, así como tenemos gente que no ha sido acampado ni asentada, tenemos el predominio de la base del movimiento. Esa misma combinación que se da en el Movi-miento la tenemos acá adentro. Entonces, esto es responsable de la oxigenación de la escuela, de no quedar presa del formato institucional de las escuelas. Y esto es una gran virtud».

Casi sin palabras, volvemos nosotros y nosotras a los sentires:

Orley y Roxana son dos de los educadores del campamento. Él enérgico, gracioso e inquieto. Ella tranquila y afectuosa. Algunos de nosotros nos alojamos en su hospitalaria barraca. Durante una de las cenas, el diálogo nos llevó a un lugar de encuentro: la música. Orley saco de un cajón algo que atesoraba: su único gastado cancionero de los Sem Terra. Así entre canciones y risas, nos fuimos a dormir. Al otro día llego la hora de la despedida. Con los compañeros intercambiamos ideas de cómo hacerlo, qué dejarles ... Finalmente nos decidimos: una canción, un poema que Julio Cortázar escribió ante la muerte del Che, ese hermano que no había visto nunca, «pero no importaba». La mística del momento nos acercaba más y más a medida que nuestras voces los abrazaban. Al final de la canción, Orley tomó su viejo y único cancionero y nos lo obsequió. El cancionero y sus ojos mirando como el auto que nos llevaría hacía un nuevo destino se alejaba lentamente, nos acompañaron durante el viaje y vuelven hoy a ser recuerdo vivo.

Notas

1 Silvia Bignami y Pablo Zisman integran el Equipo de Educación Popular de la Universidad Popular Madres de Plaza de Mayo. Daniel Rodríguez, Lucila D'Onofrio y Diego Theis son estudiantes de Educación Popular de la UPMPM.
2 Horacio Martins Carvalho, **Luta na terra, um desafio do MST**, ponencia al Congreso Nacional, 2004.
3 Se refiere a la Universidad Popular Madres de Plaza de Mayo.
4 ITERRA es el Instituto de Capacitación e Investigación en la Reforma Agraria, del cual depende la Escuela Josué de Castro.

CENTRO DE FORMACIÓN PARA PROMOTORES EN EDUCACIÓN

SEMILLITA DEL SOL

Tenemos que pensar la escuela conjuntamente, pues si no, va a funcionar como el modelo que conocemos. La idea es que aquí se vaya trabajando diferente, eso toma su tiempo.

Consideraciones

La situación educativa de las regiones indígenas de Chiapas es la más crítica de todo México. De hecho, en los últimos datos oficiales la región aparece invariablemente en el último lugar. Más de la mitad de la población no tiene acceso a la palabra escrita, y la escolaridad promedio no alcanza el tercer grado de primaria. En Chiapas la mayoría de las escuelas son «incompletas», es decir, ofrecen cuando mucho cuatro grados. Incluso si se intentara ampliar el sistema educativo oficial para satisfacer la demanda, según cálculos oficiales el proceso tomaría varios cientos de años. La educación es por tanto una necesidad palpable y una demanda central. No es sólo carencia de escuelas y maestros. Las comunidades indígenas expresan constantemente una serie de críticas fundamentales al sistema escolar. Señalan el ausentismo y el alcoholismo de los profesores, su intromisión en asuntos internos de la comunidad, su falta de respeto por las lenguas y las culturas locales, su ineficacia docente demostrada en la experiencia del equipo de Semillita del Sol en varias comunidades de la Cañada de Las Margaritas. Las observaciones ahí recogidas dieron pautas para comprender y desarrollar un tipo de proceso educativo coherente con la situación rural e indígena de Chiapas y las condiciones en que se encuentran las comunidades en resistencia. Fue de esa experiencia que surgió, por una parte, el fuerte interés de las comunidades por impulsar la creación de más escuelas con este modelo y, por otra, la evidencia clarísima de que es necesario contar con promotores formados en una visión educativa diferente, de construcción propia. Desde el primer momento, quedó claro que los objetivos de largo plazo se irían cumpliendo de acuerdo a las posibilidades y no podían decretarse sus

tiempos de antemano. Estos objetivos siguen siendo válidos:
1. Crear un centro de formación de promotores de educación nombrados por sus propias comunidades.
2. Construir colectivamente una propuesta educativa que resulte pertinente y propia.
3. Abrir escuelas de la resistencia para niños, jóvenes y adultos en las comunidades.

Se inicia el proceso

Antes de iniciarse el trabajo en Chiapas, trabajamos juntos en un equipo formado por asesores -personas con formación y experiencia en diversas ramas, incluyendo la educación- y un grupo de jóvenes con experiencia en comunidad y disposición de apoyar directamente los programas en Chiapas. Durante más de seis meses nos preparamos y discutimos la pertinencia de los contenidos, procesos y procedimientos para las nuevas escuelas y para el programa de formación de promotores. Organizamos pláticas y talleres con diversos expertos en educación y conocedores de la historia y la situación de Chiapas. Se acordó iniciar el trabajo de campo en el Centro de Formación con ciclos de seis meses. Se integró un primer equipo de cinco jóvenes como formadores para el primer ciclo. La preparación de este primer grupo se amplió con una estancia de tres meses en una comunidad de la región, San José del Río, lo cual resultó ser fundamental para el proceso. Ahí, el trabajo con niños y seis promotores de la comunidad nos permitió confrontar las ideas iniciales con la realidad concreta y empezar a modificar conceptos y propuestas metodológicas. Paralelamente, avanzaba el trabajo de las comunidades interesadas en la región. Se nombraron comités de educación y encargados regionales para coordinar el proyecto. Se estableció la primera sede de formación en La Realidad, municipio de Las Margaritas, Chiapas. Todas las comunidades interesadas aportaron trabajo para construir el Centro de Formación que cuenta con biblioteca, ocho aulas, varios dormitorios, comedor, cocina, regaderas, letrinas, ya que funcionaría como internado. Los promotores, seleccionados por sus propias comunidades, se comprometieron a volver a sus comunidades, abrir las nuevas escuelas para los niños, y eventualmente ayudar a la formación de otros jóvenes de su comunidad. La comunidad se comprometió a sostenerlos durante su estancia en La Realidad y durante la educación de los niños. El trabajo en el Centro de Formación comenzó en julio de 1997 y su primer período está reportado en el siguiente apartado. No obstante, continúa el proceso conjunto de reflexión y de construcción de soluciones, mediante la comunicación entre el equipo de campo y los asesores, quienes han visitado el Centro en algunas ocasiones. Paralelamente, se preparaba otro grupo de jóvenes, para el se-gundo ciclo, que estuvieron quince días en el Centro para observar y conversar con el primer grupo.

Primeras valoraciones

El proceso de reflexión permanente es la columna vertebral de todas las dimensiones del proyecto. Los ejes de esta reflexión han girado en torno a la recuperación y la apropiación de los saberes de distinto origen y la generación de nuevos saberes; las formas de relación entre todos los involucrados; el significado y valoración de los métodos, contenidos, propósitos y evaluaciones. También se discute abiertamente en torno al papel que podría jugar la escuela como espacio de convivencia comunitaria y de construcción de nuevos saberes, nuevas formas de relación, y nuevas prácticas cotidianas.

Las primeras valoraciones revelan la necesidad de que este proceso se construya poco a poco, con flexibilidad, coherencia y significación. Los conocimientos de todos los participantes y el intercambio de experiencias diversas lo enriquecen. Procuramos por tanto recuperar y socializar otras experiencias de vida y de aprendizaje pero reconocemos que ninguna experiencia previa da respuesta cabal a la demanda planteada por las comunidades. Comenzamos con plena consciencia de que siempre habrá que aprender sobre la marcha, estar dispuestos a dese-char o replantear los conceptos previos, e ir armando formas inéditas de trabajar. Para poder avanzar en este proceso de reflexión, fue necesario también valorar la acción. Al emprender las tareas de repensar el modelo de escuela -de empezar a elegir los contenidos de los programas, de buscar maneras de integrarlos a un trabajo educativo abierto a múltiples saberes, de pensar cómo organizar grupos, diseñar horarios flexibles y coordinar las tareas operativas-, discutimos colectivamente el significado de diferentes propuestas y opciones, hasta llegar a acuerdos tentativos. La reflexión continua permitió adecuar las modalidades de relación y las formas de lograr acuerdos entre todos. Al mismo tiempo, intentamos valorar y modificar las acciones de acuerdo con las necesidades que se precisaban colectivamente. De este trabajo colectivo inicial, se perfilaron los lineamientos que nos llevamos a Chiapas. En la práctica estas ideas cobraron sentido, y en no pocos casos se replantearon y se enriquecieron a la luz de las experiencias de formación y la participación de las comunidades y los promotores. Hay que resaltar la diferencia entre enunciar una dificultad y la posibilidad concreta de resolverla. No basta cambiar el discurso si no se modifica la acción. Creemos en una palabra que tenga relación con los actos, en acciones que mantengan vínculo con sus consecuencias. Resignificar las palabras en la acción es crear sentido.

La propuesta de romper con un plan definido por «materias» nos llevó a plantear la integración, modalidad que se acerca más a las formas no escolares de apropiarse y de generar conocimientos. La decisión de trabajar en castellano y en las lenguas indígenas en un mismo espacio, Lenguas, así como las propuestas de integrar saberes locales y escolares en los espacios de Historias (en plural), Matemáticas y Vida y Medio Ambiente, apuntan en esta dirección. Se plantearon dos espacios de integración. Uno se dedicó a la temática ofrecida por las siguientes demandas: Tierra, Trabajo, Techo, Alimentación, Salud, Educación, Justicia, Democracia e Igualdad. Otro eje de integración se planeó en torno a la adaptación del trabajo para niños de primaria. La confrontación con la realidad, con las posibilidades y los tiempos, con los recursos y las demandas diarias del trabajo, mostró los límites de la propuesta de una integración total. No obstante, los resultados finales de las actividades integradoras, en torno por ejemplo al tema del trabajo, también mostraron su enorme potencial para utilizar y construir conocimientos y darles sentido en el contexto comunitario.

Algunos fundamentos teóricos

Decantar las siguientes reflexiones implicó un trabajo colectivo de discusión sobre todos los ejes del proyecto. Son producto de más de año y medio de trabajo y se van ampliando y reconstruyendo a lo largo del primer ciclo de formación de promotores. Lo que sigue es una síntesis muy resumida de algunas de estas reflexiones.

Construcción del saber

Las concepciones de educación, sus características, contenidos y metodologías se construyen simultáneamente y, sobre todo, se constituyen en la acción de las personas que les van dando sentido. Sólo se aprende de aquello que resulta culturalmente accesible; influyen en ello la manera de plantear el conocimiento y el lenguaje que usamos, las formas de valorar y recuperar el conocimiento previo y la percepción e interpretación propias del conocimiento ajeno. Para propiciar el aprendizaje y la construcción del conocimiento, son dimensiones fundamentales las emociones, el respeto a las formas de expresión de cada quien, y la búsqueda de contactos más claros entre todos. En este proyecto, la definición de los contenidos propios en el aprendizaje se plantea a partir de tres vertientes: la revaloración de los saberes locales, la valoración de conocimientos que provienen de fuera de una localidad dada y la reflexión en cuanto a «lo deseado, lo útil y lo necesario». Es indispensable revalorar los saberes locales si queremos frenar la tendencia dominante de negar su existencia y de menospreciar sus alcances. Somos conscientes de que todos fomentamos, algunos sin querer, ese menosprecio. Los saberes son productos colectivos: resultan de reflexiones y sistematizaciones de grupos, se nutren de la experiencia ajena y propia y preguntar es la puerta de entrada a cualquier proceso de aprendizaje que tome en cuenta a las personas. De el saber externo, que es simplemente el saber de otra localidad (pero incluso aquellos saberes que conjuntan muchas tradiciones y que tiene perspectivas más globales), hay que valorar su pertinencia y su cercanía y posibilitar su apropiación. En este camino, se construyen puentes entre los saberes de diferentes ámbitos y orígenes, lo que genera nuevos conocimientos.

Caminos en lugar de la metodología

La metodología -en el sentido amplio de la búsqueda de caminos- para propiciar la construcción de los saberes no debería reducirse a un conjunto de técnicas, ni limitarse a lo racional. Es parte esencial de la misma la sensibilidad de cada quien frente al otro. La posibilidad de un acercamiento mutuo se da en los momentos de encuentro, al escuchar y ser sensibles al otro, al intentar comprender cómo percibe, significa y resignifica lo que hace, conoce y crea, lo que percibe de sí mismo y del nosotros. La única posibilidad de establecer un diálogo y construir un saber común está en comprender desde el lugar del otro, y poder responder a la perspectiva del otro desde nuestra acción. Una metodología sensible hará posible construir sentido y transformarnos en un proceso que siempre es mutuo. Esto implica un camino lleno de marchas y contramarchas, de encuentros y diálogos donde entran uno y otro, donde los otros nos van dando pautas para modificar nuestras propias acciones. Por eso el saber sólo surge de la interacción. Implica también tener conciencia de las dificultades, no ignorar que en todos nosotros existe el miedo al cambio y la dificultad para desprenderse de lo conocido. El desconocimiento puede ser motor de creación y el saber, como producto colectivo es, inescapablemente, abierto, flexible y en proceso permanente de ampliación y reacomodo.

El poder

Uno de los puntos centrales del proceso de construcción de una nueva escuela es la reflexión en torno al poder que otorga el saber -o que se institucionaliza en forma de escuela- y que se manifiesta en el conjunto de relaciones humanas que participan en este proceso. Hacer conscientes los mecanismos del ejercicio del poder es un primer paso para transformar estas relaciones.. A lo largo de esta primera etapa de trabajo, se buscaron mecanismos adecuados para horizontalizar las relaciones de poder-saber al interior del colectivo y herramientas para transformarlas. Esta búsqueda ocurre dentro de los espacios y tiempos destinados al trabajo y en la convivencia cotidiana.

La transformación de las relaciones de poder y de las formas de su ejercicio tiene varios niveles. Nosotros partimos de la idea de poner la educación al servicio de la comunidad. La escuela que deseamos no puede ser una institución ajena a la comunidad, debe pertenecer a ella en sentido pleno. Iniciamos entonces un proceso en el que la comunidad participe en la concepción de la escuela, en las decisiones que atañen al conjunto del proceso formativo (contenidos, formas de la enseñanza, cuestiones operativas, horarios, calendarios, recursos) y al sentido mismo de la escuela en tanto espacio de generación de saberes colectivos. Un segundo nivel tiene que ver con el papel que deben jugar quienes, en un momento dado del proceso, aparecen como los detentadores del saber (ya sean maestros, asesores, promotores, autoridades). Partimos de la idea de que su función central es facilitar la generación de saberes en colectivo, es decir propiciar la discusión y el fortalecimiento del espacio para que la reflexión ocurra. Un tercer nivel, de gran importancia, tiene que ver con el papel que el promotor de educación ha de jugar al interior de la comunidad a la que pertenece y en la cual desarrolla su trabajo. La definición de este papel del promotor está en proceso de discusión, y es uno de los retos centrales a largo plazo.

La experiencia del primer ciclo en el Centro de Formación entre julio de 1997 y marzo de 1998

Una experiencia piloto en San José del Río

Iniciamos la primera etapa de formación y de construcción del proyecto en San José del Río en la Cañada de Las Margaritas. En esa comunidad se había realizado una experiencia piloto durante dos años. Durante tres meses convivimos con la comunidad, trabajamos con los niños de la escuela, y con seis promotores de dos localidades. A partir de este trabajo, fuimos modificando las ideas y los planteamientos que habíamos desarrollado en México. La dinámica propia y las experiencias de la comunidad, nos obligaron a contextualizar y a enriquecer las propuestas de trabajo que traíamos. Junto con los promotores, hicimos unos dibujos para describir el proyecto, en los que reconocimos y dimos un lugar a todos los involucrados: abuelos, autoridades locales, padres y madres, niños, promotores, formadores, asesores y campamentistas. Mediante la metáfora de la creación de múltiples puentes, expresamos la idea de establecer nuevas relaciones y promover la participación de cada quien en la formación de las escuelas. Con el tiempo, nos dimos cuenta que tanto los promotores como los comités habían hecho suya la idea de crear una forma de educar propia de las comunidades, a pesar de reconocer que «así no nos enseñaron a nosotros». El entusiasmo de la gente con esta nueva forma de trabajar se hizo palpable durante una exposición final, que recogía y presentaba los resultados de una investigación sobre la historia local y la vida de los mayores en las fincas. A la vez, nos convenció de que sí era posible proponer que las comunidades se apropiaran de sus escuelas. El trabajo en esta comunidad nos hizo sensibles al contexto en el que trabajarían los promotores. Pudimos vivir algunos de los problemas a los que ellos se enfrentarían, como la dificultad de diseñar actividades adecuadas para los niños, sobre todo en grupos de muchos niveles, la falta de materiales propios y escolares, la dificultad de motivar a los padres a ser actores dentro del proceso, la necesidad de contar con la validación comunitaria de su trabajo. Una encuesta mostró algunas de las expectativas iniciales que te-nía la comunidad en torno a la escuela, incluyendo su petición de enseñar «el respeto dentro de la familia para ser buenos revolucionarios dentro de la lucha», «aprender por qué hay pobres y ricos», «distinguir la diferencia entre las cosas», «disciplina, humildad» y claro, «aprender bien a leer, escribir y a usar las matemáticas». Era necesario dar respuesta a estas demandas, y a la vez mostrar que ello era posible con una educación muy distinta a la que se daba en las escuelas oficiales. Entre los promotores había uno que tenía varios años de ser maestro de la comunidad, con quien compartimos las experiencias y las dificultades a lo largo del periodo. Él asumió la tarea de explicar a la comunidad el sentido de las actividades que estábamos realizando con los niños y los promotores. Él expresó el qué y el cómo del proyecto:

Vamos a ir armando una educación viva, verdadera.
Mi papá y mi mamá no saben leer, porque antes en las fincas estaban sometidos [...] pero ya tenían esa luz que querían aprender. Ya estamos abriendo los ojos.
Es una educación viva donde damos nuestro pensamiento, donde ayudamos a los niños a pensar.
Nuestro trabajo es como el río que viene de no sé dónde, que se va y se va hasta que se entierra.

Esta etapa nos dio la posibilidad de desarrollar uno de los principios fundamentales de la formación inicial del proyecto, la valoración y la recuperación del saber local en el proceso de enseñanza. De ahí que un eje de la formación de los promotores fue la investigación como herramienta para conocer la realidad. Los promotores hicieron entrevistas con la gente de sus comunidades quienes aportaron sus propios conocimientos sobre su historia común y sus leyendas, los usos de las plantas, la vida de las mujeres, las parteras y las madres. Los resultados de estas investigaciones formaron la base de las actividades ulteriores con los niños, que también aportaron sus propios conocimientos sobre el medio y la comunidad. En estas actividades, los promotores aprendieron a relacionar la información de realidades lejanas, y de conocimientos científicos e históricos, con las experiencias y los saberes de la localidad.

Juntamos estas narraciones para hacer un libro. Todas estas historias las cuentan nuestros abuelos y papás. Preguntamos a los que saben, a los viejitos, y pusimos las que nosotros mismos nos acordamos. Son para que los niños sepan su comunidad y vean que se puede hacer un libro con lo que aquí se cuenta. Están hechas con nuestras propias palabras. Así ellos rápido lo van a entender porque son lo que nosotros hablamos. No de balde estamos recogiendo experiencias, experiencias vividas donde vivimos. Porque así conservamos nuestra cultura.

Durante el proceso de ensayar la metodología, los promotores prepararon una clase para los niños, con base en la investigación que habían hecho sobre el medio ambiente. Ahí desarrollaron numerosas estrategias propias para la enseñanza, que fueron muy ilustrativas para nosotros. Usaron teatro, refranes, actividades de cocina y artes plásticas. Encontraron que es posible superar muchas de las carencias y dificultades con su propia imaginación. Estas prácticas a su vez, dieron pie a un rico intercambio de reflexiones. Los promotores concluyeron que ellos también iban apropiándose mejor de los conocimientos al trabajar con los niños y explicarles las ideas. Entre los momentos más significativos estuvo la asamblea general, que se convocó hacia el final de la estancia, siguiendo los mecanismos propios de la comunidad para resolver problemas comunes. En la reunión dieron su palabra todos los involucrados: promotores, miembros de comités educativos, campamentistas, y niños, junto con nosotros. Allí por ejemplo, los promotores expresaron: «*también nosotros nos estamos construyendo, igual que la escuela (que se estaba construyendo en ese momento)*». «*Para mí es una alegría que ellos (los niños) se interesen en aprender*». Un niño comentó «*a mí me gusta aprender más para compartirlo con los que vienen creciendo*». Una autoridad dijo: «*lo que a mí me gusta es que nosotros y la escuela nos vamos preparando iguales, promotores y escuela van casi iguales*». Estas expresiones nos indicaban una aceptación del concepto inicial que quisimos compartir. La reflexión que se llevó a cabo en ese momento mostraba que estábamos directamente construyendo la escuela con toda la comunidad. Todos estábamos participando en un diálogo constante entre la comunidad y la escuela, y nos permitió mostrar en la acción la construcción de algunos de los puentes que sostienen el proyecto de La Semillita.

El Centro de Formación para promotores
Espacio, tiempo y organización

No paraban de llegar de todos lados, como ríos bajaban de los montes del alrededor, algunos de lugares cercanos, otros tras haber caminado una o más jornadas. Estaban presentes once regiones, y más de sesenta comunidades de varias zonas. Las listas iban creciendo, no había manera de poner un límite. Todo estaba organizado para que llegaran ochenta promotores, pero cómo regresar a alguien que lleva más un día caminando. Llegaron cien, ciento veinte, no pararon hasta los ciento sesenta. Las camas no alcanzaron, se instalaron en los salones. Juntos, nosotros: los cinco maestros, y los promotores, nos dispusimos para convivir en el Centro, durante seis meses. Desde un principio, la escuela se construía entre todos. Los espacios de la escuela, los salones, los dormitorios, el comedor, la cocina, la biblioteca, fueron construidos con el esfuerzo de hombres, algunos de ellos papás de los promotores, que venían en grupos desde distintos pueblos para ayudar. Luego las madres de los promotores y otras mujeres de las comunidades se turnaban para venir y atender las tareas de la alimentación. Llegaban caminando, a veces hasta dos días, desde las diferentes regiones, cargando a sus hijos pequeños. La organización de los pueblos de origen de los promotores se basa en la asignación de cargos que responden a acuerdos tomados en las asambleas. Las comunidades han asumido la atención de la educación como una nueva tarea, que toma como modelo el servicio de los promotores de salud que existe desde hace tiempo en esta región. Cada comunidad nombra a sus promotores de educación en asamblea. También nombran a comités de educación, que apoyan a los promotores y se coordinan con el responsable regional. Al principio, ignorábamos las formas propias de organizarse de los promotores, y nos encontramos con algunas dificultades. Entonces nos dimos cuenta que había que respetar las formas propias de organización para poder coordinar el trabajo. Los promotores se reagruparon por regiones, con sus respectivos coordinadores, para repartirse las múltiples tareas. Todos iban los domingos por la leña para los fogones. Formaban comisiones para limpiar todas las áreas, y para buscar alternativas para reciclar la basura. Y si llovía mucho, pues comisión para traer piedras y hacer caminos.

Así fuimos construyendo la escuela. Al principio nosotros, los maestros, llevamos las asambleas. Poco a poco, los promotores fueron tomando cargo de ellas, e incluso las realizaban sin nuestra presencia. La asamblea se convirtió en el corazón de la escuela, la palabra de todos.

*Cuando salí de mi casa, yo salí pero contento
que desde ese momento yo andaba como el viento.
Porque iba yo a llegar al lugar de la enseñanza
cuando llegamos ahí estaban sin tardanza
y nos dijeron, promotores váyanse a dormir
para que el día de mañana todos me puedan oír.
Después de que venimos tuvimos una reunión
de realizar comisiones para poder comenzar
para que así todos juntos pudiéramos trabajar.
Todos tuvimos que hablar y llegar a una conclusión
en donde fuimos nombrados todos pero por región
para que no hubieran quejas, ni pagarles con traición.
Aquí termina la historia, no nos vamos a rajar
pues todos los promotores están dispuestos a luchar*

y aprender las enseñanzas para poder enseñar.
Corrido de un promotor

Para empezar a trabajar nos dividimos en cinco grupos, en los que estuvieran presentes promotores y promotoras de todas las regiones y hablantes de diferentes lenguas. Se habían acordado periodos de veinte días con diez de descanso para que los promotores pudieran regresar a sus comunidades. Los horarios de trabajo eran intensivos, de siete de la mañana a ocho de la noche, para aprovechar lo más posible los espacios de la escuela. Por las mañanas los grupos se rotaban entre las áreas básicas –Lenguas, Matemáticas, Historias, Vida y Medio Ambiente. Después de las tareas comunitarias y la comida, los promotores se ubicaban en una serie de actividades que incluían talleres, futbol y voleybol, biblioteca, y tiempos para proyectos especiales, como montar las exposiciones. Al iniciar cada semana, nos reuníamos por grupos para realizar trabajos en torno a las demandas indígenas. Durante tres tardes y durante el sábado por la mañana, nos dedicamos a la reflexión sobre las nuevas formas de trabajar, y a la construcción de propuestas de trabajo con los niños. Esta diversidad de formas de trabajo rompió con la estructura tradicional de «materias», y nos daba la flexibilidad necesaria para hacer frente a los imprevistos, como la llegada de nuevos promotores. Esta organización escolar no fue fácil. Era una práctica distinta a la acostumbrada, significaba muchas horas diarias de estudio; al principio se quejaban de que se les *«atarantaba la cabeza»*. *«Estamos hallados al machete, no al lápiz»*, decían. Con el tiempo, se fueron adaptando a un nuevo ritmo y nuevo tipo de trabajo, y las actividades se multiplicaban espontáneamente, a cuenta de promotores que iniciaban búsquedas, realizaban proyectos, o nos solicitaban apoyos especiales.

La diversidad

Dentro de la escuela encontramos toda una gama de colores, un arcoiris, un k'intum en tojolabal. Un arcoiris de ideas, de vestidos, de saberes, de lenguas, de regiones, pero todos unidos por un mismo interés: la educación de sus pueblos. Los promotores eran en su mayoría hombres, pero habían llegado 18 mujeres, lo cual era un logro muy especial dadas las estrictas normas comunitarias en relación con el tipo de trabajo apropiado para ellas. Eran evidencia de los caminos y las opciones que se habían abierto para ellas en estos años de lucha. La diversidad de edades era más notoria. Había muchachos de doce años conviviendo con hombres, algunos ya casados de treinta, aunque el promedio estaba alrededor de los 17. Fue muy interesante ver cómo se organizaban: los más jóvenes fueron adoptados por los mayores, que siempre estaban pendientes de apoyarlos. La escolaridad previa también variaba; la mayoría tenía primaria incompleta, otros grupos habían «sacado la primaria», y muy pocos habían hecho otros estudios. Fue muy interesante constatar, a lo largo del curso, que estas diferencias en la escolaridad formal tenían escasa relación con la capacidad que iban mostrando los promotores en el trabajo. Una confirmación más de que las comunidades cuentan con sus propios criterios y apreciaciones al seleccionar a sus promotores comunitarios, que pueden ser mejores que los criterios formales de la Secretaría de Educación Pública. Entre las diferencias marcadas, se encontraba una amplia gama de argumentos e intenciones en la decisión de participar en el proyecto:

Nos nombraron para que haya una escuela digna, para que aprendan puro de la lucha y puedan saber lo que no les enseñó el maestro de la SEP.

Para que los niños conozcan otras cosas que nunca.

Porque el pueblo necesita su propio maestro; fuimos nombrados por el pueblo en mayoría.

Porque no hay maestro y estamos en resistencia.

No es porque nos guste, sino por decisión de nuestra comunidad; por eso nos nombró de promotores. Yo de mi parte sí me gusta porque aprendemos y lo compartimos con los niños.

Quiero aprender más para ayudar a mi pueblo, para levantarlo; también a los niños, abrir un poco de su camino para que no seamos explotados.

La diversidad cultural dentro del grupo era marcada. Las regiones de donde vienen los promotores son muy diferentes. Algunos son de lugares prácticamente urbanos, con características fronterizas, otros de zonas montañosas más alejadas, donde se conservan más las costumbres indígenas. El intercambio cotidiano de formas de organización, de resolver problemas, de nombrar las cosas los hizo reconocerse, notar y contrastar sus diferencias y enriquecer su acervo de conocimientos con las experiencias de sus compañeros. En los salones, conviven tzeltaleros, tojolabaleros, tzotziles y mestizos. Nos fue muy importante entender la situación lingüística de la región, porque encontramos desde promotores que hablan dos lenguas, hasta comunidades en que se hablan cuatro lenguas dentro de un mismo espacio. Casi todos hablan bien el castellano. En las pláticas iniciales, muchos negaban hablar su propia lengua, pues en las escuelas oficiales se les prohibía hacerlo, incluso llegaban a multarlos. Con el tiempo, empezaron a hablarlas y hacia el final se escuchaban varias lenguas a la vez en los salones, y los promotores se explicaban entre sí los conceptos, recurriendo a sus propias palabras. Por eso se había acordado que la clase se llamaría «lenguas» y no «español». Incluso, nos encontramos con una gran variación en el castellano hablado en las diferentes regiones y comunidades, y los promotores comparaban maneras de nombrar las cosas y expresiones diversas de sus lugares de origen. En el tercer período, decidimos trabajar por grupo lingüístico en las tardes, para buscar formas y estrategias en cada lengua para enseñar a leer y a escribir, respetando así las especificidades de cada grupo y provocando que todo se desarrollara en las lenguas locales, aunque el maestro no entendiera y se le tuviera que traducir las conclusiones. Éste ha sido un espacio esencial para la formación de los promotores como maestros, en el que se valora su lengua y se fomenta el proceso de apropiación del conocimiento. Esta diversidad implica necesariamente una enorme variedad de formas de entender el mundo y la educación, y ha enriquecido muchísimo el trabajo en los grupos. Esta constante traducción entre lenguas es un ejercicio de ida y vuelta, que nos permite hablar de cosas en común. Por ejemplo, en una clase se le preguntó a un tzeltalero cómo se decía dividir en su lengua. «Depende», contestó, «depende qué se va a dividir, si es en partes iguales se dice de una manera, si es dinero o un terreno de otra, depende incluso quién va a dividir».

A lo largo del trabajo, se han ido expresando muchas y muy variadas formas de entender al mundo. Un eje importante del trabajo con los promotores es permitir que éstas se vertieran y aunque fueran diferentes sus visiones, validarlas. Por ejemplo, en la clase de Historias, al hablar del origen del hombre se dijo que existían diferentes teorías -co-mo la evolución del hombre a partir del mono, la creación del hombre por un dios, o la versión maya de que el hombre fue hecho de maíz. En la clase de Medio Ambiente, surgió la pregunta de qué tiene vida, y qué no tiene vida. Nos tocó presenciar una compleja discusión que no podía tener una sola respuesta válida, y que provocó una reflexión colectiva sobre cómo entendíamos las cosas de diferentes maneras y el respeto que cada una merecía. La diversidad enriquece a la comunidad. Ante algunas de las tensiones que surgían de la convivencia entre perso-nas de diferentes formas de vida y valores, se nos recordó que era im-portante que todos se aceptaran con sus diferencias, que lo que se busca es un mundo donde quepamos todos.

Cómo fuimos trabajando

La escuela la estamos construyendo entre todos y es responsabilidad de todos que aprendamos

La reflexión sobre el proceso ha sido algo constante. Aunque existía un espacio formal para ésta, de hecho el proceso se dio mediante un cotidiano intercambio de sensaciones y pensamientos entre todos los involucrados. Sabíamos lo que no deseábamos para la educación. Habíamos abierto un espacio para expresarlo y esto era un punto de partida. Podemos decir que la metodología de la reflexión no fue estática. Fuimos dejando atrás los conceptos abstractos y llenando el espacio de sentido. De ahí se fueron desprendiendo ideas y alternativas de trabajo que se ponían en práctica entre nosotros. Estas experiencias permitieron ir construyendo un consenso en torno a cómo trabajar, que reflejaba las coincidencias y sus necesidades reales, en su contexto y en su tiempo. Las reflexiones más importantes sobre qué educación queremos y qué metodologías y formas son pertinentes, se han dado en varios momentos. En el primer momento significativo, los promotores leían diferentes historias ficticias que mostraban situaciones muy generales que involucraban la educación; ellos debían escribir lo que pensaban, dar una solución, o simplemente proponer un final a la historia. Aunque todavía les costaba redactar sus ideas, la escritura fue un medio que permitió establecer la comunicación en esos momentos iniciales, cuando no se atrevían a hablar mucho en clase. Otro momento fue la presentación de obras teatrales sobre las situaciones y problemáticas de las escuelas que ya existían en la región. Algunas de estas obras se presentaron en su propia lengua, lo cual ayudó mucho a establecer el diálogo y validar su lengua. En todas estas representaciones hubo una se-rie de constantes temáticas: * Los problemas con el maestro borracho que no respeta ni su propio trabajo, los días de clase y los horarios, ni a los niños. * La violencia cotidiana que ejercían muchos maestros y los castigos que imponían a los niños: les pegaban con la vara, los arrodillaban sobre corcholatas, les metían sus manos a los hormigueros, etcétera. * La práctica de dar dinero al supervisor de la SEP a cambio de que no denunciara estas faltas. * El poco interés de la comunidad en involucrarse en el proceso educativo, en «mirar por la escuela».

Por otro lado, las obras también mostraban los procesos que se gestaban, para hacerse cargo de la educación: * Los alumnos rebeldes que enfrentaban a los maestros de esas escuelas que los maltrataban o les faltaban al respeto. * Reuniones de padres de familia para discutir estos problemas y acordar qué hacer. * La creación de comités de educación. * La decisión comunitaria de hacer, en todos los sentidos, su propia escuela, nombrando a su promotor, construyendo las aulas, etcétera.

La escuela que queremos

En el proceso de reflexión sobre «la escuela que no queremos», «la escuela indigna», llegamos a los siguientes puntos:

1. No queremos una escuela donde multan por no asistir o llegar tarde. 2. No queremos una escuela donde haya violencia y maltratos. 3. No queremos una escuela donde no dejan salir al recreo. 4. No queremos una escuela donde la SEP hable con mentiras. 5. No queremos una escuela donde exigen uniformes escolares. 6. No queremos una escuela donde a los maestros no les interese la educación y hay enseñanzas malas. 7. No queremos una escuela con maestros corruptos, que cobran por aprobar a los alumnos. 8. No queremos una escuela donde los maestros no cumplan con su trabajo. 9. No queremos una escuela con maestros borrachos. 10. No queremos una escuela con maestros flojos.

En cuanto a la «escuela que sí queremos» o «la escuela digna»:

1. Queremos una escuela donde haya paz, dignidad, respeto, conciencia. 2. Queremos una escuela donde se hablen y respeten las lenguas y culturas. 3. Queremos una escuela alegre llena de canciones, dinámicas, teatro. 4. Queremos una escuela donde se reconozca nuestro saber y donde nos enseñen cosa útiles.

Algunos promotores expresaron sus apreciaciones de la idea de escuela que íbamos formando entre todos: *«Esta escuela es diferente, aquí nuestras demandas y nuestra lucha son importantes»*, y *«aquí nos enseñan a despertar el pensamiento del niño y esta forma es como tenemos que enseñar nosotros»*.

De los maestros ante los saberes

Sólo entre todos, sabemos todo.
Emeterio, marakame huichol

La validación de los saberes de todos los involucrados en el proceso educativo se ha profundizado mucho a lo largo de estos primeros períodos. Muchas de las actividades y situaciones mostraron que el maestro no es el único que sabe y que no lo sabe todo. Constantemente procurábamos involucrar a muchos otros en la búsqueda de respuestas y soluciones. Recurrimos a los niños, a los ancianos, a los curanderos, a las mujeres, y constatamos, junto con los promotores, que la comunidad en conjunto sabe muchas cosas. Al aceptar que el maestro no puede saberlo todo, fue importante la constante reflexión sobre su papel, particularmente el caso de los maestros externos. Es ahí donde nosotros nos ubicamos. Asumimos nuestro trabajo como facilitadores de un proceso para generar, vincular y expandir el conocimiento. Aquí fuimos aprendiendo a reconocer la diversidad de saberes que tienen los promotores. La relación informal cotidiana con ellos nos permitía acercarnos más a sus experiencias. Dentro de las clases formales, aprendimos que cierto tipo de actividades daban mayor apertura a la expresión de sus propios saberes. Esto dependía también de la creciente confianza que se estableciera con los promotores (por ejemplo, a raíz de los bailes), y de los tiempos que les dábamos para que recordaran y retomaran lo que ellos sabían. Sobre la marcha, la metodología de trabajo se modificó, y nos acercamos cada vez más a ese espacio en el que se integran los saberes que nosotras podíamos ofrecer y los múltiples saberes que ya tenían ellos.

Algunas experiencias significativas

Los primeros días fueron difíciles. Los tiempos para realizar las actividades siempre resultaban más largos que lo previsto. A veces sentíamos que avanzábamos poco. Hoy valoramos mucho que fue crucial haber empezado de la nada -sin salones, materiales, libros: sin nada- porque así se privilegió lo más importante en cualquier situación: la relación entre las personas, a partir de la cual todo es dable y asequible si hay respeto y confianza. Al finalizar el segundo período de veinte días, organizamos un recorrido de todos por la escuela. Sentimos que era importante mirar lo que construíamos, apreciar nuestros logros y nuestros errores. Pasamos por la exposición colectiva sobre la demanda Tierra, y vimos unos periódicos murales que cubrían las paredes de los sa-lones; tal vez llegarían luego a las comunidades. Observamos cómo manteníamos nuestros dormitorios; la presencia de basura apenó a los promotores, pues no se imaginaban este recorrido. Cuando pasamos por la hortaliza, sentimos gran expectativa de obtener frutos. Había que mantener esa área en mejores condiciones, lo cual quedaba como tarea para nuestro regreso. El responsable del taller de carpintería teatralizó las problemáticas, todos nos reímos.

La biblioteca se organizaba poco a poco: ese día todo estaba en orden. Reconocimos que ese espacio se había convertido en un verdadero centro de lectura, en el que a menudo se escuchaba la lectura en voz alta de varios promotores al unísono y se observaba cómo varios se acercaban a los miembros de la comisión -maestros y promotores- a pedir libros, cuentos, diccionarios, definiciones, o plumones. Esto validaba la existencia de la biblioteca. El recorrido fue una experiencia que en sí misma nos mostró los resultados de nuestros esfuerzos. Los libros más solicitados en la biblioteca eran los diccionarios, pero los promotores se dieron cuenta que estos libros no respondían todas sus dudas, que las definiciones que daban, a veces eran aún más complejas que la palabra, o que no tenían sentido. Así se les fue pasando el enamoramiento del diccionario. Decidimos hacer un diccionario propio en torno a las demandas. Empezamos por tierra, un tema muy cercano a ellos. Se juntaron todas las palabras relacionadas con la demanda, con los procesos y herramientas de trabajo, las formas en las que se le dice, los productos. Para cada palabra redactaron sus propias definiciones. Construyeron así un diccionario con sentido.

Junto con los promotores, fuimos construyendo nuevos espacios de trabajo, y nuevas soluciones a los problemas que se planteaban. Por ejemplo, en el segundo mes de trabajo llegaron 30 promotores nuevos. Los «viejos» tomaron la responsabilidad de actualizarlos, y seis de ellos daban clase en las tardes sobre lo que se hizo el primer mes. Se convirtieron en maestros de sus propios compañeros. Nos fuimos dando cuenta que la escuela también debe de mostrarse como útil. Que tiene que demostrar su utilidad y cercanía con la vida que viven y quieren vivir las comunidades. Nos preocupaba que la escuela fuera irrelevante para los habitantes, y por lo tanto, que no validaran el nuevo proyecto. Esto condujo a la reflexión sobre los contenidos que podrían servir para su vida. En clase de lenguas, los promotores nos pidieron que les enseñáramos a hacer actas de asamblea y denuncias, pues las tendrían que hacer en sus comunidades. Surgió la petición de que les enseñáramos a escribir bien el castellano, demanda que en este contexto adquiere un sentido especial, pues manejar bien el castellano es la única manera de que ante el mundo ladino ellos dejen de ser los que «no saben», los «pinches indios ignorantes». Por petición de ellos, decidimos también abrir un taller de ortografía en las tardes, al que asistían más de 40. Esto nos hizo ver que lo más importante de la escuela era inaugurar nuevas relaciones entre los involucrados y no sólo «clases». Habíamos empezado sin nada, y ahora poco a poco nos percatábamos del valor de las re-laciones. Eso nos hizo ver el papel de los espacios «no formales» de trabajo. Las peticiones de asuntos que querían aprender abrían una nueva organización del trabajo que entonces trascendía el trabajo planeado y planteado dentro de los límites de la «escuela». En la práctica, reconocíamos entonces que la escuela era mucho más que las bancas, los salones y las clases. Que por sobre todo, el esfuerzo de trabajo conjunto se-rá siempre la recuperación del valor de la convivencia como fuente de aprendizaje mutuo y que eso podía ocurrir a «deshoras». Además, siempre se buscaba que desarrollaran las propias estrategias. En la primera clase de matemáticas, por ejemplo, un promotor anunció que no sabía dividir. Propusimos que todos le entráramos a un problema, sin «saber dividir», sin usar la «casita», para ver cómo lo resolveríamos. Entre to-dos, usaron una amplia gama de estrategias, y finalmente, el que había dicho que no sabía reconocía todo lo que sí sabía de la división.

Trabajo por demandas

Había que encontrar un espacio que ayudara a articular los programas, y en una plática inicial con las comunidades surgió la idea de integrar el trabajo a través de las demandas, pues una gran cantidad de saberes y conocimientos se pueden organizar y construir en torno a estos temas: Techo, Tierra, Trabajo, Salud, Alimentación, Educación, etcétera. De esta manera el aprendizaje puede darse en función de la lucha y de la resistencia y no sólo en función del mundo académico. Estos ejes también permitirían conjuntar los saberes locales con los conocimientos externos, para generar un conocimiento nuevo, propio de las escuelas en resistencia. Cada demanda se discutiría con los promotores y pensaríamos en todos los conocimientos y acciones que se necesitan para ir logrando cada una. A partir de la reflexión sobre estas problemáticas tenderíamos puentes hacia las otras áreas: Historias, Lenguas, Medio Ambiente. Así el estudio de las demandas se tornaría armazón de toda la construcción del aprendizaje.

Empezamos por **Autonomía**, como la madre de todas las otras demandas, sobre todo buscando una definición propia. Cada grupo sacó sus conclusiones que giraban, en general en torno a: «*Ya no depender del gobierno, poder nombrar a sus autoridades, ser libres y poder tener una vida digna*». El criterio para ordenar las demandas y trabajarlas fue partir de lo particular a lo más general. Por lo que empezamos desde lo local, de nuestra casa, nuestra familia, de lo más cercano, lo que conocíamos mejor, es decir, del Techo, para ampliarnos después al exterior, a otras formas de vida, de subsistencia, a la Tierra, el Trabajo, la Salud y la Alimentación, y finalmente la Justicia, la Democracia y la Igualdad. La demanda de Educación permanecería presente a lo largo de las reflexiones sobre cada una. La idea de finalizar en un producto concreto para cada demanda, surgió por la necesidad de llevar de regreso información a las comunidades. Con la demanda Tierra, como se habían discutido, analizado y creado textos de muchos temas -como la lucha por la tierra, las reformas al Artículo 27 constitucional, el Plan de Ayala, etcétera-, se decidió que cada promotor realizara un periódico mural para llevarse. Los títulos giraban en torno a: queremos una tierra para todos, la tierra es de quien la trabaja, la tierra es de todos, es la que nos da de comer, un lugar para vivir, la madre tierra, los frutos de la tierra. Para el tercer y cuarto periodo, la demanda fue Trabajo y finalizamos con una exposición colectiva a la que se invitó a toda la comunidad a verla. Cada grupo desarrolló un tema relacionado con la demanda, entre los que estaban: *La concepción del trabajo en el mundo indígena; *La división del trabajo al interior de la familia; *Los trabajos nuevos y los trabajos desaparecidos a partir de la lucha; *El petróleo; *Modos de hacer una milpa; *Origen del hombre.*

Los promotores se enfrentaron por primera vez al reto de mostrar ante la comunidad lo que habían aprendido en el curso y los resultados fueron muy sorprendentes. Lo que vimos fue a un grupo de promotores seguros y orgullosos de lo que sabían, explicando a los compañeros en grupos de mujeres, hombres y niños, que curiosos y un poco extrañados pero atentos, escuchaban lo que ellos tenían que decirles. Vimos cómo se apoyaban no sólo en lo que sabían sobre el trabajo, sino que se dieron cuenta de que en la vida los conocimientos no se dan aislados, sino interrelacionados.

El trabajo en las áreas

Vida y Medio Ambiente

Había que saber escuchar las chachalacas, el saragüato, los grillos para saber que llovería. Nosotros sabíamos poco de esto mientras los promotores sabían observar el cielo y la selva para orientarse y no perderse; miraban alguna estrella, la montaña, los árboles. Tienen habilidades sorprendentes para nosotros porque sus tradiciones y su relación con el mundo los preparan para cosas que en la ciudad hemos perdido. Era importante validar las estrategias que todos tenían para conocer y convivir con el mundo porque precisamente esos saberes han sido menospreciados secularmente por casi todos los que traban relación con ellos, lo cual muestra la ignorancia y el racismo de muchos urbanos. Lo paradójico es que esos conocimientos menospreciados les permitían orientarse y sirvieron para que hicieran mapas de sus comunidades. A través de ejercicios de percepción con todos los sentidos, se pusieron en evidencia los diversos conocimientos que hablaban de una forma específica de la relación con su medio ambiente, heredada de su cultura.

Cuando tocamos el tema de los seres vivos, la cuestión de lo que está vivo y lo que no está vivo provocó una reflexión profunda dentro y fuera de clases. Promotores tzeltales preguntaban a sus compañeros de otras regiones si creían que las piedras estaban vivas; algunos afirmaban que se criaban en el agua, y que la presencia de piedras chicas y grandes confirmaba una de las características biológicas de los seres vivos, el crecimiento. Algunos furiosos, lo negaban. La pregunta andaba de boca en boca, de pensamiento en pensamiento. Los promotores acudían con los maestros en busca de la «verdad» y sus respuestas abrían más posibilidades. Los promotores se volvían locos y la diversidad de verdades quedaba por encima de todo. Cuando hablamos de las clasificaciones de seres vivos, de animales en este caso, los promotores hicieron unos móviles en diferentes lenguas, mostrando distintos criterios de clasificación: el grupo de los que tienen aletas, de los que pican, de los que tienen luz, de los que brincan, de los mamíferos, etcétera. Lo importante en esta área era intercambiar saberes y conocimientos; descubrimos que a través de este intercambio aprendíamos más. Nos propusimos hacer un herbario entre todos y poner a prueba el conocimiento colectivo sobre el uso de las plantas y sus bondades: *«Mi abuela todavía usa remedio, no le gusta la pastilla»* decía una. Otros comentaban: *«Con la pastilla es más rápido, no hay que salir a buscar y dónde lo vamos a encontrar, no hay»*. Los programas que se habían preparado servían como base para indicarnos por donde empezar. Al principio no teníamos interlocutores en la clase, sólo uno o dos hablaban, los demás estaban muy a-tentos a lo que se escribía en el pizarrón. Cuando no escribíamos e íbamos sólo comentando solían decir «*Maestra, maestra, ¿lo va a escribir?*».

Con el tiempo, los promotores empezaron a tomar la palabra en clase, y se fue dando una construcción colectiva que se salía de la teoría y se acercaba más a sus intereses. Los momentos más interesantes, que luego se volvieron ejes metodológicos, ocurrieron cuando empezamos a trabajar en sus lenguas. No era lo mismo aprender nuevos conceptos en una sola lengua; los ejercicios de traducción de éstos a las lenguas indígenas permitían un mejor entendimiento y la apropiación de nuevos conocimientos. Por ejemplo: tradujeron herbívoros como «*Animales que comen monte*», Kuxuktuk tu kil ku`l en tojolabal. Propusie-ron también una explicación de la metamorfosis y fue importante mencionarlo: «*Metamorfosis: cambio de vida y de forma de algunos animales*», Jax xelun sbak`etal yax k` alpuj ta yan tut chametik. en tzeltal. Entre ellos reconocieron el saber que tienen -del castellano y del tzeltal o tzotzil o tojolabal o chol- ya que son bilingües. También reconocieron la riqueza de sus lenguas, en su oralidad y en su escritura. Nosotros, que comprendíamos muy poco de las lenguas indígenas, simplemente promovíamos su validación en clase, como eje para el aprendizaje.

Las leyendas también eran una fuente importante de saber. Encontramos que algunas de las leyendas nos explicaban el por qué de las características de los animales. Por ejemplo, había una que explicaba que los murciélagos primero son ratones y que al cumplir la prueba de dar tres saltos, en el último se convierten en murciélago. Lo esencial fue intercambiar experiencias y saberes, generar conocimientos más específicos sobre la vida y el medio ambiente, a partir de la ciencia y la cosmovisión propia de su cultura. Nos reconocimos como una gran comunidad de seres vivos y notamos nuestra responsabilidad ante ello. Esta situación se retomó cuando tratamos el tema de los ecosistemas, para entender este concepto, nos organizamos en grupos de investigación para realizar una actividad final en donde todos expusieron sus trabajos. El ecosistema que trabajaron fue la selva: un grupo se encargó del vocabulario para definir con sus palabras conceptos y palabras que no se entendieran; también buscaban la traducción de las palabras a otras lenguas. Otros hicieron una ilustración de las capas de los suelos de la selva. Otros hicieron títeres de animales y plantas e investigaron sus características, y así representaron su investigación. Otro grupo se encargó de buscar leyendas de animales, y las narraron para todos. La actividad en sí misma representaba el funcionamiento de un ecosistema, en el que todos establecen relaciones directas o indirectas de intercambio esenciales para la vida. En este último punto, insistimos mucho en la historia de explotación de recursos naturales de Chiapas, entonces procurábamos la lectura de noticias, comunicados, y textos de especialistas que trataran la problemática del medio ambiente. Se reconocía también el conocimiento como un factor determinante para que ellos pudieran preservar los recursos naturales. Recogíamos comentarios de sus experiencias durante los diez días de regreso a la comunidad. Por ejemplo, algunos traían semillas de su comunidad para sembrarlas en el huerto que empezamos a construir; otros nos comentaban de sus experiencias cuando daban clases de medio ambiente: «*Pusimos a los niños a hacer el dibujo de las plantas que había en su solar para que expliquen para que sirven*». Otros nos contaban que habían trabajado en su cafetal, parte importante dentro de su actividad y su economía o que querían armar un solar en sus futuras escuelas. Aquí la evaluación no podía ser nada más de conocimientos, sino que teníamos que apreciar las actitudes. Pa-ra eso había que entender el contexto, en muchos momentos lo que se esperaba era simplemente hacer conciencia de una situación ambiental en donde ellos encontraran sus propios mecanismos para resolverlo, quizá un buen comienzo es la educación de los niños.

Lenguas

Lenguas en plural, y no castellano, como en las escuelas tradicionales. Esta decisión nos permitía legitimar el uso de todas las lenguas, y de juntarlas en un mismo espacio de comunicación, en lugar de separarlas. ¿Dónde y cómo se habla y se escribe en la comunidad? Esta fue la idea o palabra generadora que originó el trabajo en Lenguas. El eje central de estas sesiones fue el desarrollo de las habilidades de lectura y de escritura, pero siempre en su uso concreto y cubriendo las necesidades específicas de las comunidades. Uno de los ejemplos más ilustrativos es el mapa que se realizó con los promotores para localizar dónde se encontraba lo oral y lo escrito. Se llegó a la conclusión de que lo oral está en todos lados: en las asambleas, en las viviendas, en la milpa, inclusive en el río donde se bañan y lavan la ropa. También se llegó a la conclusión de que la lengua oral sirve para comunicarse, para transmitir los saberes, y poder organizarse. Así se fue logrando uno de los propósitos del área, valorar la oralidad. La recuperación de historias propias fue de suma importancia en el trabajo con la tradición oral. Esta experiencia se concretó en un libro Cuentos que los viejitos cuentan en las comunidades rebeldes escrito por los promotores y promotoras de educación de la zona rebelde. Todos hicimos un esfuerzo en juntar las leyendas y cuentos de los ancianos de nuestras comunidades. Es importante juntar las leyendas contadas por los abuelos y mayores de edad de muchas comunidades, porque con lo que los viejitos hacían avanzamos hacia el futuro. En este libro podrán notar qué es lo que pasaba antes, son historias que dicen para divertir a la gente o para contar con más detalle sus tiempos anteriores. También las recogimos para que se den cuenta de las costumbres y tradiciones de los campesinos; en algunas ocasiones nos cuentan cómo perdieron su leguaje propio y sus creencias, la fundación de sus comunidades. En el libro se incluyeron leyendas de animales, el mito de «El sombrerón» y otros espantos, historias de las comunidades y de cómo fue la vida de los viejitos y ancianos, historias que *«se están formando día a día con la información propia donde tomamos en cuenta a nuestros abuelos»*. También trataron de localizar los usos de lo escrito dentro del mapa. Nos dimos cuenta de que no está tan presente dentro del contexto comunitario. En la mayoría de los casos es algo ajeno. El uso de sus propias lenguas tiene una historia de oralidad. A pesar de ello, dentro de la clase los promotores explicitaban la necesidad de saber leer y escribir en castellano y en su lengua, inclusive para la lucha. *«Si no supiéramos escribir, la gente del mundo no se enteraría de nuestra lucha»*. Durante el curso trabajamos diálogos, teatro, entrevistas, cuentos, leyendas. También trabajamos los diferentes géneros escritos que se relacionaban directamente con las demandas y con necesidades específicas como actas de asamblea -la cual fue una petición-, cartas, denuncias, oficios. *«Un acta nos sirve para resolver problemas»*, declaran *«para que la gente cumpla los acuerdos, ya que el trabajo es voluntario. Por eso con el acta nos sujetamos a que nos hagamos responsables cada quien»*. *«El acta nos sirve para que queden los acuerdos por escrito»*. También estuvo presente en los cursos la diversidad lingüística en el país, las numerosas lenguas indígenas. Este tema permitió la reflexión sobre el acceso de los pueblos indios a los medios de comunicación: sus usos y derechos. Por ser uno de los medios al que todo mundo tiene acceso, el radio tuvo más eco. Entre todos, elaboraron y grabaron programas y Radio Tuktukil, cultura indígena, transmitió en la escuela programas sobre diferentes temas. Aunque era más lejano, se reconoció la importancia del periódico como un medio determinante para dar a conocer la palabra de los pueblos indios en el exterior. Se reflexionó sobre la veracidad de la información, sobre las mentiras que «echan» la televisión, los periódicos y el radio. En un ejercicio los promotores formularon los encabezados de la noticia que anunciaría su escuela:

En la escuela de la resistencia se están preparando los promotores indígenas para defender a sus pueblos.

Escuela fundada para la resistencia formada por los promotores de los pueblos organizados.

La escuela de la resistencia es independiente del gobierno y los promotores aprenden cosas nuevas.

Otro eje fundamental fue la creación de actividades para enseñar a leer y a escribir a los niños. Partimos de ciertas preguntas: qué conocen, cómo acercarlos a lo escrito, cómo respetar sus hipótesis propias. Seguimos trabajando en esto, ya que es una de las demandas centrales de los promotores. Debido a la falta de material didáctico, y la casi ausencia de lo escrito en el contexto comunitario, se fueron buscando maneras y recursos propios que puedan facilitar el aprendizaje de la lecto-escritura. Por ejemplo se utilizaron los empaques de galletas y otros alimentos con los niños como material; igualmente se generaron cuentos propios, se inventaron adivinanzas, crucigramas, trabalenguas. También se reflexionó sobre las diferentes etapas por las que el niño pasa durante su aprendizaje y las posibles conclusiones que el niño va desarrollando; todo esto con el objetivo de que el promotor comprenda y vaya observando los avances del aprendizaje. La clase de lenguas ha sido un espacio muy intenso, pues los promotores llevan una doble tarea. Primero, tienen que ir mejorando su propia capacidad de escribir y de leer y aprender nuevas formas de comunicación. Por otro, tienen que ir pensando cómo les van a enseñar a los niños, es decir el saber y el saber enseñar. El nombre propio como palabra generadora permitió abrir un camino que creció de lo pequeñito hasta textos complejos. Encontramos que esta manera de empezar facilitaría a los niños y niñas y a los promotores crear un lenguaje común y cercano que obviamente no va a ser ajeno a su realidad. También se trabajó con otros nombres que para ellos son de suma importancia como es Zapata. Juntos fuimos construyendo un lenguaje común que nos permitía ver las necesidades de los promotores y también las dificultades con las que se van a enfrentar. En la clase de lenguas, después de haber trabajado la idea de la palabra generadora, hablamos de los pedazos más pequeños de la palabra, las sílabas y las letras, y de los niveles siguientes, la frase, el texto. Después de la actividad, uno de los promotores concluye: «*aprendiendo lo más pequeñito (tenía una letra s en sus manos) puedo escribir la historia de mi comunidad*».

Historias

Las fincas son donde el patrón manda a sus peones, él los usaba como él quiera y los pobres peones como no tenían mas donde irse a ganar pues tenían que respetar lo que el patrón diga. Y el patrón les decía que sin él, no podían vivir, pero era al contrario, el patrón no podía vivir sin sus trabajadores. Les pagaban con una ficha donde sólo en su tienda podían gastar esa ficha... Pero compara con el tiempo de ahora, nada más pienso en la palabra autonomía. Ya no tenemos patrón, si tenemos uno que dirige el trabajo pero manda obedeciendo o sea respeta a la mayoría. Promotor, mayo de 1997

El nombre de esta área está en plural porque no se trata de reproducir el esquema de la escuela oficial, cuando dice que solamente hay una historia. Es ahí donde nosotros no compartimos la misma visión, ya que se trata de reconocer que existen otras historias que tienen que encontrar su lugar dentro de nuestra educación. En esta área vamos a construir juntos otras historias que partan de las historias locales, las historias estatales, así como las de otras localidades de la nación. El programa inicial del curso planteaba empezar con la historia local y regional para después ir ampliando el espacio hacia la historia nacional y en algunos casos los procesos históricos más importantes del mundo. Esto fue muy difícil, ya que como ya lo hemos mencionado antes, estos nuevos planteamientos son parte de un proceso que constantemente está siendo modificado por la realidad. Al principio, los promotores no estaban seguros (listos, de acuerdo) de empezar hablar de su historia propia. Había ante todo una falta de validación de los saberes locales, por lo que tuvimos que empezar desde otro lado. Se comenzó con historias de otros pueblos del mundo.

Los ejes que tratamos de trabajar fueron los siguientes:

1. Entrelazar las historias locales (la realidad propia) con historias de otros pueblos (realidades de otros pueblos).
2. Trabajar constantemente con la noción de espacio y tiempo. En este caso ejemplificamos el tiempo a través de una línea del tiempo gigante, que abarcara lo local, lo nacional, y lo mundial. En cuanto al espacio se trabajó constantemente con mapas, ilustraciones. Igualmente ellos hacían sus propios mapas y croquis locales y regionales.
3. Se trabajó en torno a las demandas básicas relacionando así constantemente algún tiempo y espacio ajeno a su realidad propia. También se hacía una reflexión, en donde ellos siempre tenían la última palabra, entorno al por qué de las demandas.
4. Uno de los ejes más importantes, que generó muchas reflexiones y nos ayudó a una mayor compresión de la actualidad fue partir de los procesos históricos más importantes de México y del mundo. En estos tema se introducían palabras (conceptos claves) que iban definiendo ellos en sus propias palabras. Se trabajaron muchos conceptos, como el de cultura, colonización, independencia, racismo, explotación, migración, etc

Una de las herramientas más importantes que se utilizó fue la narración de hechos históricos, leyendas, chistes, frases celebres. Una de las reflexiones que los promotores hicieron sobre la colonización de América giró entorno a una frase que Hernán Cortés dijo:

«Los españoles tenemos una enfermedad que solo se cura con oro». Una de las reflexiones sobre está frase que fue bastante ilustrativa del pensamiento de la época fue la siguiente: *«Yo creo que esa enfermedad todavía existe y que no se cura con una pastillita sino con bala».*

Los procesos históricos más importantes sobre los que reflexionamos fueron la época prehispánica, la conquista y la época colonial (aquí tratamos de enfocarnos a la situación agraria de la época y los movimientos indígenas de esa misma época). Igualmente, analizamos el papel de la Iglesia durante la colonia y a partir de eso, los promotores fueron encontrando lazos entre la historia y su realidad. La revolución industrial se estudió como una de las rupturas más importantes en la historia del mundo. Nos enfocamos a lo que es la ciudad, la fábrica, los obreros, los movimientos obreros, los sindicatos, y la aceleración de la industria. Con este tema se realizó una actividad en la que una parte del grupo eran obreros de una fábrica de cuadernos, donde había una división del trabajo muy marcada y otros eran artesanos, dueños de su taller y de su producto final. Esta actividad sirvió para que los promotores comprendieran las diferencias existentes entre las condiciones de trabajo de una fábrica, los obreros asalariados y explotados que trabajan pa-ra un patrón y el trabajo en un taller artesanal propio.

Otros temas importantes fueron la Independencia de México y la consolidación de la República Mexicana, las perdidas del territorio mexicano, la anexión de Chiapas a México, el Porfiriato. Unos de los períodos históricos que los promotores hacen constantemente referencia es la Revolución Mexicana. En este tema básicamente se abordaron las causas sociales de la Revolución Mexicana, los actores principales, y se analizaron dos textos muy importantes para la revolución y para el país inclusive hoy en día: El plan de San Luis decretado por Francisco I. Madero y el Plan de Ayala decretado por los representantes del pueblo y Emiliano Zapata. Analizamos entre todos detalladamente los planteamientos de Zapata en cuanto a la lucha por la tierra y se reflexionamos sobre la lucha por la tierra en la actualidad. Poco a poco, se iban acercando los conocimientos de realidades lejanas y los conocimientos propios de la región. Siempre íbamos y veníamos con las historias de otros pueblos y los promotores iban y venían con las historias de sus pueblos. En todas estas etapas históricas se trató de abordar la cuestión campesina, para lograr una visión comparativa acerca de donde se situaban en cada momento y espacio. Las discusiones nos llevaron a la reflexión en torno al por qué importaba la historia, a la utilidad de la historia. También hablamos mucho de por qué ciertos actores sociales se destacan en la historia oficial, y sobre todo, sobre quiénes son los actores principales de la historia y el porqué importa construir una historia propia, una historia de la resistencia y de las luchas. La creación de materiales propios ha sido también parte del proceso. Después de tres meses de trabajo, resulta ahora posible empezar a recopilar historias del origen de sus comunidades, mapas de sus comunidades y muchos materiales que requieren de una investigación seria por parte de los promotores dentro de su comunidad.

La historia nos sirve para darnos cuenta de lo que pasó antes de los antepasados de como los trataban y con esto reflexionemos de que no nos hagan lo mismo, buscar medidas de como trabajar mejor y no ser mandados por nadie.
Promotor, 1997

Matemáticas

En el área de matemáticas los contenidos que trabajamos se enfocaron a la búsqueda de herramientas que a los promotores les serían útiles para resolver problemas y para desarrollar sus propios recursos al enfrentar diversas situaciones que impliquen un razonamiento matemático. Tratamos de que en cada clase hubiera diferentes espacios: uno de manipulación con diferentes tipos de materiales, otro de análisis del mecanismo de cada operación en el pizarrón, otro de la escritura. También utilizábamos algunos juegos y generalmente concluíamos con problemas relacionados con la comunidad. Trabajamos con los siguientes temas: - La serie numérica y sus características; - Las cuatro operaciones: suma, resta, multiplicación y división; - Medidas y algunas nociones de geometría.

Clasificar en problemas u operaciones fáciles y difíciles fue el punto de partida para reconocer lo que se sabía y lo que hacía falta trabajar más. El reconocer que algo no se sabe, ayudó a los promotores a darse cuenta de que puede haber muchas maneras de resolver los problemas. Una vez un promotor dijo que nadie le había enseñado a dividir, pero reconoció que en la práctica en la vida cotidiana constantemente estaba dividiendo cosas. Esta reflexión facilitó la búsqueda de estrategias propias para resolver problemas. También se reconoció que hay varios recursos para medir y se recopiló una infinidad de medidas locales. Por ejemplo, un zonte=a 80 manos, una mano=a 5 mazorcas, un codo=a 30 cm, un cuerdazo, un geme. Entre todos hicimos un cuadro de equivalencias de estas medidas con el sistema métrico decimal. Acordamos que una parte muy importante en la construcción del aprendizaje en las matemáticas era la resolución de problemas, pero también la creación de problemas, y así se da un significado mayor a los conocimientos matemáticos. Reconocimos que a partir del juego se pueden idear situaciones que faciliten el aprendizaje y que sirvan para diseñar actividades para el trabajo con los niños. Una actividad que se hizo, fue calcular el número de árboles que hacían falta para construir otra escuela, la idea era compartir las diferentes estrategias que usaban para encontrar la solución. Hubo muy diversas formas de hacerlo, que iban desde contar todas las tablas, hasta a puro ojo un cálculo aproximado de árboles. Se armó la discusión de cuántas tablas salían de un árbol, había argumentos de todo tipo, desde muy técnicos hasta *«depende del árbol, que tan grande sea»*, *«en mi región se sacan más»*. La conclusión: hay muchas estrategias: unas son como brechas, otras como carreteras internacionales, pero todas son válidas si nos llevan al resultado. A manera de evaluación se hizo un concurso donde participaron todos los promotores. Hubo 20 equipos de 5 integrantes - *«los sinceros»*, *«los rebeldes»*, *«los haraganes»*- que tenían que ir resolviendo colectivamente una serie de problemas. Cada uno los llevaba a diferentes lugares en búsqueda de la próxima pregunta, *«este examen sí está bueno»*, dijeron. Durante toda la mañana corrieron por la comunidad para llegar a la meta y a la conclusión de que la escuela no tiene que ser aburrida y que para evaluar había que resolver sus problemas y no basta con saber las operaciones.

Especialización

Este espacio se abrió debido a las necesidades que se exigían en ese momento. Los promotores demandaban un espacio en donde se trabajara más a profundidad métodos para la enseñanza de los niños. Los grupos de trabajo se organizaron de acuerdo a grupo lingüístico porque era importante que tomara significación y que empezaran a trabajar en lengua, ya que así es como lo aplicarían con los niños. Se hicieron cuatro divisiones, dos grupos que hablaban únicamente castellano, un grupo de tzeltal y tzotzil (sólo cuatro hablantes de tzotzil) y un grupo de tojolabaleros. Se inició el trabajo de la construcción metodológica que más se adecuara a los grupos, se diseñaron fichas de trabajo por clase, algunos grupos exponían sus propuestas para enseñar; en colectivo se evaluaba la experiencia y después de esta reflexión se diseñaban las fichas de trabajo, donde se incluían conocimientos que aplicarían y cómo las aplicarían. En los grupos que hablaban lengua indígena se trabajo con otra dinámica. En este espacio se siguieron dos líneas principales de trabajo.

1. Abrir el espacio para que hablaran, escribieran en lengua y discutieran en cuanto a la misma escritura de su lengua.
2. Trabajar el cómo enseñarles a los niños a través de actividades, tradu-ciendo lo que se había aprendido en actividades y materiales para niños.

Este espacio que se les dio a las lenguas sirvió para poder acordar cómo se les enseñaría a los niños en su lengua. Inclusive fue muy importante para la formación de los promotores cómo se podía escribir su lengua y cómo trabajar con los niños, y pensamos que para las próximas generaciones va a ser un espacio clave para este proyecto e educación.

Encuentro con la comunidad

Una etapa clave que aportó muchos elementos para repensar las formas de trabajo han sido las visitas por parte de los maestros a diferentes comunidades durante los 10 días en que los promotores regresan a sus pueblos. Significó reconocer el espacio donde los promotores se confrontan con la realidad comunitaria. Estas visitas nos han permitido observar de cerca el papel nulo que ocupa la educación oficial: «*El problema es que los maestros de la SEP son 'muy otros', les hablan a los niños en español y ellos no entienden*», «*los maestros (de la SEP) no enseñan lo que deben, no enseñan por qué los indígenas están explotados, olvidados*», «*tenemos problemas por el trago, y que sólo vienen 2 ó 3 días*». Estas son las razones por las cuales «*las comunidades han decidido tomar la educación en sus manos, como parte del proceso de resistencia»,* por ser la educación una forma de lucha. Las problemáticas para cada comunidad son muy diversas y ha sido esencial en el proceso de construcción, establecer un diálogo con las comunidades para entender las condiciones y los problemas que enfrentan, en su esfuerzo por crear una educación digna y autónoma. La reflexión que provocaron estas visitas replanteó algunas líneas de trabajo, para hacerlas más acordes con las necesidades y las características específicas de las comunidades. También pudimos observar en cierta medida, la aplicación de lo que los promotores habían aprendido en la escuela. En algunas comunidades fue posible observar a los promotores dar clases en lengua, esto fue muy importante. En el caso de una comunidad tzotzil, el primer día de clase, hubo entre los niños una discusión planteada por el promotor sobre cómo la llamarían, si maestra o compañera. Creemos por otro lado, que las visitas han sido muy importantes para las comunidades, pues en muchos casos no se tiene una idea clara del proyecto. Han servido para aclarar las intenciones, pero también los límites que tiene. En todas las visitas hubo una o varias reuniones con los comités de educación y padres de familia de la comunidad. Se les presentaron brevemente aspectos generales del proyecto y se plantearon varios problemas con la idea de abrir la discusión, a corto y largo plazo para compartir las soluciones o posibles respuestas o estos problemas. En estos encuentros, los miembros de las comunidades, expusieron los siguientes problemas:

- Lo difícil que resulta mantener a los promotores y a la escuela. Algunas comunidades tienen una milpa, un cafetal o la huerta escolar que es trabajada colectivamente para mantener a la escuela.
- Hay un solo promotor para todos los niños.
- El largo proceso que implica la formación del maestro. *«En seis meses no se hace maestro».*
- La idea de la escuela «propia». Reconocer que la comunidad tiene decisión sobre la escuela y la responsabilidad que esto implica: *«Las comunidades han estado siempre excluidas de todas las decisiones que le competen a la escuela»:* horarios, descansos, temporadas de vacaciones, época de cooperación en el cafetal, etc.
- *«No hay lugar para dar las clases».*
- *«No hay suficiente material para trabajar».*

Pese a todo esto, hay algo en lo que sí hay acuerdo: *«Las comunidades necesitan sus propios promotores de educación para ya no recibir las mentiras que enseña el gobierno»*. *«La educación que den los promotores tiene que ser muy diferente»*. *«El problema no es de una casa o de dinero, sino de que haya quién enseñe y haya quien aprenda»*.

Talleres

Taller de capacitación de carpintería.

Este taller se concibe como un apoyo a la capacitación de los promotores de educación, ya que la mayoría de las veces en las comunidades no existe mobiliario de escuela, ni material didáctico (reglas, compases, pizarrones, etc.). De esta manera pueden autoabastecerse de materiales básicos para la escuela. El taller de carpintería se inicia el 20 de julio de 1997 y termina en diciembre, como parte general del proyecto de educación *«Centro de formación para promotores en educación Semillita del Sol»*, las clases se impartieron en períodos de 20 días continuos y 10 de descanso durante un semestre. Esto es debido a las necesidades y responsabilidades que los promotores tienen con sus familias y comunidades. Dentro de estos 20 días efectivos de cada período, las clases de impartieron en cuatro grupos, con ocho alumnos en cada grupo. De tal manera que dos grupos recibieron clases los días lunes, miércoles y viernes, y los otros dos grupos martes, jueves y sábado, ocupando los domingos para algunas clases conjuntas de teoría.

Cada grupo recibió dos horas y media de clase al día, lo que hace un total de siete horas y media semanales por grupo, más algunas horas extras de los domingos. En los ciento veinte días efectivos de este primer semestre, las materias impartidas fueron las siguientes:
-Conocimiento de la materia prima: Clasificación, propiedades y usos,
-Conocimiento y mantenimiento de la herramienta básica del carpintero:
-Uso y mantenimiento de la Garlopa y el Cepillo,
-Uso y mantenimiento del Serrucho y de la Sierra de Costilla,

- Uso y mantenimiento de los formones,
- Uso y mantenimiento del martillo,
- Uso y mantenimiento de la escuadra y escuadra falsa
- Uso y mantenimiento del berbiquí
- Uso y mantenimiento de herramientas de medición.
- Preparación de la materia prima (Madera):
- Teoría y práctica del cepillado. Esta materia requirió de mucho tiempo, por ser elemental la preparación para tener un buen acabado posterior. También el retraso se debió a las malas condiciones en que llega la madera, al ser tableada (cortada) con motosierra.
- Escuadrado,
- Ensambles: Claveteado, Espiga con caja, Espiga con mortaja,
- Ensamble a media madera,
- Encolados: Con sargentos, con cuerdas, por peso
- Dibujo Básico: En esta materia vimos la perspectiva caballera, por ser la que se usa mas comúnmente en carpintería.
- Matemáticas: Diferentes ángulos, construcción de ángulos, mediciones.

A la vez que se impartían las clases teóricas de cepillado y escuadrado, también se realizaban las prácticas. Realizando de esta manera la preparación de la madera para su uso en posteriores trabajos. La primera construcción que se realizó fue con base a las necesidades de la escuela. Se construyeron diez libreros, que unidos entre sí, ocuparon toda una pared de la biblioteca de la escuela. Los trabajos realizados en esta construcción fueron los siguientes:
- Cepillado, medición, escuadrado, aserrado, escopleteado, encolado.

Cabe destacar que en todos los trabajos realizados, siempre se buscó la forma de usar el mínimo material posible. Es importante mencionar que la herramienta usada fue manual, ya que en principio no tiene mucho sentido el uso de herramienta eléctrica, que en principio no van a tener acceso inmediato a dicha herramienta. Pudiéndose dar a posteriori un cursillo de manejo de herramienta eléctrica, o si se diera el caso de máquina-herramienta industrial. El taller tuvo mucho éxito por lo que la comunidad llegó a plantear la necesidad de buscar financiamiento para poder dar seguimiento a este taller y multiplicarlo en cinco regiones más.

Reflexión Pedagógica

En el último período estuvimos trabajando por las tardes en grupos de lenguas: castellano, tzeltal, tzotzil y tzeltal. En estas sesionas preparábamos clases para los niños, especializados en cada una de las cuatro áreas. Ya que pronto estarían de regreso en su comunidad definitivamente, tuvimos 2 sesiones en las que plantearon y discutimos algunas de las problemáticas a las que ellos se enfrentarían en sus pueblos. Había preguntas cómo:
Si me enfermo quién me va a suplir.
Si les preguntamos algo y no os contestan.
Que hacemos con los que se aburren
Com o vamos a segui cuando estemos casados.
Que pasa si no nos quieren apoyan en nuestra comunidad.
Que temas vamos a empezar.
Si los papas nos piden que castiguemos qué hacemos
Qué hacemos con os niños que no hacen la tarea.
Cuantas horas podemos trabajar
Como voy a trabajar si no tengo materiales
De dónde los voy a conseguir
Con quien vamos a informar el avance de nuestro trabajo
Si tenemos problemas, si me preguntan algo y no lo se como le voy a hacer.
Cómo los vamos a organizar por gurpos
En qué libros vamos a estudiar
Si no tenemos escuela donde vamos a dar las clases.
Cuando está ya bueno para cambiar de grado.
Vamos a seguir viniendo en curso a prepararnos como promotores.

En la segunda sesión dividimos a todos los promotores en 2 grupo, pues pensams que era importante que pudieran escuchar los problemas, pero también las soluciones que han dado en otras regiones. Fue una discusión larga y discutimos entre todoslas preguntas que tenían. Algunos acuerdos a los que llegamos son:
    Con respecto a la falta de materiales hubo varias propuestas:
- «Hay que consultarlo con la comunidad». Ella va a ver cómo le hace.
- Que los padres de familia hagan un cafetal, una milpa, un huerto

que sea de la escuela y lo que salga que sea para la escuela.
- Que cada familia done 3 ó 4 matas de café y lo que salga de su venta sea para la escuela.
- Trabajo colectivo: Cooperar de maíz y venderlo, o ganado frijol, o lo que la comunidad pueda dar.
- Que los padres de familia den dinero.
    En cuanto dónde se puede comprar el material:
Plantearon que es mejor organizarse por regiones para comprar el material en un solo lugar, pues de esta manera los costos se reducirían.

    Hablamos de la importancia del apoyo de la comunidad no sólo en cuanto a material, sino como apoyo en las clases, hablando sobre la historia de sus comunidades, orientándolos en temas que los promotores no dominan o no conocen. Y la constante comunicación que tendrá que haber entre los promotores de los diferentes pueblos para resolver problemas y hablar de los avances.

    Algunas de las consignas que los promotores inventaron son:
- El Art. 3ero dice: Nuestra educación es primero.
- El Art. 27 Salinas lo cambió por billetes.
- Nuestra Constitución fue escrita con sangre de la Revolución.
- Los Acuerdos de San Andrés son ahora y no después.
- Las compañeras promotoras son buenas luchadoras.
- Los promotores conscientes, los 6 meses estuvieron presentes.
- Los promotores que quieren justicia y libertad, estan en La Realidad.
- Con o Sin Constitución, Zedillo siempre hace la traición.
- Los promotores rebeldes ya se van a la selva verde.
- Los promotores de educación, pronto cambiarán la nación.

Texto Isauro

Estamos celebrando la clausura de una etapa de seis meses de formación de los promotores de las comunidades en lucha.

PROCLAMACION DE LOS PROMOTORES DE EDUCACION SOBRE LA CONSTITUCION.
Hacemos saber que la Constitución Política de México es una constitución muy bien redactada, donde dice que todo ciudadano mexicano

tiene derecho a la vida, a ser libre y a exigir sus derechos, preservar sus culturas, viajar libremente por todo el país sin ser molestado, tiene derecho a la educación y a tener tierra. Se prohibe la tortura. Da derecho a organizarse para anifestarse en contra algo que no estemos de acuerdo. Por lo que nuestra Constitución dice declaramos:
Que con los hechos el gobierno no lo cumple. Nuestros derechos no son respetados:
No nos podemos organizar porque el gobierno reprime, tortura, encarcela.
No hay derecho a ser libre, a decidir cambiar la forma de gobierno

Perspectivas de Trabajo del Centro de Formación de Promotores de Educación

Ante nosotros se abre una nueva fase del trabajo de educación en la zona. La tarea fundamental de esta nueva fase es la de continuar y fortalecer el proceso colectivo ya iniciado. Son varias las tareas encaminadas a este fin: consolidar las sesiones con los promotores, apoyar y dar continuidad al trabajo en las escuelas en formación en las comunidades, revisar y evaluar la metodología utilizada, continuar la reflexión sobre contenidos y su valoración, mantener la formación permanente de los capacitadores externos e impulsar la reflexión sistemática dentro del colectivo, entre otras. Una tarea básica es la sistematización de las experiencias acumuladas en los primeros meses en el Centro de Formación y las reflexiones que a través de ellas se han generado. Para ello, se cuenta con documentos, fichas, periódicos murales, entrevistas y notas en general que contienen un vasto material para ser recuperado y procesado, de tal suerte que dé la pauta para la forma de trabajo actual en la escuela y que a su vez sirva como herramienta para los nuevos grupos de trabajo, tanto de promotores, y capacitadores externos como de asesores. Otro punto importante es continuar con la reflexión sobre los contenidos y las formas de abordarlos, de los procesos de aprendizaje y de reflexión colectiva, y en general de la propia concepción de la escuela. Esta reflexión entra ahora en una nueva fase, dado que se cuenta con un cúmulo de experiencia del que se carecía a inicios del proceso y de que ahora, en el proceso de reflexión participan una multiplicidad de voces provenientes de diversas esferas y formas de abordar los problemas: las comunidades, los promotores de la primera generación, el grupo de facilitadores con experiencia en la zona, las nuevas generaciones de promotores y facilitadores y el equipo de trabajo de apoyo, ahora ampliado.

Una de las discusiones centrales en torno a la manera de abordar el proceso educativo guarda relación con la forma de lograr integrar los saberes a través de ejes articuladores como son las demandas y las áreas del conocimiento. Esta discusión se ha enriquecido a raíz de las experiencias de trabajo en el Centro de Formación de Promotores, en donde se han podido percibir los límites reales de la integración propuesta, así como detectar nuevas formas de aproximarse al trabajo por demandas. Es fundamental proponer una forma efectiva en que el espacio de demandas pueda ser trabajado de manera continua y vinculada a todas las otras actividades. Estas formas de articulación de los saberes y del trabajo de formación de promotores deben encontrar su forma de adecuación para el trabajo con niños. Otro aspecto importante de la etapa venidera es la profundización de la discusión sobre las escuelas como centros de generación de saberes. Enfáticamente se pretende reflexionar y proponer colectivamente formas y acciones para que este proceso haga posible transformar las escuelas en construcción en espacios de encuentro comunitario y de generación de saberes al servicio de las comunidades a las que pertenecen. Es decir, la tarea es proponer mecanismos para fortalecer el espacio de reflexión como elemento de construcción social, vinculando al proceso educativo con las demás necesidades de las comunidades. Se mantiene la tarea de reflexión sobre la forma de «aprender» y «enseñar». La reflexión en torno a la metodología de trabajo, en donde participan todas aquellas personas que llevan adelante la propuesta, es una tarea continua. Por un lado se pretende continuar revisando los matices pedagógicos orientados a las sesiones de trabajo con los promotores. Por otro lado, es de interés común concentrar la atención para definir propuestas sobre la forma de trabajo de los promotores con los niños de sus comunidades. En cuanto a la formación de los maestros, se mantiene la idea de continuar la forma de trabajo a partir de sesiones con los asesores así como con otros invitados que aporten sus conocimientos. Por ejemplo, de manera general, se ve la necesidad de que maestros puedan llevar un sustento teórico que permita entender la estructura de las lenguas indígenas, su lógica y aplicación. Así, se puede pensar en la búsqueda de asesorías específicas de lingüistas orientados a indígenas, o de especialistas en medio ambiente, particularmente de la zona de trabajo. Otra tarea importante es lograr la formación de los maestros con relación a aspectos de salud, tanto preventiva como de primeros auxilios, dada la enorme carencia de servicios en la zona. Para ello se ha pensado desarrollar talleres o sesiones informativas de atención básica a la salud, a fin de que los maestros tengan elementos mínimos para resolver problemas inmediatos y cotidianos.

Tareas específicas de la nueva etapa

A partir del trabajo realizado, se abren ante nosotros nuevos retos. Se nos ha solicitado ampliar la cobertura de nuestro trabajo hacia las cinco regiones en que se han organizado las comunidades en resistencia, abriendo, en cada una de ellas, iniciativas de formación similares a la que actualmente opera en la cañada de Las Margaritas. Así mismo se nos ha planteado dar inicio al trabajo de educación con adultos de las comunidades. Una tercera rama de trabajo que se nos ha solicitado es echar a andar un proceso educativo de segundo nivel (secundaria). A estas peticiones de ampliación de la cobertura del trabajo hay que sumar la necesidad de dar continuidad al trabajo en la región inicial en dos sentidos: por un lado iniciar la formación de un segundo grupo de promotores educativos de diversas comunidades, y por el otro dar continuidad al trabajo de formación del primer grupo de promotores que han recibido el curso inicial. Esto implica el trabajo a nivel de comunidades y escuelas en proceso de formación, que debe ser apoyado por todas las instancias del proyecto, no sólo en la procuración de materiales y recursos sino también en la implementación de formas y mecanismos de formación continua de los promotores con quienes se está trabajando -que incluyen nuevos períodos de formación intensiva en el Centro- y, centralmente, el trabajo de facilitamiento, favorecimiento y fortalecimiento de los procesos de discu-

sión con que se busca darle forma a las escuelas en construcción y al conjunto del proceso educativo planteado. En términos cuantitativos, en esta nueva fase del proyecto, las tareas son:
1. Dar apoyo a alrededor de sesenta escuelas en proceso de formación, que dan servicio a alrededor de 3,000 niños.
2. Dar continuidad a la formación de los promotores ya capacitados (115 personas).
3. Dar continuidad a los talleres.
4. Garantizar la formación de un segundo grupo de promotores en esta misma región. (Alrededor de 120 personas).
5. Inicio del trabajo de formación de promotores para educación de adultos y alfabetización (en la misma región).
6. Profundizar la discusión en torno a la nueva escuela. Esto quiere decir: profundizar llevándola a las comunidades involucradas en el proceso, a los comités de educación a nivel comunitario y regional, al seno de las escuelas en formación, a los nuevos promotores que formarán el segundo grupo de trabajo, y en el seno del colectivo de trabajo actualmente en operación.
7. Profundizar la discusión también quiere decir, a partir de la sistematización de la experiencia y el trabajo desarrollado hasta ahora, iniciar una segunda fase de discusión en torno al tipo de escuela que se está construyendo y a las formas que debe adquirir el proceso en esta nueva etapa.
8. Discusión del proyecto en las cinco regiones en que se encuentran organizadas las comunidades en resistencia.
9. Preparación del primer grupo de trabajo para el nuevo Centro de Formación de Promotores, pensado para la zona norte del estado.
10. Inicio de la formación de los grupos de trabajo para enseñanza de segundo nivel (secundarias).
11. Enlace con otros grupos interesados en el trabajo de educación en la zona, intercambio de experiencias, discusión de metodología y coordinación del trabajo en un sólo proyecto global.
12. Fortalecimiento de los grupos de trabajo en la ciudad de México y en San Cristóbal de las Casas, Chiapas.

CUBA ES UN AULA ABIERTA

Memoria y reflexiones de Armando Hart

Entrevista realizada por Pedro de la Hoz

La noche del 22 de diciembre de 1961, Armando Hart Dávalos no pudo conciliar el sueño. Como tantas otras noches de ese largo año, el alba lo sorprendió en la vigilia, pero esta vez era diferente: en sus retinas permanecían vivas las imágenes de una multitud de muchachos y muchachas, con los lápices, las cartillas y los faroles en alto, coreando consignas victoriosas en la Plaza de la Revolución. Atrás quedaban arduas jornadas de planificación de estrategias, de resolver grandes y pequeños problemas prácticos, de desplazarse a uno y otro lados del archipiélago, al frente de una movilización inédita de 271 000 personas para erradicar en un año el analfabetismo. Fue aquel un minuto de alivio, solamente un minuto, puesto que la vida por delante exigía combate. Pero bien valía el sobresalto de alegría en ese íntimo paréntesis de los recuerdos, una memoria que vuelve a sus palabras treinta y cinco años después, junto a reflexiones inaplazables ante las circunstancias de hoy.

¿Cuándo surgió la idea de librar una campaña de tal magnitud?
Los antecedentes se hallan en el Programa del Moncada. En su alegato conocido como **La historia me absolverá**, Fidel situó al analfabetismo como uno de los males sociales que hacían necesario un proceso revolucionario. De hecho, durante la etapa insurreccional, el Ejército Rebelde alfabetizó a muchos de sus combatientes, campesinos que se sumaron a la guerrilla sin haber pisado jamás un aula. Cuando se me designó Ministro de Educación en el primer gabinete del Gobierno Revolucionario, en enero de 1959, recorrí el país, recuerdo que donde quiera formulaban dos peticiones: médicos y maestros. En el propio 1959 se creó una comisión de alfabetización en el Ministerio, pero no fue hasta 1960 en que Fidel, máximo inspirador de la gesta, planteó la necesidad de enfrentar profunda y radicalmente la tarea. El mundo se

enteró cuando él mismo lo hizo público en ocasión de hablar a la Asamblea General de la ONU en septiembre de 1960. Para nosotros era importante resolver cuanto antes y con toda la calidad requerida esa deuda social, pues se trataba de una premisa para las transformaciones revolucionarias y de nuestro proyecto de nación.

Por aquella época y aún en ésta, en diversos países del mundo la alfabetización se lleva a cabo utilizando como recurso pedagógico primordial a la radio y la TV, o se organizan cursos a distancia o se planifican estrategias a tres, cuatro o cinco años vista. ¿Cuál fue el acento pedagógico que hizo de Cuba una experiencia única y exitosa?

Políticamente contábamos con la fuerza enorme del pueblo, plenamente identificado con las tareas de la Revolución, y ello se convertía en un factor de peso para considerar cómo enfrentar la campaña. Los planes tradicionales de alfabetización no se ajustaban a nuestros propósitos, no sólo por la dilación en sus plazos sino incluso por razones prácticas: ni la radio ni mucho menos la televisión tenían un alcance nacional. El secreto del éxito de la campaña se basó en la relación humana, en ese nexo intelectual, sentimental y psicológico que se establece cuando un ser humano se compromete con su semejante en transmitirle conocimientos y estimular su aprendizaje. Por demás, volviendo al plano político, la campaña perfiló sus instrumentos en el ámbito de la transformación ideológica que acompañaba a las transformaciones sociales y económicas. El alfabetizado no aprendía palabras cualesquiera, sino las que representaban su nueva condición de hombre libre, dueño por primera vez de su destino. En fin, que pedagógica y socialmente la campaña se enfocó como un problema del pueblo y llegó a serlo en realidad.

¿Cómo enfrentó usted esa tarea, quizá la más difícil de su desempeño ministerial por entonces?

No es correcto hablar en términos personales en ésa ni en otra de las grandes batallas de la Revolución, porque si algo caracteriza a ésta es su concepción colectiva. La Comisión Nacional de Alfabetización agrupaba en su seno a prácticamente todas las organizaciones políticas, sociales y de masas del país y a todos los sectores. Y no se trataba de una representación nominal, cada quien tenía su campo de acción y sus responsabilidades definidas. Así funcionaron todas las instancias. La campaña fue una especie de mecanismo de relojería pero con alma y conciencia, porque nada ni nadie, por ejemplo, podía movilizar a unos 100 000 estudiantes secundarios hacia llanos y montañas, ni nada ni nadie podía hacer que decenas de miles de obreros integraran las brigadas «Patria o Muerte» y que sus compañeros de oficinas, fábricas, talleres y granjas cubrieran sus ausencias. Únicamente una conciencia cívica muy arraigada y un sentimiento real de solidaridad y amor. Tampoco nadie flaqueó cuando en medio de la campaña se produjeron graves acontecimientos, como la invasión a Playa Girón o los asesinatos de brigadistas por bandas contrarrevolucionarias.

Cuándo recuerda aquellos días ¿evoca a algunas personas en particular?

Nombrar a uno u otro compañero me haría correr el riesgo de olvidos imperdonables. Desde luego, siempre tengo presente, como ahora, a Fidel, por su visión de futuro, su enorme poder de previsión, y su sensibilidad por cada detalle. Los dirigentes de las organizaciones de masas dedicaron tiempo y esfuerzo a cooperar con la cruzada. Hablemos por citar un caso, de Lázaro Peña. El líder del movimiento obrero tenía ante sí gigantescos problemas por resolver, relacionados con la producción, la zafra y el reordenamiento sindical, la protección de los centros de trabajo, en resumen, mucho en qué pensar y actuar, sin embargo recuerdo verlo participar activamente en la Comisión Nacional y aportar soluciones concretas.

¿Usted alfabetizó?

Bueno, puede decirse que me inicié como alfabetizador popular, pero esto no es importante. Todos fuimos alfabetizadores. (Hart no lo dice, pero durante varias semanas encontró tiempo para enseñar las primeras letras a una trabajadora del Mercado Unico de La Habana, a la que continuó prestándole atención Graciela Rodríguez -Chela- una de sus más antiguas colaboradoras, todavía hoy en el Ministerio de Cultura).

¿Pensó que había llegado a una meta el día que se proclamó a

Cuba como Territorio Libre de Analfabetismo?
Más bien supe que estábamos en un nuevo punto de partida. De hecho ya lo habíamos previsto antes de que culminara la Campaña. Ésta comprendía fijar los rendimientos del primer grado de escolaridad, por lo que requeríamos hallar las vías para el proceso de post-alfabetización, que entre nosotros se llamó seguimiento y cursos de superación obrero-campesina. Allí nació el subsistema de enseñanza de adultos. No sé si alguien recuerda también los llamados cursi-llos de Mínimo Técnico, que pretendieron calificar básicamente a los obreros en el conocimiento de sus habilidades. De allí también surgió una nueva hornada de pedagogos, puesto que muchos de los alfabetizadores se consagraron posteriormente al magisterio.

Más allá de la escolarización de casi todos los analfabetos ¿qué representó, en su opinión, la campaña dentro de la estrategia triunfante de la Revolución?
Confirmó algo que recorre toda nuestra historia más reciente: la articulación de la movilización social con la eficiencia técnica, organizativa y profesional. Para la campaña sumamos la inteligencia de los mejores pedagogos del país, porque para concebir una cartilla sencilla y eficaz se necesitaba de talento y experiencia. Y para que todo el engranaje funcionara, era menester contar con excelentes coordinadores y responsables en la logística y el aseguramiento en general. Pero si nos hubiéramos limitado a esto, apenas habríamos alumbrado una maquinaria tecnocrática. Por lo contrario, de haber incentivado la participación masiva, pero sin una preparación pedagógica y una coordinación técnico-organizativa adecuadas, la campaña habría quedado con un intento en la superficie. Movilización y organización, participación y rigor profesional, se articularon no sólo en la campaña, sino en el mismo camino hacia el triunfo revolucionario y luego en las grandes campañas de salud, las misiones internacionalistas en Africa, la concepción de la defensa a partir de la guerra de todo el pueblo. Estos son ejemplos de ejercicio responsable de nuestra democracia popular que deben recordarse a un mundo donde cierta gente ignora la naturaleza de nuestra épica social participativa. Otro legado que no debe ignorarse es el del despegue de una nueva intelectualidad: los maestros, científicos, cuadros políticos y adminis-

trativos, especialistas, técnicos, médicos y artistas mayoritariamente actuantes en ésta década son miles y miles de cubanos que se superaron a raíz de la revolución educacional iniciada por la alfabetización. Desde entonces Cuba es un aula abierta a todos sus hijos.

EL ROL DEL COORDINADOR, PROMOTOR Y/O EDUCADOR

Carlos Núñez Hurtado [1]

En todo proceso educativo y de transformación social claramente orientado e intencionado, la materia prima y verdaderos protagonistas del proceso, son indudablemente los miembros de los grupos, comunidades y organizaciones populares; en una palabra, el propio pueblo. Esto parece ser claramente aceptado por todos, incluyendo a muchos, que sin embargo, mantienen una práctica contradictoria con este planteamiento, pues su pedagogía, -como hemos dicho- gira en torno al educador y no al propio pueblo. Ellos, los educadores, los dirigentes o asesores, acaban siendo de hecho los protagonistas. No sin razón el tema del «agente externo» sigue preocupando por igual a promotores, educadores y líderes populares y políticos. ¿Debe existir, o no? ¿Cuál es el rol y sus características? A la primera pregunta, no daremos más tratamiento que el que se deriva de los hechos y que da origen a un documento como éste. De hecho, en la práctica real en toda América Latina, el llamado «agente externo» ha existido y existe. En ocasiones ha jugado el papel preponderante de promotor; en otras, de asesor; en algunas más, de educador. Yo diría que en realidad, todos hacemos un poco de todo, de acuerdo a las circunstancias y a las diversas realidades y coyunturas.

En todo caso -al menos en México- durante muchos años se jugó el rol de «promotor» de la organización popular. Ante la política populista, la demagogia y la captación del proceso popular por parte de la revolución institucionalizada, el auténtico movimiento popular, la organización popular independiente era muy débil. De ahí, como ya hemos planteado, que muchos intentábamos activar el desafío del movimiento popular, «promoviendo al pueblo». El «agente externo» asumía el rol de gestor de la organización. Con el desarrollo de los acontecimientos, en México el movimiento popular se ve fortalecido con la generación, presencia y desarrollo de múltiples organizaciones populares clasistas, independientes al monopolio oficial, y claramente orientadas hacia la construcción de una real alternativa de transformación estructural.

En esta nueva e irreversible situación, el rol del agente externo -pensamos- debe orientarse y reubicarse en su dimensión de apoyo y asesor de la organización popular. Y si su compromiso histórico y político es coincidente con los intereses de liberación popular, su verdadera ubicación deja de ser «ajena» o «externa» pues cumplirá en verdad su rol de intelectual orgánico. Su grado y nivel de militancia solo matizarán su rol, más no lo modificarán en lo esencial. El proceso histórico de liberación tiene y tendrá pues como protagonista al pueblo, incluyendo en esta categoría a quienes, independientemente de su origen de clase, optan por la liberación, sin renunciar a sus conocimientos, capacidades, recursos etc., sino poniéndolos honestamente al servicio de la causa común. Si un dirigente popular, al desarrollar sus capacidades y conocimientos se aleja de su verdadero rol, se convertirá de hecho en «externo» o ajeno al proceso, aunque obviamente mantenga su origen de clase. Igualmente, si un intelectual políticamente comprometido es insensible a la dinámica popular, a su cultura y sus verdaderos intereses, será «ajeno» o «externo» en su rol, independientemente de su opción, sus deseos e intenciones.

En pocas palabras se puede ser «externo» al proceso popular por origen y situación de clase; pero no se puede pretender servir al proceso popular sin una opción probada y comprometida con la clase popular y sus intereses; es el intelectual orgánico. Pero también se puede ser «externo» o «ajeno» por el tiempo de práctica que se realiza. De ahí los problemas y vicios metodológicos que repercuten en tantas corrientes «vanguardistas» que se auto-nombran como tales y se refugian en sus complicadas y sofisticadas teorías y conceptos, palabras y actitudes, para tratar de sostener -por la distancia que generan (posición realmente aberrante)- su rol de pretendida vanguardia. La auténtica vanguardia nace del pueblo y de su proceso de organización; a él se debe; a él interpreta y tiene como referencia permanente; a él es sensible, porque no es ajeno a su origen, su realidad y su cultura; en fin, a él conduce, por que es parte de él por origen y/o decisión.

En todo caso, habiendo dejado esbozada esta dimensión más profunda, rescatemos la idea central, independiente al problema de la vanguardia; todo promotor, asesor, educador (o como quiera denominarse) verdaderamente comprometido con una opción de liberación popular no puede ser ajeno, aunque su origen sea «externo», al proceso de transformación y sus luchas. Debe ser pues, un verdadero intelectual orgánico; ése es su rol fundamental. Un coordinador no es por tanto neutral. En realidad, no lo es, porque aunque lo pretendiera esa posición no existe. Pero más allá de esta obvia afirmación, no lo es y no puede serlo pues ha hecho una opción y por tanto tiene una posición. Y esa posición se manifiesta y se debe manifestar clara y actualmente en el proceso de educación y transformación popular.

Hay corrientes ingenuas y «basistas» que pretenden sostener que el educador debe ser neutral, por que si no, está manipulando al grupo y conduciéndolo a sus propias ideas e intereses. Conduciéndolo, en el sentido correcto sí, manipulándolo no; porque justamente maneja (o debe manejar) una metodología y una pedagogía científica y participativa, que propicia y genera conocimientos y actitudes, en plena libertad y relación con la realidad de intereses de la propia organización.

Las realidades que se diagnostican, analizan e interpretan, existen en un contexto y en una historia. Se reconocen e interpretan a la luz de un determinado modelo. El educador, en cuanto coordinador del proceso, lo conduce en relación a su modelo y sus intereses. No hay, no puede y no debe haber neutralidad; pero insistimos: tener una posición no significa necesariamente manipular a un determinado grupo, y para ello, se deben reunir otra serie de condiciones y características. Abundaremos en algunas de ellas que nos ayuden a contestar mejor la pregunta: ¿qué es coordinar un proceso o un evento educativo? Referiremos las aportaciones, teniendo como referencia acciones educativas más precisas y concretas.

Coordinar es conducir al grupo hacia el logro de los objetivos buscados. Todo proceso racional y debidamente planificado debe formular con claridad los objetivos que pretende alcanzar en general y en cada etapa del proceso. El coordinador es el responsable en cuanto diseñador del proceso, de conducir al grupo, mediante la reflexión, el análisis y la síntesis, al logro de los objetivos previstos. No se puede discutir un tema o situación sin saber para qué se discute y qué se quiere lograr con ello. Por eso, el coordinador debe dominar el tema y tener clara una po-sición. Sólo así podrá lograr que el grupo alcance los objetivos previstos.

Con mucha frecuencia se dice en un grupo: ¿quién coordina? Y al azar, sin ninguna consideración al respecto, se elige «democráticamente» a cualquier compañero. Muy frecuentemente el elegido se limita a dar la palabra a los que la solicitan (y eso si logra mantener el orden), sin ordenar el tema, sin discriminar los contenidos, permitiendo y dando entrada a cualquier opinión y a cualquier contenido, sin orientarlo, sin preguntar, aceptando aspectos que no son del tema, sin hacer síntesis parciales, ni concluir el tema, en fin... Así, normalmente, no se logra desarrollar el contenido previsto y obviamente, no se lo-gran los objetivos que se pretendían. Se produce confusión y malestar, lo que hace que muchos prefieran volver a un método verticalista y tradicional, pues en uno participativo, ha perdido el rumbo. Efectivamente, si la coordinación falla, se puede perder el rumbo. Pero dejemos claro: lo que falla es la capacidad de coordinación, no el modo. Ni mucho menos la metodología, ni la base teórica que lo sustenta.

En síntesis, coordinar no es sólo dar palabra: sino conducir al grupo al logro de los objetivos, mediante el ordenamiento de los contenidos, las síntesis continuas, la capacidad de repreguntar y cuestionar al grupo para así seguir buscando y construyendo su respuesta. Coordinar es saber integrar y animar al grupo.

Un grupo cualquiera, salvo que ya exista perfectamente conformado como un grupo natural, deberá pasar por un proceso de integración que le permita «romper el hielo», crear confianza y así construir las condiciones óptimas para una auténtica, democrática y productiva participación. El coordinador debe ayudar a crear ese ambiente de integración y confianza. Además, debe estar atento a la dinámica que desarrolla el propio grupo para mantenerlo animado y activo, impidiendo el cansancio, el tedio o la tensión. Para lograr esto, debe conocer y dominar una serie de técnicas o «dinámicas» que podrá implementar con creatividad en los momentos que el proceso así lo requiera.

Coordinar es saber generar y propiciar la participación. De la participación como base de una pedagogía activa, hemos hablado suficiente; acabamos incluso de valorar los factores de integración y animación como facilitadores de un proceso participativo. Pero no basta con sa-berlo, el coordinador debe provocar una participación libre, consciente y entusiasta. Mucho dependerá del ambiente creado y sostenido de confianza, pero también tiene que ver con el dominio del tema y sobre todo, con el conocimiento y manejo de los métodos particulares, así como de las técnicas procedentes para trabajar cada tema o etapa del proceso.

Coordinar es saber preguntar, saber qué preguntar y saber cuándo hay que preguntar. Se ha dicho muchas veces que el éxito de un buen coordinador tiene que ver con su capacidad de pregunta oportuna, tanto o más, que con su capacidad de respuesta. Y es lógico, porque en un proceso participativo y dialógico, la respuesta se va encontrando a partir de los conocimientos del grupo y de los nuevos elementos que se le ofrecen. Y esos conocimientos e interpretaciones del grupo se tienen que ir obteniendo poco a poco, en forma ordenada y sistemática a través de la nueva pregunta, oportuna y sagaz, que el coordinador lanza al grupo como un nuevo reto a superar, cuando aparentemente -y sólo aparentemente- el grupo parece haber llegado a un cierto límite. En función del contenido, el conocimiento que tenga del grupo y los objetivos planteados, el coordinador debe saber si el limite de capacidad e interés de análisis es real; o si el momento de incentivar el proceso de generación de conocimientos con una nueva interrogante, una nueva inquietud que él percibe que está latente y que el grupo puede resolver mediante su oportuna capacidad de pregunta. Abundar en las causas, inquirir en los elementos, buscar las relaciones no visibles de los fenómenos estudiados, es el objetivo a lograr con este método de los porqués.

Coordinar es saber opinar y saber callar. No podemos caer en el extremo de pensar que el coordinador no debe opinar, sino sólo cuestionar. Si bien su pedagogía se basa en su capacidad de preguntar, hemos dicho que no es neutral ni ajeno al proceso y que por tanto, está comprometido con una causa y unos intereses. Hemos también hablado de su papel encaminado al logro de los objetivos. Por todas esas circunstancias, el coordinador debe saber callar, preguntar y tener paciencia, sin adelantarse al progreso del grupo, inhibiéndolo con su verdad. Pero también tiene que saber opinar, ver su punto de vista y plantear su posición, cuando sea necesario y oportuno. Efectivamente, guardando el ritmo del proceso del grupo, el coordinador se compromete y forma parte de la dinámica del grupo y su proceso. Un equilibrio difícil de lograr, pues la impaciencia puede hacerlo abusar de su rol y caer en una posición verticalista y bancaria; o un excesivo «respeto» por el grupo lo puede conducir a la anarquía y a la pérdida del control del proceso, pues no asume su papel de conductor comprometido.

Un coordinador, por tanto, debe saber integrarse él mismo al grupo, pues sólo así se sentirá en el ambiente de confianza y con el derecho de manifestarse él con su posición, sus sentimientos, sus limitaciones y sus aportes. De esta manera, la afirmación de Freire de que «nadie enseña a nadie, sino que todos aprendemos juntos», tendrá más visos de ser real y el rol de coordinación, siendo un rol de servicio, no lo desubica y lo separa del proceso real que vive el grupo, del cual él es parte activa.

Por último, nos gustaría plantear algunas características o cualidades que un buen coordinador debería tratar de desarrollar. Muchas han quedado implícita o explícitamente formuladas al hablar de lo que es coordinar; simplemente abundaremos en ellas. Un coordinador debe ser sencillo y amistoso; es decir, un compañero. Por más conocimientos, títulos, experiencias y habilidades que tenga, su actitud debe ser -no como pose o como actuación temporal- la de un compañero más. No debe ser, ni creer ser, un maestro distante al que el grupo debe «respetar» en el sentido tradicional, es decir, un «respeto», formal basado en el miedo, la distancia, el poder o el prestigio. Hay muchos que niegan la validez de una metodología dialéctica -aunque sostengan un discurso en la misma línea- porque o no quieren o no se atreven a ser compañeros. Sus argumentos van precisamente en la línea del prestigio que lo envuelve, para sí -y solo así- poder establecer su rol de autoridad.

Para nuestra manera de entender las cosas, esas actitudes tan comunes y corrientes, esconden en el fondo una gran inseguridad que tra-ta de ocultarse con una posición de distancia que impide la pregunta o el cuestionamiento por parte de los grupos u organizaciones. La «autoridad» que se pretende no lo es; es autoritarismo. La «verdad» que se pretende no lo es; es ortodoxia segura y/o memorizada, pero muy po-cas veces comprendida e interpretada a un nivel de conocimiento real que permita su análisis, cuestionamiento y discusión, sin «miedo a perder la línea». En todo caso, la práctica demuestra -y hay muchísimos e-jemplos de verdaderos dirigentes que lo avalan- que el rol de conductor y la fuerza de su autoridad moral, «no sólo no se ve afectada, sino por el contrario, sólidamente fortalecida, cuando logra identificarse co-mo un compañero, como el mejor si se quiere, como el más comprometido, el que cabe y debe propiciar que los demás sepan, el que representa la verdadera autoridad, que es firme y respetada, porque es fraternal».

En todo caso, un problema referente a la forma de enfrentar un proceso pedagógico, no puede invalidar todo un planteamiento teórico y metodológico consecuente. La síntesis entre teoría, metodología, pedagogía y didáctica, pasa sin duda también por un problema de actitud personal frente al proceso. Otra capacidad o condición que todo educador debería cultivar, se refiere al uso del lenguaje que utiliza para comunicarse. Mientras más conocemos y profundizamos en los aspectos teóricos; mientras más dominamos una ciencia o una tecnología; en fin, mientras más elaborado y complejo es nuestro análisis, más compleja y sofisticada se vuelve nuestra mente y nuestro lenguaje, pues los requerimientos de conceptualización para lograr una correcta abstracción e interpretación de la realidad, así lo requieren. El gran reto está en saber manejar la profundidad del pensamiento con sencillez, sin usar, o mejor dicho, sin abusar de términos y conceptos complicados e ininteligibles para los grupos. No se trata de caer en simplismos o generalidades que acaben sin decir nada, sino buscar, explicar, desglosar, desmenuzar los contenidos complejos, usando sinónimos y ejemplos, hasta lograr que mediante un lenguaje sencillo coloquial, la idea sea comprendida y por tanto, el concepto - si así se hiciera necesario- incorporado y apropiado al conocimiento y léxico del grupo.

Cuando hablamos de las técnicas y en particular de los códigos, hicimos referencia a este tema desde el punto de vista de la creación, recuperación y utilización de múltiples manifestaciones de la cultura popular, que mediante un tratamiento adecuado, se convertirán en herramientas de la Educación Popular. La combinación constante de estas técnicas generadoras de conocimientos por la participación que propician, más la habilidad y sensibilidad del educador para manejar adecuadamente su lenguaje, nos darán por lo general una excelente didáctica. Un buen intelectual orgánico no es pues el que se separa y diferencia de las masas por sus actitudes y su lenguaje complejo, sino el que sensible al pueblo y su cultura, sabe enriquecerse con la gran frescura y profundidad de pensamiento que el pueblo expresa interpretando el mundo, en múltiples, y ricas manifestaciones de significados y significantes. Sobre ellos, y a partir de éstos, construye una inédita formulación de la teoría, que cada vez y de acuerdo a cada circunstancia se recrea, se enriquece, y aumenta su capacidad de interpretación y formulación de una posición, que sostiene en lo fundamental, pero se reconstruye prácticamente aboliendo los dogmas y cuestionando los absolutos, pues lo único absoluto es la praxis y su constante formulación creativa apropiada... y en esto mucho tiene que ver la estructura del lenguaje, pues ésta es sin duda, reflejo de la mente.

Aunque nos hemos referido obviamente al lenguaje oral, vale la pena decir que por «lenguaje» entendemos todo tipo de expresiones, ac-titudes y manifestaciones con los que de hecho nos comunicamos cotidianamente. De ahí que el coordinador debe estar muy atento a no descuidar esta gama de elementos de comunicación. Con frecuencia observamos una actitud muy pasiva y con franca apariencia de desinterés por parte del coordinador; el ritmo es lento, la actitud y la posición frente al grupo, igual. Grandes silencios se producen ante una solitaria y escueta pregunta del coordinador. ¿Qué opinan? El grupo de ordinario no arrancará con una gran participación. Hay que estimularla y para ello, además de lo ya dicho anteriormente, es importante el lenguaje corporal, expresivo. Hay que saber manejar el ritmo y no producir tensiones por permitir (o provocar una lentitud con nuestra manifestación), conciente o no, de todas nuestras múltiples «formas de lenguaje» frente al grupo. Queremos señalar, que aunque la paciencia es una virtud indispensable en todo coordinador, ésta no debe confundirse con el silencio inactivo que deja al grupo sin salida. Coordinar por el silencio es, a nuestro juicio, un grave error en el que con frecuencia caen los educadores.

En términos generales y sin caer en una especie de manual creemos haber extraído de nuestra experiencia los más importantes rasgos que ubican y caracterizan el rol de un educador, coordinador, promotor o cualquier nombre con que todavía se define el papel de intelectual orgánico. Reiteramos sin embargo (aunque ya resulte muy obvio) que no podrá haber buena coordinación sin claridad teórica, compromiso probado, actitud de servicio, dominio de la metodología y conocimiento y manejo adecuado del tema o situación que está siendo tratado. Estas cualidades, sin embargo, no se aprenderán leyendo este texto, cualquier tratado de pedagogía o en las aulas; sólo se desa-rrollan en la praxis.

1. Carlos Nuñez es educador popular mexicano.

APORTES DESDE EL TRABAJO GRUPAL

Mariano Algava [1]

I- Grupo

Trataremos de rescatar, la riqueza de los debates que hemos tenido con diferentes grupos a los que les propusimos pensar y construir los elementos que hacen que un grupo sea tal. Esto nos permitirá, revisar los procesos y orientar nuestra práctica para que la necesaria conformación grupal sea lo más operativa posible. Creemos que para el trabajo en educación, la conformación del grupo resulta un abordaje necesario, ya que facilita el proceso hacia la tarea que se proponen las personas. Concientizar el proceso de conformación grupal, resulta esclarecedor y de gran valor formativo.

En diversos debates sobre el tema «grupo» se empezaba planteando la siguiente pregunta ¿Todo conjunto de personas reunidas es un grupo? Por un lado y por otro, se opinaba que para conformar lo que por definición es un grupo, por lo menos debían tener un fin en común. En este momento surgieron varios ejemplos de conjuntos de personas con un objetivo en común, por ejemplo la pregunta «¿entonces una hilera de personas esperando el colectivo, es un grupo?». Hubo diversas respuestas, pero sin duda más diversos eran los nuevos interrogantes. Se puede decir que las personas que esperan un colectivo, tienen un objetivo común, pero difícilmente sean un grupo. ¿Qué tienen que tener? ¿Qué tiene que pasar, para que un conjunto de personas sea un grupo? Pasamos en limpio algunos acuerdos de los debates, y vimos que teníamos claro los siguientes conceptos: deben compartir un tiempo y un espacio, deben ser un número más o menos reducido o restringido, pero... ¿cuántos? En el fervor del debate, alguien dijo: «bueno, los suficientes como para que se conozcan y se reconozcan unos con otros». La conclusión fue aceptada por el conjunto. Esto implicaría, que para que un grupo sea tal, sus integrantes debieran tener una representación interna de los demás, una idea, una imagen mental que les permita reconocerse mutuamente. Saber, por ejemplo, que alguien no vino al grupo, y que ese alguien se llama (Juana) y que (Juana) aunque no esté, pertenece al grupo. Esto implicaría que cada uno de los integrantes del grupo tiene una representación interna de (Juana). Pensando entonces en un conjunto de personas, que mantienen entre sí una **mutua representación interna**, a-cordamos que se darían también, fenómenos de interacción, como la comunicación y un dinamismo de roles entre los integrantes. Limpiando los enunciados y poniendo en común palabras de diferentes lugares y debates, el resultado creativo construido fue la siguiente definición de GRUPO: *«CONJUNTO DE PERSONAS QUE SE CONOCEN, QUE SE PROPONEN UN FIN EN COMUN, QUE SE RELACIONAN ENTRE SI, EN DETERMINADO TIEMPO Y ESPACIO, FUNCIONANDO EN UN INTERJUEGO DE ROLES».*

Esta producción, puede ser confrontada con otras definiciones, con el objeto de seguir construyendo el conocimiento sobre los grupos. Por ejemplo, Pichón Riviére define al GRUPO de la siguiente manera: *«Conjunto restringido de personas que ligadas por constantes de tiempo y espacio y articuladas por su mutua representación interna, se proponen en forma explícita o implícitamente una tarea que constituye una finalidad, interactuando a través de mecanismos de asunción y adjudicación de roles».*

Si observamos con atención ambas definiciones, la construida y la enunciada por Pichón Riviére, podemos oponerlas dialécticamente y rescatar en ambas los elementos que les son comunes, obteniendo los aspectos fundamentales que conforman a un grupo. En la primer definición encontramos como aspecto fuerte el hecho de que *«se proponen un fin en común».* El concepto es comparable con *«se propone en forma explícita o implícita una tarea, que constituye su finalidad»,* de la segunda definición. De ambas, afirmamos entonces que el fin común, en otras palabras *«LA TAREA»* es uno de los elementos fundamentales para la conformación del grupo. Otro aspecto coincidente es, en la primer definición: *«conjunto de personas que se conocen...»,* y en la segunda definición: *«conjunto restringido de personas (....) articuladas por su mutua representación interna...».* Como vimos ya, en la construcción de la primer definición, se llega a decir *«se conocen»* partiendo de afirmar que los integrantes de-bían tener entre sí una representación interna, como para reconocerse mutuamente. Esta representación interna, entonces, coincidente en ambas representaciones teóricas es otro elemento de importancia en la conformación de un grupo. También encontramos coincidencias en el recorte de tiempo y espacio, en que se encuentran los integrantes, co-mo también en el *«interjuego»* o la *«asunción y adjudicación de roles».*

Retomando los dos primeros aspectos vistos, LA TAREA por un lado y la MUTUA REPRESENTACION INTERNA (MRI) por otro, encontramos que el mismo autor citado, Pichón Riviére, en su libro **«El Proceso Grupal»**, denomina a estos componentes como «OR-GANIZADORES DE LA ESTRUCTURA GRUPAL». Los organizadores de la estructura grupal, son elementos que hacen que un conjunto de personas se conforme a través de un proceso, en un grupo. Esto no es una receta, ni una fórmula para crear grupos; son elementos di-námicos que se juegan en un «proceso» que tiene que ver con las personas y sus vínculos. También existen autores que confrontan estas hi-pótesis y siguen trabajando la problemática de los organizadores grupales; sin embargo, a los efectos del trabajo en educación popular, nos parece útil empezar a trabajar con esta hipótesis.

Volvamos a la hilera de personas esperando el colectivo: tienen un fin en común, sin embargo este fin es externo, no compromete a ninguno de los integrantes con los demás. Internamente, vincularmente, no pasa nada. Seguramente las personas involucradas no se conozcan, no hay una mutua representación interna que los articule. El logro del objetivo se lleva a cabo en forma individual, a pesar de compartir tiempo y espacio. Podemos decir entonces que al no haber MRI, el conjunto de personas que espera el colectivo, no son un grupo.

Veamos otro caso. Un conjunto de chicos y chicas, que pertenecen a un centro cultural barrial, se conocen desde hace años y en muchas ocasiones han conformado un grupo para ir de paseo, jugar al fútbol y otras actividades (tareas). En este momento son convocados para una actividad específica. Se escuchan observables como los siguientes: -¿Qué pasó que no vino Daniela?. -Va a venir más tarde, estaba cuidando al hermanito. -¡Ah! Dani, ¡¡¡siempre tan solidaria!!!.

Estos observables dan cuenta de la MRI, del conocerse, no sólo el nombre, sino cualquier aspecto personal. Esto da cuenta de un proceso previo, que es una construcción que han hecho los integrantes en el transcurso de conformación como grupo.

Ahora, como vimos, un conjunto de personas que se conocen, aún no conforman un grupo. Sólo lo harán si entre ellos dan cuenta de necesidades que se proponen satisfacer conjuntamente. Entonces estarían definiendo el proyecto, en otras palabras, una TAREA organizadora. Podemos caracterizar al objetivo o proyecto a aquello que, definido desde la necesidad, significaría su satisfacción; es aquello de lo que se carece y hacia lo que se tiende. La tarea podría ser entendida como proceso, el conjunto de acciones destinadas al logro del objetivo. La tarea se plantea desde la necesidad y es la transformación de esa ausencia, esa carencia en aquello que la satisface. Implica necesariamente, transformación de la realidad externa e interna. La realización de la tarea, es decir el conjunto de operaciones destinadas a satisfacer necesidades y alcanzar objetivos comunes, exige en primer término que los integrantes del grupo reconozcan esas necesidades y objetivos como comunes. La tarea grupal tiene que ver con las necesidades comunes de los y las integrantes. La necesidad es la base de todo vínculo y como tal de todo grupo. Las personas se agrupan por la necesidad de satisfacer necesidades. Todo grupo tiene una tarea. Aquí podemos afirmar que un desafío pedagógico, está en facilitar el espacio para la conscientización de las necesidades reales.

Si a cualquier grupo le preguntamos: ¿cuál es la tarea de ustedes como grupo? Puede ocurrir que nos miren desorientados y no sepan qué responder. Si bien todo grupo esta organizado por la MRI y la TAREA, no implica que los integrantes tengan plena conciencia de esto. Un grupo de amigos, no está pensando en que su tarea es contenerse, satisfacer necesidades inconscientes o no comunes a su edad, a su clase social, etc. En los casos de los grupos con los que nosotros y nosotras vamos a trabajar, la tarea suele ser el aprendizaje, la aprehensión de la realidad, la resolución de problemas básicos comunes, la concientización, u otros objetivos que resultarían imposibles definir a priori. Es conveniente (siempre teniendo en cuenta, la edad y las características del grupo), construir conjuntamente, explicitar, hacer conciente, encuadrar, cuál será la tríade (Necesidad-Objetivo-Tarea). A veces resulta un dilema el encuentro de la necesidad-intencionalidad del coordinador/a con la necesidad de las personas, este dilema debiera superarse dialécticamente. En cualquier caso, se sugiere el abandono de toda práctica autoritaria, para entrar en diálogo. Se trata de facilitar la resolución de las necesidades grupales por parte del propio grupo con la mínima intervención, sólo la suficiente para que dicha tarea sea operativa. Esto no quita que el coordinador o coordinadora no aporte su saber o su opinión desde una mirada diferente, que le da el hecho de ocupar ese rol.

Sintetizando lo dicho hasta ahora, podemos decir que para que un conjunto de personas vaya siendo grupo, deben realizar un proceso donde sea creciente la mutua representación interna y las acciones conjuntas estén en función de una Tarea y un proyecto. Es en este proceso de formación, que el coordinador/a o facilitador/a de un grupo puede aportar, desde una observación atenta a estos aspectos. Se puede intentar hacer más grato, más operativo y verdaderamente propio este proceso, con los beneficios de un aprendizaje comprometido con las verdaderas necesidades grupales. En este proceso aprenden tanto los integrantes del grupo como el educador/a, y en último caso, juntos estarán intentando construir su libertad en el tiempo.

2 - Grupo, aprendizaje, saber y poder

Tener un rol diferenciado, implica tener un lugar dentro de un conjunto de personas, que sienten, piensan y hacen. Podríamos pensar en qué lugar nos vemos cuando estamos en el grupo y qué lugar le damos al otro. El lugar del coordinador/a no es el lugar de todo el saber. El o la educadora tiene un saber, pero las personas que participan también. En esta concepción de grupo, éste tiene un saber que le da también un poder. El poder que le da su saber es de protagonismo, de participación. Este poder no otorga jerarquía de una persona sobre otra, sino que otorga una potencialidad de aportar, de protagonizar, etc. Por lo tanto, participación no es estar, no es una buena asistencia, no es hablar. Participación es asumir el protagonismo que da el saber y aportarlo al grupo. Participación, es brindarse desde cada experiencia, desde cada pregunta curiosa, o desde cada seguridad sostenida, estando dispuesto a cambiar de seguridades. Paulo Freire dice: «*En verdad, sólo quien piensa acertadamente, puede enseñar a pensar acertadamente, aún cuando a veces, piense de manera errada. Y una de las condiciones para pensar acertadamente es que no estemos demasiado seguros de nuestras certezas*». Hay una correlación entre el saber del coordinador/a y su poder; y el saber de la gente y su poder. Desde ahí, coordinar implica siempre colaborar a construir un saber colectivo. El saber popular es un tipo de saber y el saber profesional es otro tipo de saber. Entonces, la concepción de participación que propiciamos para nuestra tarea, es ser partícipe de la construcción de un saber colectivo, que promueva un protagonismo diferente. Por tanto, en un proceso grupal, las personas no son entes pasivos. Se implican desde su saber y, por lo tanto, hay que garantizar en la construcción del espacio grupal ese tipo de participación. Cuan-do pongo al otro en el lugar de la dependencia, como coordinador me cargo de omnipotencia. Y cuando el coordinador o la coordinadora se carga de omnipotencia, lo único que hace es bloquear la potencia, porque el otro se siente impotente. Lo importante es devolver a las personas su potencia y comprender que «*todos vamos a construir un saber*». Esto se puede manifestar ante el grupo, ya que, si bien se trata de una construcción que llevará un tiempo comprender, la aclaración de que se está en la búsqueda de una calidad de aprendizaje diferente a la ha-bitual, puede ayudar a la disposición, a que las y los participantes asuman mas eficazmente el «riesgo» de participar. De lo que se trata es de consensuar el saber mío con el saber de la gente. Lo asignado tradicionalmente al rol profesional es una depositación masiva. ¿Qué quiere decir esto? Del médico se espera la cura. Por lo tanto, la gente va al médico y deposita: «*usted tiene que saber lo que yo tengo, usted tiene que curarme, usted sabe lo que a mí me hace falta*». El médico que asume esa omnipotencia no toma en cuenta el saber que tiene cada uno de su propio cuerpo, de su enfermedad. Ese médico asume un lugar del saber que le da todo el poder y lo carga de omnipotencia. Al coordinador, o educador popular, se le puede depositar el tener que resolver los conflictos grupales, o el tener que dar respuesta a cada problemática barrial, etc. Estará en la capacidad y actitud del coordinador, generar el espacio para que esa depositación «dependiente», que le otorga poder, sea devuelta, de manera que los y las participantes se crean sujetos protagonistas y reconozcan «su» poder. No quiere decir que renunciemos al poder que da el saber, sino que tenemos que aportar desde ese poder, para devolver protagonismo al otro. El médico tiene que decir: «yo le puedo dar un instrumento, pero el que se cura es usted; yo le puedo dar mi saber, las medicinas que le hacen falta, pero quien va a jugar un papel activo es usted». Estas cosas en nuestro contexto, son casi automáticas: si estás en un lugar de poder tenés que saber, y si estás en un lugar de saber, tenés que poder. Habría que reflexionar sobre estos automatismos o estereotipos. Aquí quedan al descubierto, también, las modalidades de intervención asistencialistas, que en vez de generar es-pacios de participación, refuerzan la subjetividad dependiente. Desde ahí se pone a las personas en un lugar de dependencia, se anula la participación, no se devuelve protagonismo. Desde un lugar que promueva otro tipo de poder, se devuelve la participación, el protagonismo y el saber. El coordinador, la coordinadora, es una facilitadora de una construcción colectiva de saber.

Esto implica que, desde los trabajos de grupo, el espacio donde nos ubiquemos sea distinto. Hay una ruptura total del espacio grupal visto en hileras: las personas se ven las nucas y la única mirada va hacia el profesional, hacia el coordinador/a. Los demás son receptores pasivos, con la boca abierta, recibiendo y sin protagonismo. También hay un cambio cualitativo en el proceso de comunicación, donde se pasa de la transmisión al diálogo. El debate (aunque lleve más tiempo e inclusive sea mas desordenado, que un monólogo, claro y entendible), es la forma que surge en estos espacios de construcción de conocimiento. Si nosotros y nosotras pretendemos trabajar desde este concepto de grupo, tenemos que revisar nuestro rol y someternos continuamente a nuestra propia mirada crítica.

3- Estructura - crisis - reestructura

Vamos a «definir» en principio (y sin afán de justamente definir, terminar, estancar) al «aprendizaje», como un proceso en el que se desestructuran y reestructuran nuestras representaciones de la realidad. Diremos que estructura es la organización de elementos para cumplir una función. Un sistema, es un conjunto de estructuras funcionando para una situación, para un objetivo. Bien, podríamos entender a un grupo como una estructura, que continuamente -y más en situación de aprendizaje- se enfrenta a diferentes momentos que lo desestructuran.

¿Qué pasa cuando un sistema, como en el sistema humano, algo cambia? El sistema entra en crisis, y es normal que la crisis sea desestructuración. Tenemos una organización, cierta continuidad, cierta identidad, pero en el sistema entra una novedad, podríamos decir, un nuevo compañero, un nuevo contenido teórico, un nuevo rol, una nueva situación contextual, una nueva normativa, una simple idea nueva que alguien traiga, etc. El elemento a aprehender, a incorporar, puede ser cualquier situación novedosa. También podría ser que faltara un elemento, alguien que se va, nos cambian de lugar de trabajo, cambió una situación del contexto, etc. Hay una novedad. ¿Qué pasa? Los otros elementos ante esta novedad empiezan a moverse, buscan un lugar lógico. Cada uno de Uds. recordará cuál fue su última crisis, laboral o personal, o familiar. Y acuérdense si no tenían cierta idea que todo flotaba, que lo que parecía sólido, no era tan sólido, esa sensación de estar perdido y ¡no saber que hacer! Pasa cuando uno pierde un trabajo en el cual tuvo cierta continuidad, es lo mismo que con un nuevo elemento, falta ese elemento, y nos desestructura. El final feliz de estos casos, no siempre se da, es una nueva estructura. Organización del sistema, más amplia, más satisfactoria, que incluye el elemento nuevo o bien, se adapta activamente a la ausencia del elemento que ya no está.

Recuerdo un grupo de trabajo, en educación popular, que venía atravesando diversos obstáculos que dificultaban el seguir aprendiendo. Abordar estos obstáculos, que tenían que ver con ciertas cosas no dichas, e involucraban sentimientos, resultaba una tarea pesada y altamente desestructurante. Ante esto, encuentro tras encuentro alguien se despedía, diciendo que ya los encuentros no le resultaban tan fructíferos como antes. Esta situación deprimía, y desestructuraba aun más al resto del grupo, (no había un piso firme, todo era frágil). Esto de a poco y con gran costo, se fue superando. Un día alguien viene a despedirse con el mismo argumento y una integrante, le responde, ya no con tono penoso, sino con firmeza, que todos y todas desean que se quede, pero que si tenía la decisión tomada y no veía la posibilidad de seguir construyendo con el grupo, que aceptaban su retiro, que gracias por lo dado hasta hoy, y que el grupo seguía su tarea de aprendizaje. Fue a partir de esta adaptación a la nueva situación, que el grupo pudo continuar con su desarrollo como grupo y su tarea de aprendizaje. Ésta es la reestructuración creativa.

A veces se producen estructuraciones que segregan un elemento, se juntan todos asustados de un lado, y a este elemento nuevo lo encierran. Es una reestructuración pero no tan inclusiva, tan integradora. Es más segregadora, es pasiva, ya que internamente no nos movemos de la posición anterior. Esto vale, ante la presencia-ausencia de alguien, o bien de una temática del programa. Hay temas que generan temores. Por ejemplo, comenzar a revisar las actitudes del coordinador de un grupo (como parte de los temas), implica que los participantes se enfrenten a sus propios temores de estar coordinando, tal vez por primera vez en un grupo. Entonces prevalece, la pretarea, el darle vueltas al tema, el no entrar en tema, etc. Se excluye a la tarea, porque prevalecen los temores y las desestructuraciones, como obstáculos. Aprender es un proceso en el que se dan desestructuraciones y reestructuraciones constantes.

¿Se preguntaron cómo nos posicionamos nosotros y nosotras, ante los momentos normales de crisis en los aprendizajes? ¿Cómo vivimos las crisis en los grupos que coordinamos? Crisis que resulta necesaria, que es la esencia misma del aprender, y que nosotros provocamos. En un grupo que enfrenta una crisis, una situación nueva (de incorporar algo, o bien de perder algo) el coordinador debiera generar espacios para vincularse, para comunicarse, para aprender, tolerando los tiempos del grupo, para adaptarse activamente a la nueva realidad que se le presenta. Dependiendo siempre de la circunstancia, es factible que en estos momentos, sirvan las dinámicas, los juegos, e inclusive el compartir momentos de canciones, etc., que conformen lugares seguros, reconocernos nuevamente, reencontrarnos, esto claro, sin esquivar el tema que hay que abordar, que es el obstáculo mismo.

¿Quién denuncia la crisis? A veces lo denuncia el integrante nuevo, que dice: ¿qué pasa, nadie me quiere? A veces alguien que acusa al elemento nuevo como intruso. Cualquiera puede denunciar la crisis. A veces con esta situación de segregación, alguien que colabora con el grupo va a decir: ¿qué pasa con este compañero que queda afuera de la conversación grupal? En ocasiones, hay señales que permiten suponer el advenimiento de un estado de crisis. Por ejemplo, reiteradas ausencias, reiteradas pre-tareas (dispersiones), etc. Una vez habíamos notado que al sentarnos, en la distribución de las personas se daba que todas las mujeres quedaban de un lado de la ronda y los varones del otro, y esto estaba denunciando un obstáculo que luego se pudo trabajar y finalmente el mismo grupo se reía de esta situación.

El coordinador o la coordinadora que no deje pensar, que pregunta una cosa y sugiere la respuesta, no permite que las personas saquen sus mejores recursos para aprender. No deja lugar a la crisis.

El concepto de **adaptación activa** que proponemos es un concepto de ida y vuelta, dialéctico, de desestructuración y reestructuración. Dialéctico, en tanto los que aprenden, (coordinador/a y miembros del grupo) se transforman, se modifican, y modifican al medio, que a la vez, produce nuevas desestructuraciones y modificaciones. La desestructuración, no es sólo un fenómeno de los grupos con los que trabajamos. El coordinador deberá tener apertura, a que en él se produzcan cambios, y aprendizajes.

4 - Aprender en grupo

Un grupo de gente tratando de comprenderse, entender lo que dice el otro, modificar el propio punto de vista, ver lo que ve el otro, etc., ese grupo, parte del país y de la humanidad, está ganando una batalla. Reconocer las diferencias es un primer paso para poder llegar a otras posiciones, dialécticas, en las que yo reconozca tu punto de vista, vos reconozcas mi punto de vista, y por ahí construyamos un punto de vista, terreno común. Que podamos decir: en esto estamos de acuerdo y desde aquí podemos trabajar, esto común nos sirve como punto de partida, de nuevas estructuraciones.

A veces tomamos en los grupos posiciones extremas. Un extremo, no acepto nada, inadaptación, no creo nada, no corroboro nada de lo que dicen los otros, no escucho, y espero el espacio para responder de inmediato sin haber internalizado lo que se dijo antes, etc. Otra es la adaptación pasiva, otra exageración, acepto todo como cosa venida del cielo, «está todo bien», etc. Porque ante las contradicciones, una actitud posible es la dilemática, el dilema. O blanco o negro. Si lo mío es verdad, lo tuyo es mentira. La síntesis dialéctica superadora, es la adaptación activa. Tomo lo mejor de estas posiciones y trato de adaptarme activamente a la realidad. A esto le llaman en dialéctica, tesis, antítesis y síntesis. Una nueva posición creada a partir de posiciones contrapuestas. Para el trabajo participativo con grupos, resulta necesario trabajar y pensar dialécticamente, buscar consensos, trabajar la tolerancia para aceptar las diferencias de los otros, y ver qué cosas tenemos en común, cómo definimos la tarea, y luego, como la llevamos a cabo. Desestructurar todo lo que haya que desestructurar, con confianza que vamos a poder reestructurarlo creativamente, satisfactoriamente. Aprender en grupo es someterse siempre a la tensión individuo-grupo. Es decir, el llegar al consenso, trae la sensación de la pérdida de la individualización. Sin embargo, se trata de una adaptación activa, nutrir la subjetividad individual, dejarse ser grupo, formar parte del todo, sin abandonar ser, a la vez, cada uno o cada una. Esta tensión implica un aprender permanente. El grupo es dialéctica pura, es síntesis superadora de las individualidades, es un proceso dinámico permanentemente sometido a estas tensiones.

La actitud dialéctica es necesaria para aprender en grupo, necesitamos pasar del dilema al problema. Y preguntarnos entre todos, aunque estemos acalorados en la discusión ¿cómo construimos entre to-dos una posición nueva, que incluya lo mejor de cada una de las posiciones diferentes? Que las diferencias no resulten el fin del debate, más bien, que sean el punto de partida. Para asumir este desafío, hace falta no sólo una actitud dispuesta a compartir el poder, no sólo un convencimiento del aporte que cada persona pueda hacer al propio saber del educador, no sólo el respeto. Hace falta ir desarrollando aptitudes de tolerancia, de escucha, de intervención y de observación de los procesos grupales. La comunicación en un grupo es un medio de evaluación de gran importancia.

El coordinador de un grupo debiera estar muy atento, identificar los canales de comunicación, observar cómo circula, si hay excluidos en el canal, si hay quienes lo sabotean, con ruidos, etc., si hay diálogos paralelos y nadie se escucha, si es horizontal (entre todos) o sólo vertical (del coordinador al resto), si se grita para lograr tener espacio de habla, si se respeta lo que dice el otro, quién habla con quién, quienes escuchan, que se escucha (malos entendidos, distorsiones, ruidos, etc.). También se puede prestar atención a lo no dicho, o a lo dicho desde lo corporal, desde lo espacial, etc. Por ejemplo, los silencios no son todos iguales, puede haber silencios de reflexión, silencios de miedo, silencios de regocijo, etc. Lo mismo los cuerpos, pueden estar «cerrados», cruzados, abiertos, hacia delante, hacia atrás, recostados, cercanos, lejanos, etc. y respecto a lo espacial, el grupo puede estar agrupado cerca de la puerta, puede estar en «islas», puede estar dividido entre varones y mujeres, etc. Son muchas las formas de comunicar de los grupos. Los mencionados sólo son algunos pocos ejemplos, y lo que comunica cada una de estas cosas dichas, es sólo descifrable en el contexto de cada grupo. También es necesario saber que todos los datos que obtengamos dilucidando cosas no dichas explícitamente, sólo son factibles de ser tomadas como hipótesis, de ninguna manera como una verdad. Estas hipótesis sobre lo que está pasando en el grupo, pueden servir para diseñar las estrategias, para que el aprendizaje resulte me-nos desestructurante, o bajen los niveles de ansiedades que produce. Identificar los aspectos que hacen a la comunicación grupal resulta primordial para poder determinar cuáles serían los potenciales problemas en el proceso de aprendizaje, en la interacción de roles, en el encuadre, en la tarea, etc. Todos estos elementos debieran ser debatidos y esclarecidos, para que el funcionamiento grupal genere aprendizajes en función de la tarea y del propio grupo.

5 - Encuadre

Pensar en el encuadre, es detenerse a pensar en algunas cosas obvias, cosas que cotidianamente no se cuestionan ni se piensan. El encuadre es un elemento básico para encarar cualquier trabajo con un grupo. Sus modificaciones, su construcción, la ausencia de éste, son factores que afectan al desarrollo de la tarea. En el momento en que un grupo se encuentra, para realizar su proyecto, media entre los integrantes un acuerdo. Éste, a veces explícito, a veces no, y dependiendo siempre del tipo de grupo, podrá incluir: una institución, un programa, una tarea, una organización básica, roles predeterminados, un horario, un conjunto de ideas, de conceptos, de códigos, normas, integrantes, etc. Los factores constantes de una tarea, son aquellos que los participantes han convenido en fijar, (o contratar). Y van a servir de continente, harán la continencia de los factores variables. Los factores constantes son los que llamamos encuadre. Los factores variables son los que llamamos proceso. ¿Cuáles son los factores constantes? Podríamos pensar algunos, sabiendo que cada realidad grupal, construirá diferentes encuadres. Pero hay algunos elementos que se suelen repetir en los grupos, por ejemplo:

- Las condiciones conceptuales, son elementos que definen la na-turaleza de la tarea. Son las constantes definitorias, los grandes grupos de conceptos en que nos apoyamos. No existiría encuadre si, cuando hablamos de Educación popular, unos entienden una cosa y otros otra. ¿Entre los integrantes del grupo hay acuerdo sobre los conceptos que definen a la Educación popular? Seguramente este aspecto del en-cuadre habrá que construirlo en la marcha, pero se irá haciendo cada vez más contenedor de la experiencia del grupo. Por ejemplo: resulta común en los primeros encuentros de un grupo de aprendizaje, que las personas se sienten en hileras, saquen un cuaderno y una lapicera, y se dispongan a escuchar y anotar. Esto, que los que trabajamos en Educación Popular entendemos como una reproducción acrítica de una determinada concepción de aprendizaje, para las personas resulta lo habitual. Entonces habrá que ir construyendo conceptualmente los principios con los que trabajaremos, para ir coincidiendo en un espacio conceptual común. Esto implica claridad sobre las ideas que estamos trabajando. Es decir, no necesariamente significa que haya que estar de acuerdo, sí saber sobre qué se está dialogando. Si bien suele ha-ber ciertos contenidos previamente elaborados, como un programa, o algunas ideas básicas que forman parte del encuadre, que son constantes definitorias, también es parte de nuestro encuadre el partir de las necesidades de las personas, por lo que, lo pensado previamente, no es un esquema rígido, es necesario dialogar sobre esto para incluir cambios, modificaciones y enriquecimientos.

- Para todo grupo su espacio de trabajo es vinculante. Además es una condición de mucha importancia en el encuadre. Alcanza remitirse a las vivencias de los que experimentaron una mudanza y los intensos sentimientos que provoca desprenderse de un espacio. Resulta muy difícil avanzar en una tarea, si el espacio es cambiante en cada en-cuentro, si no están definidos los límites, si lo que creemos es nuestro espacio de trabajo, se ve invadido, compartido, o varía permanentemente, etc. El espacio colabora a crear una situación contenedora y los grupos suelen apropiarse de ellos, depositando las historias compartidas, sentimientos, etc. a veces adornándolo o cargándolo de significados. Cuando estas condiciones no tienen cierta permanencia, o no cuenta con un ambiente adecuado, influirá inevitablemente en la calidad de la tarea.

- Tan importante como el espacio son las constantes temporales que vinculan al grupo. ¿Cómo afectaría a la tarea si la mayoría de los integrantes llegara tarde al encuentro? ¿Cómo si muchos se retiran antes? ¿Qué pasaría si un encuentro dura tres horas, otro una, y otros no se sabe cuanto durará?

En toda situación de tarea, cuando se cambia de espacio, de día, de hora, o algún elemento del encuadre, se movilizan profundas ansiedades, porque el grupo debe apropiarse nuevamente de todo aquello que había ido depositando en esos espacios y en esas condiciones en que realiza la tarea. Entonces, todos los elementos que no son proceso, que son constantes, que se dan de hecho, van a estar en poco tiempo internalizados, y su modificación creará fuertes desestructuraciones, que sumadas a las propias del aprendizaje, pueden obstaculizar el desempeño grupal. Hay otras situaciones del encuadre que son más difíciles de determinar y muchas veces definen la eficacia de los aprendizajes, por ejemplo, es común que los grupos, no hayan dedicado un tiempo a definir cómo es la forma de tomar decisiones, si éstas se harán por votación, por consenso, o simplemente por quien opine primero, quien grite más fuerte, etc. ¿Se pueden tomar decisiones si está ausente un integrante? ¿Se funciona con quórum, con los presentes que haya, con porcentajes? A veces hay cuestiones no explicitadas que son efectivas en el funcionamiento de los grupos, como el otorgamiento de jerarquías a las personas; entonces si no está presente tal persona, no se to-man decisiones, ahora si el que está ausente es otra, sí se toman decisiones. Este mecanismo, a veces inconsciente, denota una falta de encuadre, que sin dudas, tarde o temprano se convertirá en un obstáculo. También se transforman en elementos del encuadre, acuerdos que el grupo vaya estableciendo, cosas como, por ejemplo: «todo lo que se hable aquí, no puede ser difundido fuera del grupo», «no se puede asistir con acompañantes», «sí se puede con niños pequeños», etc., o alguna otra normativa constituida en la dinámica grupal. La pertinencia, también es una condición del encuadre que se va construyendo con la grupalidad, es decir, de qué hablamos, de qué no, qué es pertinente con nuestra tarea, y qué no lo es.

Resumiendo, vamos a entender al encuadre como un conjunto de constantes que permiten el despliegue de un proceso. Estas constantes mantienen cierta estabilidad. Decimos «cierta estabilidad», porque podemos acordar cambios en nuestros vínculos, podemos cambiar el lugar de realización de nuestras clases, podemos cambiar el horario, etc. y seguir manteniendo un acuerdo con respecto a la tarea. ¿Quién se ocupa de mantener el encuadre? ¿Quién lo cuida? ¿Quién cuida que se realice la tarea en los grupos? El encuadre, como condiciones que posibilitan «el hacer», lo cuidan todos los integrantes del grupo, que comprometidos con la tarea se involucran activamente en el proceso. El encuadre se reinstala en cada momento de la tarea. Sin embargo, no deja de ser un elemento a evaluar y tener en cuenta por los coordinadores y coordinadoras, quienes también resultarían co-responsables del cuidado del encuadre.

[1] Mariano Algava es psicólogo social. Integra el equipo de Educación Popular de la Universidad Popular Madres de Plaza de Mayo

CUANDO EL PUEBLO SE JUEGA
(Juego, subjetividad y realidad)

Mariano Algava

En el actual entramado de fuerzas actuantes por significar la realidad, se vislumbra la debilitación de una gran fuerza, que fue dominante y subjetivante durante un largo período de nuestra historia. Es el agotamiento del pensamiento único y las verdades, de lo absoluto, sobrevenido en estructuras de poder, en modelos pedagógicos, en planes económicos, recetas magistrales, etc. Esta subjetividad ha sido funcional al desarrollo y despliegue del mercado como único juego posible y ha calado hondo en la vida cotidiana al punto de no poderse pensar la vida por fuera de las reglas de este falso juego[1]. Las recetas económicas de «los grandes economistas» han dejado al país en ruinas, las recetas mágicas para intervenir sobre la realidad resultaba lo esperado por el común de la gente, y si éstas no funcionaban, (nunca funcionaron), se abría lugar al siempre listo y esperado plan «B», nuevo ministro, nuevas medidas, etc. Los discursos políticos cargados de «saberes» técnicos, datos estadísticos reflejan y renuevan las «verdades salvadoras». Intentos desesperados que van cayendo uno tras otro, configurando fugaces soportes para la esperanza ciudadana. Es así que un slogan político, en pleno auge de esta subjetividad, podía ser «Cavallo tiene un plan», y es así que los planes económicos que definen la vida de las personas se suben a la vertiginosidad del zapping, reforzando la modalidad consumista del use y tire.

Esta cultura dependiente, cultiva y reproduce un modelo pedagógico que retroalimenta el paradigma del pensamiento único. Éste está instalado en todos los ámbitos de formación, donde «el saber» es portado por el especialista, el docente, y los demás deben sólo sostener una actitud pasiva de escucha. De modo que lo único que realmente se aprendió en estos años es justamente la pasividad y la dependencia. Por otro lado, van tomando fuerza, elementos procesuales, es decir, fenómenos construibles, en proceso de «SER». Modelos de rompecabezas a los que nunca se les terminan las fichas y van armando un paisaje cada vez más amplio y complejo. Fuerzas actuantes que se van constituyendo en la propia acción sobre la realidad.

El proceso actual del campo popular (movimientos de desocupados (piqueteros), asambleas, colectivos de artistas populares, sectores en lucha autoconvocados, obreros que recuperan sus lugares de trabajo, etc.) se está nutriendo y formando con la inclusión de una dinámica subjetiva nueva, donde (en algunos casos más que en otros), predominan los procesos grupales, los debates y la pluralidad de ideas, que dominan al individualismo y al vanguardismo, o por lo menos crean una tensión que antes de los sucesos de diciembre no existía. A partir de estos acontecimientos del 19 y 20 de diciembre del 2001, se ha producido un salto cualitativo en la subjetividad. La participación y el protagonismo emergieron. La presencia de gente en la calle, reclamando protestando, debatiendo, e inclusive «festejando», se convirtió en algo cotidiano. Esta nueva cotidianeidad transformó la bronca y la depresión. Este cimbronazo en la subjetividad, ha dado lugar a un proceso de construcción de una nueva cultura, que concibió nuevos significados y símbolos representativos de la oposición al modelo único de pensamiento: la alegría, la cacerola, el escrache, las asambleas, el piquete, etc. Una fuerte impronta creadora de nuevos instituyentes, estableciendo nuevos tableros, nuevos protagonistas, nuevas reglas, en definitiva, un nuevo juego, es así como la «actitud lúdica» reaparece.[2]

D. W. Winnicot ubica la experiencia cultural como *«el espacio potencial que existe entre el individuo y el ambiente»*, afirmando que *«lo mismo puede decirse del juego. La experiencia cultural comienza con el vivir creador, cuya primera manifestación es el juego»*. Esta experiencia comienza por la diferenciación entre sujeto y objeto,(en los primeros meses de vida), delimitando la realidad. Esta brecha entre el sujeto y su entorno, este vacío inicial, promueve, provoca, el hacer, el juego. Para ensancharse luego en el vivir creador (el hacer creativamente sobre la realidad, para aprehenderla, accionar sobre ella, transformarla) y finalmente en la vida cultural del hombre y la mujer. Es decir la transformación de la realidad, la producción de cultura, es parte de la evolución del juego infantil de aprender el mundo. Es el mismo impulso lúdico. El hacer sobre el mundo con otros, implica necesariamente, como todo juego, la construcción o aceptación de un conjunto de normas. Las asambleas barriales intentaron e intentan, dar el debate sobre las *«nuevas reglas sociales»*, mientras tanto la clase política corrompida y agotada, especula sus últimas fichas. Para Huizinga, el impulso lúdico se identifica con el instinto agonal. Impulso de lucha que se da entre las formas sociales viejas, agotadas y los nuevos ensayos de organización popular. El *«espíritu guerrero»*[3] que ennoblece el enfrentamiento y refuerza el carácter lúdico, se despliega en quienes intentan sostener y fortalecer los límites de la nueva realidad devenida y proteger el espacio de la *«democracia lúdica»*[4], que instauran estos nuevos fenómenos de agrupamiento y creación donde se empieza a ejercer la libertad. Una de las características de las nuevas formas de organización, es el carácter horizontal, la ausencia de jerarquías. En una asamblea opinan igual el empresario y el colectivero, el adolescente y el intelectual. Esta nueva cultura en construcción, esta nueva subjetividad que se nos hace acontecimiento, se juega, avanza en sentido incierto y va produciendo rupturas en las categorizaciones establecidas, va otorgando nuevos sentidos, sentidos que son disputados al orden establecido y que propone un nuevo terreno, y nuevos jugadores. Esta tensión que se da en el avance hacia lo desconocido es una tensión lúdica, la aventura de re-simbolizar aspectos de la realidad, está cargada de un goce que pertenece a las experiencias infantiles del juego, de hecho constituye la actitud lúdica. Dice Graciela Scheines: *«Cada acercamiento lúdico a la realidad, no recoge una respuesta, sino que genera un interrogante, origina una nueva inquietud e impulsa a sucesivos acercamientos, porque en ese va y viene lúdico, la realidad se insinúa inagotable y sugiere infinitas variantes de juego. Esto vale inclusive para los juegos convencionales reglados, el interés siempre renovados de jugadores y público, por el fútbol o los torneos de ajedrez, radica en que cada partido o partida plantea siempre nuevas dificultades a los jugadores....Cada vuelta de juego coloca a los jugadores ante situaciones inéditas, combinaciones inesperadas.....que solo el ingenio, la imaginación, o la suerte logran desbaratar. La relación abierta que funda el juego con el mundo se percibe especialmente nítida en el binomio chico-jugue-*

te. *Un juguete es cualquier cosa; una silla, una escoba, un piolín pueden devenir juguetes si se los vacía de las determinaciones convencionales. Esta actividad fecunda y creadora, resultado de la relación abierta con los objetos, va acompañada siempre de un intenso goce*»[5].

El «jugarse» en el sentido de disponerse, abierto al enfrentamiento de ideas, a dejarse transformar por y con los otros y en ese transformarnos (nuevo modelo pedagógico) transformar aspectos de la realidad, constituye un enorme riesgo, una opción y actitud política, una postura ética que instaura también una nueva estética que se empieza a vislumbrar en las calles en la lucha contra las fuerzas que intentan obstaculizan este devenir. Este «jugarse», este riesgo, implica la posibilidad de perder la comodidad de contar con un juez universal o con un tribunal de la razón, que nos traiga una verdad estable y tranquilizadora, entonces nos sentimos lanzados a una lucha permanente entre fuerzas. Es esta lucha de fuerzas, es este devenir incierto, es el debate de nuevas reglas, es la nueva simbolización de las cosas, es la alegría y el modo de disponerse de las personas, lo que dan a esta creación el carácter lúdico. Lo que define a esta dinámica como espacio y tiempo de juego. Es este espacio y tiempo el que devuelve a los hombres y mujeres la capacidad de crear cultura, de abrir el espacio transicional que permite la actividad creativa.

«Que se vayan todos»

Tal vez para aquellas personas que viven aferradas a las estructuras conocidas, a la seguridad de lo instituido, que no se atrevan a traspasar el espejo de Alicia y zambullirse en el caos, ni aún en tiempos de caos, esta consigna que resonó en las calles le resulte intempestiva. (aquello que emerge desestabiliza las formas vigentes, aquello que nos separa de lo que somos y nos ponen ante una exigencia de creación), lo intempestivo sólo sería malo para quien no soporta encarar la incompletud e insiste en alucinar con el absoluto, viéndose obligado a establecer estructuras efímeras que lo apuntalen, estructuras que le son creadas por la infernal máquina del mercado, en cuya construcción no participa, ni siquiera tiene tiempo de pensarlas, porque el aparato consumista ya le tiene preparado otro «juego».(falsos juegos).

¡¡Que se vayan todos!! ¿Y de que nos agarramos? Es el caos, es el vacío.[6] A veces lo instituido, sirve como refugio para no entrar en esa tensión lúdica, de no saber como terminará el juego. ¿Ganaremos, perderemos, cambiaremos o seguiremos siendo lo que somos? Aquí la esperanza, es un factor determinante para, lanzarse a la aventura creadora, para «jugarse» por la construcción de nuevas alternativas. La Espe-ranza, en este caso no es propiedad de los conservadores, más bien es patrimonio común de los que intentamos nuevas formas de vincularnos. Este juego de repensar la realidad, es una aventura desestructurante y riesgosa. Quien no se juega, utiliza el pensamiento y la conservación de cualquier verdad como un arma defensiva contra la inestabilidad, se sentirá incomodado por el vacío del caos, se sentirá invadido ante las acciones de las asambleas o los cortes de rutas, y su reacción podrá ser violenta, probablemente hará todo lo que esté a su alcance para descalificarlo. En algunos casos, la ilusión de aferrarse a los efímeros y relucientes puntales que ofrece el mercado, resulta un frágil resguardo, ya que lleva el ritmo de las modas y el consumo. Así surgen creaciones de compromiso entre la nada que propone el sistema agotado y la capacidad lúdica de la personas. El vacío, la ausencia de significados, la incredibilidad de las «verdades» impuestas, ha invitado a resignificar, se ha empezado a jugar con verdadera actitud lúdica, actitud libre, el verdadero juego. El de crear las reglas del juego[7]. Aventurarse a dar el paso en el vacío, construir un nuevo cosmos, un nuevo orden donde jueguen todos. «Que se vayan todos», es la premisa fundamental, el necesario vacío, del cual partir para construir un nuevo juego, nuevas reglas. Las experiencias de recuperación de fábricas y auto organización obrera, los movimientos de trabajadores desocupados organizándose en torno a proyectos productivos, las asambleas con una práctica solidaria de resolución de problemas comunes, las expresiones culturales e intelectuales generadas desde los barrios, las comisiones de salud de las asambleas funcionando en red, etc. son los laboratorios del nuevo juego. Ensayo y error, verdades diferentes encontrándose, dialogando, traspiés y aciertos, encuentros, voces en disidencia buscando coincidencias, rescate de experiencias, etc., un pa-quete de fuerzas dialécticas puesto en marcha y buscando un rumbo. El verdadero juego democrático. Se instala el espacio creador de juego, esa entreapertura entre la realidad y los sueños, espacio altamente subjetivante, que avanza, parándose sobre los paradigmas caídos, creando nuevas subjetividades constructoras, que se debaten entre caos y cosmos, entre el vacío y el nuevo orden que avanza. Comenta Scheines: «*...el caos, se caracteriza por la ausencia de todo asidero, por la carencia de valores reconocidos universalmente o de una estructura sólida que de sentido a la existencia humana. Y esta ausencia de todo asidero se parece bastante al vacío necesario para empezar a jugar. Si la existencia de muchas verdades, todas ellas relativas, equivale a la ausencia de una única verdad reconocida por todos, si la simultaneidad de múltiples criterios, significa la ausencia de un criterio guía, de valores o principios orientadores de la conducta, de un absoluto que sustente y otorgue sentido a la existencia, el habitante del caos vive nadando en el vacío, inmerso en un mundo amorfo, infinitamente variado y móvil, indeterminado, y su vida no es ya un conjunto estructurados de deberes, responsabilidades, sacrificios, fatigas y compensaciones, premios y castigos, sino el ámbito de la espontaneidad y la libertad*[8]».

Cuando las categorías vigentes resultan agotadas, y se produce el fenómeno dialéctico del salto cualitativo, que desploma lo viejo, aparece el vacío, el caos, el paso previo para salir a jugar. Este vacío se llena de nuevas significaciones, creativas. Al modo simbólico de convertir un palo de escoba en un caballo, las cosas van adquiriendo nuevas formas, nuevos usos, nuevos significados. ¿Qué es la cacerola hoy? Ya no es un elemento más de la cocina, mientras estemos en tiempo y espacio de este nuevo juego, así como la escoba es caballo, la cacerola es juguete, y la creatividad no tiene límites, se despliega, por ejemplo, en esas cacerolas inventadas para «cacerolear» con una sola mano, en las ingeniosas pintadas callejeras, en la invención de nuevos roles a la hora de luchar, como el que jugaron los «motoqueros» el 19 y 20, en los muñecos gigantes, en los disfraces, y en todo ese fluir lúdico que se experiementó en la lucha, a partir de la rebelión de las conciencias y el triunfo sobre la subjetividad de la quietud que nos dejó la dictadura. ¿Y qué es una cubierta de auto sino un arma que desangra al capital cortando sus rutas. Nuevos juguetes, nuevas significaciones. Sin embargo, las reglas instituidas, del falso juego del capitalismo, son sostenidas desde la represión y la falsa justicia. Esta propuesta, resulta un falso juego, porque de ella no emana la tensión de un futuro incierto a construir en la propia dinámica del juego, sino que ya se sabe quién será el ganador y quién el perdedor. Si reina la incertidumbre, pero no como desafío, como aventura, como posibilidad, sino como condena, como estado permanente. En ese momento desaparece la tensión lúdica, el rival, pasa a ser alguien que no quiere dejar jugar y se convierte en enemigo real. Y el riesgo se transforma en peligro verdadero. El juego, también es patrimonio de los y las que luchan y arriesgan con esperanza por una realidad diferente y en permanente recreación. Los que no pueden soportar el vacío, las que no sueñan, los que no crean, no se largan al temido espacio de libertad, a caminar sin rumbo pero seguros de llegar a algún lado. No son jugadores. ¡Para jugar hay que jugarse!! Pareciera ser un buen momento para poner en juego las diferencias, las ideas, los cuerpos, las voces y encarar la producción de nuevas subjetividades, hacia un proceso continuo, de aprendizaje, participación y creación de cultura, de nuestra cultura, de nuestra historia.

Notas

[1] Una de las características de los juegos y del espacio lúdico, que permite el despliegue de la creatividad y la libertad, es justamente la tensión lúdica, es decir la aventura, la incógnita, de no saber cómo terminará el juego, quién será ganador y quién el perdedor, en un encuentro entre pares rivales y bajo el caballeresco respeto a las reglas pautadas por los jugadores. Cuando éstas no son claras, o simplemente no existen, y el ganar o perder quedan librados al «sálvese quién pueda», o bien cuando de antemano se sabe quién será el ganador y quién el perdedor, o simplemente cuando no existe la posibilidad de negarse a jugar o de cambiar el juego, lo que aparenta ser un juego, no lo es, constituyendo un falso juego. Los falsos juegos se imponen desde el pensamiento único, y el juego impuesto, no es juego, es un «como si» del juego.
2. «...el surgimiento de las grandes formas de la vida social, está mar-

cado por la presencia de un factor lúdico....». «La cultura surge en forma de juego; la cultura al principio se juega...», afirma Huizinga en (*Homo Ludens*) «La cultura Humana, brota del juego y es juego, y se desarrolla jugando». Huizinga recorre rápidamente los dos mil años de occidente y descubre rastros lúdicos hasta fines del SXVIII. ...El SXIX, en cambio influido por el ideal del bienestar burgués y la idea prosaica de utilidad, deja poco espacio para la función lúdica en el proceso cultural. El SXIX, severo y utilitario es, pues, la antesala de nuestro tiempo que condena Huizinga, porque la puerilidad y los falsos juegos reemplazan al juego auténtico y creador......Porque un violento instinto de lucha reemplazó al espíritu caballeresco y noble de las competiciones arcaicas. Huizinga deplora la pérdida del sentido del humor, que es una forma de juego. Graciela Scheines (*Juguetes y jugadores*)

3 «A las remanidas y falsas oposiciones 'violencia-pacifismo' y 'competencia-cooperación', prefiero ésta: agresividad- espíritu guerrero'. Impulso natural y noble de la especie humana, presente en los juegos, a luchar por los ideales, pelear por la justicia, defenderse de las agresiones, rebelarse contra situaciones despreciables e inhumanas. Eso implica ser ciudadano, participar de una sociedad. Eso es vivir. El noble espíritu guerrero le da a la vida una dimensión heroica, un sentido una razón de ser. (Graciela Scheines, *"Juegos inocentes, Juegos terribles"*)

4 «En el ámbito lúdico, no rigen las jerarquías ni los niveles válidos en la vida corriente. Los jugadores participan del juego totalmente desnudos, recuperando de un golpe la inocencia original, la pureza primigenia: sin culpas, sin honores, sin prestigios, entran descalzos en la realidad envolvente del juego, retoman la relación viviente con sus semejantes, sus prójimos — próximos, hermanos en la democracia y en la realidad diferenciadora pero no jerarquizante del juego. (Graciela Sheines, *"Juguetes y jugadores"*)

5 Scheines Graciela, *"Los juegos de la vida cotidiana"*

6 Es probable que todavía no tengamos demasiada conciencia de nuestros cacerolazos, pero desde ya que se inscriben dentro de los grandes movimientos de resistencia civiles latinoamericanos. Son puro devenir revolucionario. No sería demasiado ingenuo pensar que los cacerolazos y la gente en las calles en varios lugares simultáneos

estuvieran expresando la vanguardia de un movimiento civil incipiente de resistencia, que se opone al modelo de las democracias parlamentarias latinoamericanas, que sólo han planteado concentración de la riqueza en un sector de la población y la miseria y el subdesarrollo de los recursos humanos para el 60 por ciento de la población restante. Es cierto: **todo puede entrar en caos**. Pero puede ser un caos creativo de donde surjan nuevas formas de solidaridad y justicia social. Nuevos devenires sociales a inventar. Nuevas propuestas a formular. Lo que se está atacando no es el orden, sino ese tipo de orden. Lo que está en cuestión es la crisis de la representación política. (Eduardo "Tato" Pavlovsky, «*Micropolítica*«»)

7 No hay juego sin reglas. Jugar es fundar un orden, improvisarlo o someterse voluntaria y gozosamente a él. Es el orden lúdico, sin el cuál no hay juego, es el que define, limita y posibilita la libertad del jugador.
8 Sheines Graciela, «juguetes y jugadores" Ed. De Belgrano, Bs. As. 1980

LO QUE APRENDIMOS Y LO QUE ENSEÑAMOS

Che Guevara
1° de enero de 1959

En el mes de diciembre, mes del Segundo Aniversario del desembarco del «Granma», conviene dar una mirada retrospectiva a los años de lucha armada y a la larga lucha revolucionaria cuyo fermento inicial lo da el 10 de Marzo, con la asonada batistiana, y su campanazo primero el 26 de Julio en 1953, con la trágica batalla del Moncada.

Largo ha sido el camino y lleno de penurias y contradicciones. Es que en el curso de todo proceso revolucionario, cuando éste es dirigido honestamente y no frenado desde puestos de responsabilidad, hay una serie de interacciones recíprocas entre los dirigentes y la masa revolucionaria. El Movimiento 26 de Julio, ha sufrido también la acción de esta ley histórica. Del grupo de jóvenes entusiastas que asaltaron el Cuartel Moncada en la madrugada del 26 de Julio de 1953, a los actuales directores del movimiento, siendo muchos de ellos los mismos, hay un abismo. Los cinco años de lucha frontal, dos de los cuales son de una franca guerra, han moldeado el espíritu revolucionario de todos nosotros en los choques cotidianos con la realidad y con la sabiduría instintiva del pueblo. Efectivamente, nuestro contacto con las masas campesinas nos ha enseñado la gran injusticia que entraña el actual régimen de propiedad agraria, nos convencieron de la justicia de un cambio fundamental de ese régimen de propiedad; nos ilustraron en la práctica diaria sobre la capacidad de abnegación del campesinado cubano, sobre su nobleza y lealtad sin límites. Pero nosotros enseñamos también; enseñamos a perder el miedo a la represión enemiga, enseñamos la superioridad de las armas populares sobre el batallón mercenario, enseñamos, en fin, la nunca suficientemente repetida máxima popular: «la unión hace la fuerza». Y el campesino alertado de su fuerza impuso al Movimiento, su vanguardia combativa, el planteamiento de reivindicaciones que fueron haciéndose más conscientemente audaces hasta plasmarse en la Ley n° 3 de Reforma Agraria de la Sierra Maestra recientemente emitida.

Esa Ley es hoy nuestro orgullo, nuestro pendón de combate, nuestra razón de ser como organización revolucionaria. Pero no siempre fueron así nuestras exposiciones sociales; cercados en nuestro reducto de la Sierra, sin conexiones vitales con la masa del pueblo, alguna vez creímos que podíamos imponer la razón de nuestras armas con más fuerza de convicción que la razón de nuestras ideas. Por eso tuvimos nuestro 9 de Abril, fecha de triste recordación que representa en lo social lo que la Alegría de Pío, nuestra única derrota en el campo bélico, significó en el desarrollo de la lucha armada.

De Alegría de Pío extrajimos la enseñanza revolucionaria necesaria para no perder una sola batalla más; del 9 de Abril hemos aprendido también que la estrategia de la lucha de masas responde a leyes definidas que no se pueden burlar ni torcer. La lección está claramente aprendida. Al trabajo de las masas campesinas, a las que hemos unido sin distinción de banderas en la lucha por la posesión de la tierra, agregamos hoy la exposición de reivindicaciones obreras que unen a la masa proletaria bajo una sola bandera de lucha, el Frente Obrero Nacional Unificado (F.O.N.U.), con una sola meta táctica cercana: la huelga general revolucionaria.

No significa esto el uso de tácticas demagógicas como expresión de habilidad política; no investigamos el sentimiento de las masas como una simple curiosidad científica, respondemos a su llamado, porque nosotros, vanguardia combativa de los obreros y campesinos que derraman su sangre en las sierras y llanos de Cuba, no somos elementos aislados de la masa popular, somos parte misma del pueblo. Nuestra función directiva no nos aísla, nos obliga.

Pero nuestra condición de Movimiento de todas las clases de Cuba, nos hace luchar también por los profesionales y comerciantes en pequeño que aspiran a vivir en un marco de leyes decorosas; por el industrial cubano, cuyo esfuerzo engrandece a la Nación creando fuentes de trabajo, por todo hombre de bien que quiere ver a Cuba sin su luto diario de estas jornadas de dolor.

Hoy, más que nunca, el Movimiento 26 de Julio, ligado a los más altos intereses de la nación cubana, da su batalla, sin desplantes pero sin claudicaciones, por los obreros y campesinos, por los profesionales y pequeños comerciantes, por los industriales nacionales, por la democracia y la libertad, por el derecho de ser hijos libres de un pueblo libre porque el pan de cada día sea la medida exacta de nuestro esfuerzo cotidiano.

En este segundo aniversario, cambiamos la formulación de nuestro juramento. Ya no seremos «libres o mártires»: seremos libres, libres por la acción de todo el pueblo de Cuba que está rompiendo cadena tras cadena con la sangre y el sufrimiento de sus mejores hijos.

[*Patria. Organo oficial del Ejército Rebelde «26 de Julio»*, Las Villas, año I, n° 2, 1° de enero de 1959.]

COMENTARIOS FINALES

Fernando Martínez Heredia

En un sábado de abril volví a la Universidad Popular de las Madres de Plaza de Mayo, invitado a participar en un encuentro de educación popular. ¿Por qué más de cincuenta personas emplean un sábado en introducirse en este estudio, en vez de holgar? Después de tantos años, me sigue apasionando siempre un nuevo grupo, pero trato de advertir en qué son específicos, cómo encuentran lo que ya estaba ahí y qué novedades portan.

La conducción marcha por el buen camino, el camino más largo. La gente se quita una primera piel de las jerarquías –como el abrigo– en la práctica de sacarse de adentro de sí mismos las cosas que quieren plantear. Es un buen primer paso en que todos aprendemos a comunicar. Y al dialogar y desmontar las prácticas, se descubre que cada uno posee materiales previos, y que selecciona y dispone lo que mostrará. Un paso superior: el grupo, tan reciente, es un buen vehículo para que cada uno crezca. ¿Podrá el amor ser superior al egoísmo?

Hay que hacer conciente el diálogo grupal, lugar de encuentro intencionado, intercambio de conocimientos y saberes válidos. Es posible y necesario apoderarse de los conceptos, para andar mucho más lejos. La educación popular es una concepción y una pedagogía revolucionaria, un arma para ir contra toda forma de dominación y de opresión sobre los seres humanos. Por eso los temas de la educación popular son siempre muy ambiciosos. Una joven dice que ante las dominaciones diversas que existen, la educación popular deberá tener usos diferentes. Está pensando lo complejo, esto es, manejando la teoría.

Palabras clave de este tiempo: «participación», «desde abajo», «horizontalidad». Hay que partir de la gente, y que la gente logre concientización y organizaciones eficaces. Cuestión compleja si las hay. ¿Cómo relacionar la libertad con la organización? ¿Y la horizontalidad con el ansia que parece tan natural de «elevarse», por ejemplo, «mediante la educación»? Los méritos individuales, la iniciativa, ¿están más cerca de la libertad o de la organización?

Ya no se puede salir del paso con «dialécticas»: la oscura vastedad de los poderes, sus redes y su capacidad de calar hondo en las personas han sido develados. Y sin embargo, los poderes siguen ahí, intolerables por conocidos, pero incólumes. Entonces hay que aprender a luchar contra las dominaciones de maneras y con instrumentos superiores.

La educación popular es una intuición para miles de activistas populares del continente: ella puede ser el arte apropiado para nuevas, imprescindibles creaciones, que permitan a los movimientos populares recuperar la palabra, la iniciativa, la conducción de los oprimidos, la estrategia, la moral y la política superiores que puedan retar al sistema, a la vez que prometer un orden y unas relaciones nuevas. Que el viejo axioma de «cambiar el mundo» se una al reciente «mandar obedeciendo», retruécano feliz de los zapatistas. Puede ser un logro decisivo, es cierto, pero ¿cómo se torna realidad? En los textos que van a leer puede constatarse la acumulación de experiencias que ya tiene la educación popular a escala continental, el nivel y problematización que ya han alcanzado sus elaboraciones teóricas, su capacidad de asumir las tradiciones de rebeldía de la actuación y del pensamiento, y de dialogar, cooperar y aportar respecto a lo que se está haciendo y pensando hoy frente a la gama de dominaciones de la fase actual del capitalismo. Ellos sirven para avanzar, como se avanza en los talleres, de superar la timidez a discutir la esencia del control que el sistema ejerce sobre nuestro silencio y nuestra palabra. O para enriquecer la sana diversidad que corresponde a disímiles realidades y criterios, y la unicidad que le da su fuerza al pensamiento que proyecta la superación del bestial orden vigente.

Hace unas décadas el sistema contó con nuestra debilidad y nuestra ignorancia a la hora de imponer su proyecto y aplastar las rebeldías. Ahora tiene que enfrentarse a nuestras experiencias y conocimientos, a la enorme cultura política que ya poseemos, aunque ella se muestre ineficaz todavía, y que costó tanto. ¿Actualizará la dominación? ¿Logrará integrarnos, con nuestros avances, a su hegemonía? ¿Aprovecharemos la difícil transición en que aún se encuentra su capacidad hegemónica, agravada por la sumisión de los dominantes latinoamericanos al insaciable capitalismo central, que no deja espacios para reformas? ¿Qué fuerzas y qué debilidades tenemos para impedirles hegemonizar y para avanzar por un camino propio?

La educación popular puede ser providencial en esta etapa en que la concientización es crucial. Puede ayudar a estudiar y conocer la situación, identificar problemas básicos, forjar y acumular relaciones y conocimiento mutuo, intercambio de criterios y fraternidad entre los opuestos al sistema. La unificación es un proceso que surgirá de la acción, con ayuda de la reflexión, la voluntad y el debate. La educación popular puede servir mucho en la formación de actitudes y capacidades nuevas, que contribuyan a revolucionar los movimientos, los valores y el pensamiento populares. La educación popular es una de las formas nuevas, superiores, de hacer política.

Este libro se terminó de imprimir en diciembre de 2004 en la
Imprenta de Las Madres
Hipólito Yrigoyen 1584 Cdad. Aut. de Bs. As.
4383-4188